Cyber arnaque

DU MÊME AUTEUR
AUX ÉDITIONS DENOËL

McMafia — au cœur de la criminalité internationale, 2009.

Misha Glenny

Cyber arnaque

Comment les hackers piratent vos cartes bancaires

TRADUIT DE L'ANGLAIS PAR LÉA DROUET

DENOËL IMPACTS

Titre original :
DarkMarket — Cyberthieves, Cybercops and You

Éditeur original :
The Bodley Head, Londres, 2011

Pour Miljan, Alexandra et Callum

Prologue

crime@21esiecle.com

Dans sa course effrenée au confort et à la croissance économique, l'humanité a développé en très peu de temps une dépendance dangereuse aux systèmes en réseau : dans la plupart des pays, une immense partie de ce que l'on appelle l'« infrastructure nationale critique » est passée en moins de vingt ans sous le contrôle de systèmes informatisés de plus en plus complexes.

Les ordinateurs régentent une grande partie de notre vie : nos communications, nos véhicules, nos achats et nos relations avec l'État, notre travail, nos loisirs — notre tout. À l'issue de l'un des procès pour cybercriminalité auxquels j'ai assisté ces dernières années, le Crown Prosecution Service[1] a infligé à un hacker un « ordre de prévention de la criminalité » qui devait entrer en application après sa sortie de prison. Cet ordre ne lui permettait d'avoir accès à internet qu'une heure par semaine, et encore sous la supervision d'un policier. Or, comme l'a fait remarquer à l'audience l'avocat de l'accusé, « lorsque mon client aura purgé sa peine, il n'y aura quasiment plus une seule activité humaine qui ne passera pas, d'une façon ou d'une autre,

1. Dans le système judiciaire britannique, l'équivalent du parquet. (*N.d.T.*)

par internet. Comment pourrait-il mener une vie normale dans ces circonstances ? » a-t-il demandé sans vraiment s'attendre à recevoir une réponse.

De fait. Ceux qui ont laissé leur portable chez eux ne serait-ce que pour quelques heures constatent généralement une irritation intense et un sens de perte qui s'apparente chez les utilisateurs les plus dépendants à un sevrage. Mais si on doit vivre sans portable pendant trois jours, le sentiment de malaise qui nous ronge fait souvent place à une impression de libération, car on se trouve tout à coup projeté dans le passé, vers un monde pas si lointain dans lequel les portables n'existaient pas et où on n'en avait pas besoin ; on se débrouillait sans. Aujourd'hui, la plupart d'entre nous ont l'impression de ne pas pouvoir survivre sans ces mini-ordinateurs portatifs.

Si l'on veut prendre un point de comparaison, c'est peut-être le véhicule à moteur qui se rapproche le plus de l'ordinateur. À partir des années 1940, lorsque la voiture est entrée dans l'équipement standard des ménages, seule une minorité de conducteurs comprenaient vraiment ce qui se passait sous le capot. Cela faisait quand même pas mal de gens capables de réparer leur véhicule quand il tombait en panne, davantage encore qui savaient rafistoler le carburateur pour rentrer tant bien que mal chez eux, et presque tout le monde savait changer un pneu.

De nos jours, s'il s'agit juste d'un pneu crevé, vous pouvez peut-être encore arriver à bon port. Mais de plus en plus de pannes sont le résultat d'une défaillance informatique dans le boîtier de contrôle — le boîtier noir en plastique qui se trouve en général derrière le moteur. Dans ce cas, même si vous êtes un mécanicien expérimenté, vous n'arriverez pas à faire bouger la voiture. Dans le meilleur des cas, un informaticien pourra régler le problème, mais le plus souvent vous devrez tout simplement changer la pièce.

Les systèmes informatiques sont tellement plus complexes et fragiles que les moteurs à combustion interne qu'il n'y a qu'une poignée de personnes capables de s'attaquer à un problème autrement qu'en posant la question passe-partout : « Est-ce que vous avez essayé d'éteindre et de rallumer votre ordinateur ? »

On se trouve désormais dans une situation où cette minuscule élite (qu'on les appelle les geeks, les hackers, les cracks de l'informatique, les sécurocrates ou ce que vous voudrez) possède une compréhension profonde d'une technologie qui régit chaque jour un peu plus notre vie, tandis que la plupart d'entre nous n'y entendent pas un traître mot. J'ai commencé à comprendre ce que cela signifiait en faisant des recherches pour mon livre précédent, *McMafia*, sur la mondialisation du crime organisé. Je suis parti au Brésil enquêter sur la cybercriminalité parce que, en dépit de ses nombreuses qualités, ce pays passionnant a le triste privilège d'être l'un des centres majeurs de la cyberdélinquance, même si ce n'était pas très connu à l'époque.

Là-bas, j'ai rencontré des cyberescrocs qui avaient mis au point un système de *phishing* extraordinairement efficace. Le phishing (ou hameçonnage) constitue encore à l'heure actuelle l'un des piliers les plus fiables de la criminalité sur internet. Il en existe deux variantes simples. La victime ouvre un spam (un pourriel) dans sa boîte mail. Le fichier attaché contient un virus, ce qui permet à un ordinateur à l'autre bout du monde de surveiller toute l'activité qui passe sur l'ordinateur affecté, y compris les codes secrets de comptes bancaires saisis sur le clavier.

L'autre astuce consiste à envoyer un mail qui donne l'impression d'avoir été adressé par une banque ou autre institution de ce genre et qui demande au destinataire de confirmer son identifiant et son mot de passe. Si vous tombez dans le piège, celui qui a envoyé le courrier indésirable pourra alors utiliser ces données pour accéder à une partie ou à l'ensemble de vos comptes. Les hackers brésiliens m'ont montré, étape après étape, comment ils avaient réussi à s'approprier des dizaines de millions de dollars à partir de comptes bancaires au Brésil, en Espagne, au Portugal, au Royaume-Uni et aux États-Unis.

Je suis ensuite allé voir les cyberpoliciers de Brasilia, qui avaient arrêté quatre membres du groupe (mais au moins huit complices leur ont échappé). Puis j'ai interviewé le chef de X-Force, le département des opérations secrètes de ISS, une entreprise de sécurité informatique américaine. En l'espace d'une semaine, je me suis rendu compte que la criminalité organisée conventionnelle ou traditionnelle avait beau être haute en couleur et variée, elle demeurait beaucoup plus risquée que la cybercriminalité.

Les réseaux de crime organisé à l'ancienne, qui utilisent encore la technologie et les moyens du xxe siècle, ont deux obstacles de poids à surmonter s'ils veulent prospérer. Le risque opérationnel numéro un, c'est la police. L'efficacité des forces de l'ordre varie beaucoup d'un pays à l'autre et selon les périodes. Le crime organisé doit donc s'adapter à des conditions qui évoluent et décider de la méthode la plus appropriée pour traiter avec les policiers. Ils peuvent essayer d'être plus forts qu'eux, de les corrompre, de corrompre les politiciens qui ont autorité sur la police ou tout simplement de ne pas se faire repérer.

Mais il y a un autre problème : la menace de la concurrence, des autres voyous qui pêchent dans les mêmes eaux. Là aussi, ils peuvent essayer d'être les plus forts, leur proposer de faire alliance, ou bien encore accepter de passer sous leur contrôle.

Ce qui est certain, c'est qu'en aucun cas l'organisation criminelle ne peut tout bonnement les ignorer : ce serait l'échec assuré, et ça peut être fatal. Le secret pour survivre et prospérer, c'est d'être capable de communiquer avec les autres criminels et avec la police, et surtout d'envoyer les bons messages aux deux groupes.

Au Brésil, j'ai très vite compris que la criminalité du XXIe siècle était d'une tout autre nature.

D'abord, il est beaucoup plus difficile de savoir si quelqu'un prépare un mauvais coup sur internet. Les lois qui régissent le web diffèrent d'un pays à l'autre. C'est important parce que, sur le web, un acte criminel est en général perpétré à partir d'une adresse IP (Protocole Internet) enregistrée dans un pays, à l'encontre d'un individu ou d'une entreprise basée dans un autre pays, et l'argent est encaissé encore ailleurs. Donc un policier colombien, par exemple, pourra peut-être identifier que l'adresse IP ayant servi à coordonner une attaque sur une banque colombienne vient du Kazakhstan. Mais il va découvrir que là-bas ce type d'acte n'est pas considéré comme un crime et que son homologue kazakh n'aura donc aucune raison d'ouvrir une enquête.

Beaucoup de cybercriminels ont l'intelligence de traquer ce genre d'incohérences et de les mettre à profit. « Je n'utilise jamais de cartes de crédit ou de débit américaines, m'expliquait l'un des carders suédois les plus brillants, parce que je tomberais alors sous la juridiction légale des États-Unis où que je me trouve sur la planète. Je me limite donc aux cartes européennes et canadiennes, ça me va très bien et je me sens en sécurité avec ça, je sais qu'ils ne m'attraperont jamais. »

Ce fossé qui sépare les États-Unis de l'Europe et du Canada est de la plus haute importance, car c'est là que vivent la plupart des victimes de la cybercriminalité. L'Europe et le Canada ont mis en place des lois beaucoup plus strictes pour protéger les droits et les libertés individuels sur la toile. Les gouvernements américains successifs ont accordé davantage de pouvoirs aux forces de l'ordre que ce que la plupart des gouvernements européens pourraient envisager. Au nom de la lutte contre la criminalité et le terrorisme, ils permettent à la police d'avoir plus facilement accès aux données des entreprises privées.

Cela a des implications sérieuses et pour le moment impénétrables. La criminalité, la surveillance, le respect de la vie privée, l'accumulation de données par des institutions privées et gouvernementales, la liberté de parole (*cf.* WikiLeaks), l'accessibilité aux sites web (tout le débat sur la «neutralité du net»), les réseaux sociaux comme outils politiques ou encore les intérêts de sécurité nationale: autant de préoccupations qui n'en finissent pas de s'entrechoquer dans le cyberespace.

On pourrait dire, par exemple, que l'omniprésence de Google viole les principes de la législation antitrust américaine et que l'accumulation de toutes ces données personnelles constitue une occasion en or pour les criminels en même temps qu'une menace pour les libertés civiques. Mais Google pourrait répondre à cela que l'essence même de son génie et de son succès réside justement dans cette omniprésence et qu'il s'agit au contraire d'un outil qui promeut les intérêts commerciaux et sécuritaires des Américains. S'il le souhaite, le gouvernement américain peut accéder en quelques heures aux données de Google en utilisant des procédures juridiques. Vu que Google collecte des données du monde entier, cela confère à Washington un avantage stratégique considérable. Les autres gouvernements n'ont pas cette chance. Contrairement à ses homologues chinois, russe ou moyen-orientaux, le gouvernement américain n'a pas besoin de pirater Google pour explorer ses secrets: il suffit qu'il requière une décision de justice. Qui renoncerait à un tel privilège au nom de la législation antitrust?

Internet, c'est comme une grande bulle: vous avez à peine résolu un problème qu'un autre surgit ailleurs, en apparence insoluble.

Pour la police, l'anonymat constitue le problème le plus épineux. À l'heure actuelle, si l'on s'y connaît un peu, il est encore tout à fait possible d'accéder à internet en masquant la localisation de l'ordinateur.

Il y a essentiellement deux moyens de le faire : le VPN (Virtual Private Network, réseau privé virtuel) constitue le premier type de mur. Il permet à un groupe d'ordinateurs de partager une même adresse IP. En général, l'adresse IP est reliée à un seul appareil mais, avec un VPN, plusieurs ordinateurs aux quatre coins du monde peuvent apparaître comme étant situés au Botswana, par exemple.

Ceux qui trouvent que le VPN ne constitue pas une protection suffisante peuvent se construire un second mur avec des serveurs « proxy », ou serveurs mandataires. Un ordinateur enregistré aux Seychelles peut ainsi utiliser un proxy en Chine ou au Guatemala : le proxy ne révélera pas que l'adresse IP d'origine transmet à partir des Seychelles et, au cas où, l'ordinateur fait de toute façon partie d'un VPN basé au Groenland.

Bien entendu, il faut des compétences informatiques poussées pour mettre en place un tel dispositif. Du coup, il n'y a guère que deux groupes de cybercriminels qui ont tendance à s'en servir : les vrais hackers et les vrais criminels. Mais ces opérateurs de haute volée qui représentent un genre de crime organisé nouveau ne constituent qu'une petite minorité de ceux qui sont impliqués dans des délits informatiques.

Il reste tous les petits joueurs du dimanche, ceux qui gèrent dans leur coin des sommes d'argent relativement modestes, des voleurs à la petite semaine qui ne valent pas vraiment la peine d'être traqués vu le manque de ressources de la police. Car s'ils ne se fatiguent pas à mettre en place des VPN, des proxy ou tout autre type de cache, ils peuvent quand même rendre la vie difficile aux policiers en cryptant leurs communications.

Des logiciels comme PGP, qui garantissent le cryptage des communications écrites (et même vocales ou vidéo), sont très faciles à trouver sur internet et, de plus, ils sont gratuits.

Le cryptage est un outil puissant qui joue un rôle

important dans le domaine de la cybersécurité. Il permet de brouiller les conversations en utilisant des clés générées de façon numérique et dont les combinaisons mathématiques sont impossibles à dévoiler sans connaître le code secret. Pour l'instant, les documents cryptés sont sûrs, même si à Washington la National Security Agency, l'agence d'espionnage numérique la plus puissante au monde, travaille sans relâche pour trouver le moyen de les craquer. Au sein de la communauté des cybercriminels, les rumeurs vont bon train sur le fait que la NSA et ses homologues au Canada, au Royaume-Uni, en Australie et en Nouvelle-Zélande sont déjà capables de craquer ces systèmes de codage publics grâce au très orwellien système Echelon. À ce que l'on dit, Echelon peut avoir accès aux communications par téléphone, mail ou satellite n'importe où dans le monde.

Le cryptage numérique a des implications politiques tellement énormes que, dans les années 1990, le gouvernement américain a commencé à classer les logiciels de cryptage dans la catégorie des munitions. En Russie, si la police ou le FSB trouvent ne serait-ce qu'un seul fichier crypté sur votre ordinateur, vous vous exposez à plusieurs années de prison, même si le document en question ne contient rien d'autre que votre liste de courses pour la semaine. À l'heure où les gouvernements et les entreprises amassent de plus en plus d'informations sur leurs citoyens ou leurs clients, le cryptage représente l'un des rares moyens de défense qu'il reste aux individus pour protéger leur vie privée. Mais il s'agit aussi d'un instrument en or pour ceux qui sont impliqués dans des activités criminelles sur le web.

De même que les criminels traditionnels doivent développer des moyens de communiquer entre eux pour pouvoir identifier amis, ennemis, policiers ou rivaux, les cybermalfrats doivent constamment essayer de savoir si la personne avec laquelle ils chattent est fiable ou non. Une partie de ce livre explique justement quelles méthodes ils ont développées pour pouvoir s'identifier mutuellement, et comment les forces de police du monde entier ont tenté de contrer la capacité qu'ont les hackers de repérer les policiers et ce que l'on appelle les « informateurs confidentiels » (CI) sur le web.

Dans les années 1990, le moyen le plus simple pour empêcher des hôtes indésirables de mettre le nez dans votre activité criminelle était d'introduire un système de contrôle et d'abonnement très strict pour les sites dédiés aux malversations sur le net. Malgré ces mesures de précaution, il n'a pas fallu plus de quelques mois à des organes d'État comme le United States Secret Service ou à des services de renseignement comme le FSB — le successeur du KGB — pour être omniprésents sur les sites. Ils avaient réussi à y entrer en se faisant patiemment passer pour des criminels ou en persuadant des informateurs de travailler pour eux.

Certains agents se sont montrés si efficaces que plusieurs organes gouvernementaux ont fini par allouer des ressources afin de traquer les policiers sous couverture qui travaillaient pour leurs homologues, car ils supposaient que c'étaient de vrais criminels.

Ces efforts ont porté leurs fruits : ces dix dernières années, les policiers et espions ont constitué une importante base de données de hackers criminels comprenant leur pseudo, leur lieu de résidence réel ou présumé, leur type d'activité et les personnes avec lesquelles ils communiquent le plus souvent. Tous les cybercriminels, y compris les plus modestes, ont vu leurs données passées au crible. Pourtant, malgré toutes ces informations, il est toujours aussi difficile de les poursuivre en justice.

C'est là que le web, par sa nature même — notamment le fait que tout soit interconnecté —, représente un véritable cauchemar pour les forces de l'ordre : personne ne peut jamais être sûr à 100 % de la personne avec laquelle il communique. Avez-vous affaire à un vulgaire hacker criminel ? Ou bien à quelqu'un qui a des amis haut placés ? Êtes-vous en train de parler à un criminel ? Ou à un espion ? Ou à un chercheur de l'armée qui tente d'évaluer la valeur des techniques de piratage criminel ? Est-ce vous qui surveillez votre interlocuteur, ou le contraire ? Est-ce que ce dernier essaie de gagner de l'argent pour lui-même, ou pour Al-Qaida ?

Comme le faisait remarquer le futurologue Bruno Guissani : « Ça ressemble à un jeu d'échecs en sept dimensions : à aucun moment vous ne savez avec certitude qui est votre adversaire. »

Lorsque je suis arrivé au siège de Google à Mountain View, en Californie, ce n'était pas tout à fait comme si je posais les yeux sur le Taj Mahal pour la première fois, mais je dois dire que j'ai été saisi d'admiration en me garant sur Charleston Avenue, devant le panneau multicolore proclamant l'une des merveilles du monde postindustriel.

La rapidité avec laquelle Google s'est imprégné dans notre conscience, avec tous les hauts et les bas associés à une drogue administrée sous contrôle, est sans précédent. Ses seuls rivaux sont des monstres numériques comme Facebook, Microsoft ou Amazon, qui font partie de la même famille. Mais même ces trois-là ne peuvent revendiquer pareil succès. Google assiste, guide et surveille nos vies, tandis que ses énormes serveurs crachent des trilliards d'octets d'informations tout en ingurgitant et en stockant les données individuelles et collectives de milliards d'êtres humains. Bien entendu, les données en question révèlent beaucoup plus de nous que ce que nous ne savons nous-mêmes. On frissonne à l'idée de ce qui pourrait arriver si cette information tombait entre de mauvaises mains. Et peut-être que c'est déjà le cas…

La jolie combinaison pastel de couleurs du fameux logo se retrouve partout sur le « campus ». Les objets de grande taille dispersés un peu partout en un vrac très étudié ont souvent des contours doux et arrondis. Les sculptures sont faites pour que l'on puisse s'asseoir dessus, les regarder ou jouer avec. Le complexe ressemble soit à un immense jardin d'enfants, soit, selon votre niveau d'anxiété et de paranoïa, à ce village étrange que l'on voyait dans *Le Prisonnier*, la série télévisée des années 1960, où étaient relégués les individus qui constituaient un risque pour la sécurité nationale et d'où il était impossible de s'échapper. Est-ce mon imagination, ou est-ce que tous les employés que je croise sur le campus, depuis les gens de ménage jusqu'aux managers, arborent un sourire quasi extatique ? En tout cas, cela renforce l'interprétation paranoïaque que l'on peut avoir de Google : on a l'impression qu'ils essaient tous un peu trop de ne pas être mauvais. Je n'arrive pas à décider si c'est un rêve ou un cauchemar.

Je suis presque soulagé lorsque je rencontre Corey Louie, responsable de la sécurité chez Google : ceux qui travaillent dans ce domaine, partout dans le monde, ont toujours ce même air sérieux et ce penchant pour le secret. Son allure tranche agréablement avec l'ambiance d'unité bouddhiste dans laquelle baigne Google. Louie est un Américain d'origine asiatique d'une trentaine d'années, un jeune homme intelligent, énergique et chaleureux. Ce n'est pas chez les mangeurs de lotus de la Silicon Valley qu'il s'est fait les dents, mais dans le monde beaucoup plus abrasif et masculin du United States Secret Service. Avant d'être recruté chez Google fin 2006, soit deux ans et demi plus tôt, il s'occupait de l'unité de lutte contre les crimes électroniques du Secret Service. Autant dire que peu de choses lui étaient inconnues en matière d'attaques contre les réseaux (ce que l'on appelle l'intrusion ou la pénétration), de fraudes à la carte bancaire, d'attaques sous forme de déni de service (DDoS), capables de désactiver des sites et des réseaux, ou de logiciels malveillants — ces logiciels qui se sont répandus comme la peste juste après l'an 2000. Il en connaissait aussi un rayon sur le *carding*, ce pain quotidien de la cybercriminalité qui consiste à acheter ou à vendre des données de cartes bancaires volées ou piratées : des centaines de milliers de ces données sont ensuite échangées à travers le monde puis utilisées pour faire des achats ou retirer de l'argent à un distributeur.

Comment Google aurait-il pu résister à un atout stratégique comme Corey Louie ? Eh bien justement, ils n'ont pas pu. Difficile pour Louie aussi de résister à l'attrait de Google et d'un changement de carrière stratégique : d'un côté la douceur du climat de la côte californienne ; de l'autre les frimas hivernaux et tout juste une semaine de cerisiers en fleur dans les parcs de la capitale fédérale ; les tenues décontractées de la côte ouest contre les costumes sévères de Washington ; le salaire et le sentiment d'être impliqué dans un projet dynamique contre le service public américain. Un combat pas très équitable, à vrai dire.

Lorsque vous roulez vers le sud sur la 101 en venant de San Francisco, Google n'est pas la seule cybericône que vous croisez : les sièges sociaux aux noms célèbres défilent l'un après l'autre derrière la vitre – Sun Microsystems, Yahoo !, McAfee... Plus vous visitez de sociétés high-tech pour discuter de sécurité, plus vous rencontrez d'anciens agents du FBI, de la CIA, de l'US Secret Service, de la police antidrogue ou des Services de l'inspection postale. Des légions d'anciens espions ou de policiers sous couverture ont quitté les environs aseptisés de Washington pour profiter de la vie dans la Silicon Valley, attirés par les conditions de rêve qui ont fait venir les stars à Hollywood.

Cette hémorragie d'agents de l'État en direction du secteur privé cause un préjudice notable au gouvernement. Le département du Trésor investit dans la formation de cyberenquêteurs qui s'empressent de partir vers des cieux plus cléments dès qu'ils ont accumulé quelques années d'expérience. Cela dit, il ne s'agit pas d'un investissement en pure perte, puisque cela permet d'établir des liens solides entre le secteur public et le secteur privé. Aux yeux de la Maison Blanche, Google représente davantage qu'une simple entreprise privée : la société constitue un atout national stratégique. Le message de Washington ne saurait être plus clair : si vous attaquez Google, vous attaquez les États-Unis. Dans ce contexte, le fait que quelqu'un comme Corey Louie puisse décrocher son téléphone et parler à ses vieux copains du Secret Service pour leur signaler une attaque majeure sur Gmail facilite la coopération en matière de sécurité sur internet entre le public et le privé. Or cette coopération est essentielle.

Je serais prêt à parier que le niveau de vie de Corey s'est amélioré depuis qu'il vit en Californie, mais il gagne son argent à la sueur de son front. Google possède l'une des deux plus grandes bases de données au monde, avec Facebook. C'est d'ailleurs ce qui explique que ces entreprises soient si lucratives, car les publicitaires sont prêts à payer pour avoir accès à tous les secrets que ces données révèlent sur les habitudes personnelles des internautes. C'est aussi ce qui fait d'elles un véritable Graal aux yeux des hackers travaillant à leur compte ou pour des réseaux clandestins, l'industrie ou des gouvernements rivaux.

Alors que notre conversation touchait à sa fin, Corey m'a parlé de l'un de ses amis, un policier qui avait passé beaucoup de temps à nouer des amitiés avec des hackers, tant et si bien qu'il avait fini par gérer un vaste site web criminel. « Il sera sûrement content de vous parler, m'a-t-il dit. Il s'occupait d'un site appelé DarkMarket. » C'était la première fois que j'entendais parler de ce site et de Keith J. Mularski, l'agent spécial du FBI. J'allais m'embarquer dans une étrange odyssée.

Je suis parti à la rencontre des acteurs clés de l'histoire de DarkMarket. J'ai interviewé tous ceux que j'ai pu, dans une douzaine de pays : des voleurs, des policiers, des agents doubles, des avocats, des hackers, des crackers et des criminels plus prosaïques. J'ai également consulté toute une pile de documents juridiques sur l'affaire DarkMarket et les personnes impliquées. Des cybercriminels et des officiers de police, encore en fonction ou non, m'ont fourni des informations et des documents complémentaires. Je n'ai jamais pu avoir accès à une archive intégrale de DarkMarket mais, à force de fouiller, j'ai réussi à en retrouver une bonne partie. L'agent Mularski, qui détient une archive quasi exhaustive du site, est la seule personne impliquée que j'aie rencontrée à avoir une connaissance complète du dossier.

Mis à part ces documents impossibles à obtenir, certaines des preuves écrites, sans être inutiles, se sont révélées inexactes, notamment les pièces que les procureurs ont présentées à plusieurs procès. À mon avis, ces incorrections n'étaient pas le fait d'une négligence ni d'un désir de vengeance et elles n'étaient pas non plus intentionnelles. Elles reflétaient simplement la nature éminemment technique et souvent déroutante des preuves présentées lors des procès liés à la cybercriminalité. Les juges et les avocats avaient bien du mal à comprendre cette culture très particulière, comme toute autre personne confrontée pour la première fois à des malversations sur le web.

Au cœur de cette histoire, il y a donc les individus et ce qu'ils ont fait. Bien entendu, mon témoignage s'appuie très largement sur leurs souvenirs personnels, qui remontent parfois à plus de dix ans. Au-delà de l'évidente faillibilité de la mémoire, les acteurs concernés avaient tous des intérêts propres. Ils cherchaient donc à faire ressortir certains aspects de leur activité sur DarkMarket tout en passant sous silence d'autres éléments, aidés en cela par la duplicité qui caractérise la communication sur internet, par cette culture dans laquelle il existe peu de sanctions contre le mensonge et la dissimulation.

Je n'ai réussi qu'en partie à savoir si mes interlocuteurs me mentaient, embellissaient les choses, inventaient carrément ou me disaient la vérité. Toutes les personnes que j'ai interviewées pétillaient d'intelligence, même si certaines ne tenaient pas assez fermement le gouvernail moral, ce qui est indispensable si l'on veut naviguer dans les eaux troubles de la cybercriminalité. Mais au fur et à mesure de mon immersion dans l'univers étrange de DarkMarket, je me suis rendu compte que les différentes versions d'un même épisode qui était au cœur de l'histoire du site étaient contradictoires et irréconciliables. Je n'ai pas réussi à établir avec certitude ce qui s'était réellement passé entre les différents acteurs et avec qui ils travaillaient vraiment.

Internet a généré des stocks de données et d'informations incommensurables. Beaucoup n'ont aucune valeur, une grande partie n'a toujours pas été interprétée et un faible pourcentage d'entre elles sont dangereuses car fausses. Nous sommes de plus en plus dépendants de systèmes en réseau et d'interconnexions qui voient des groupes ultra-spécialisés comme les hackers ou les agents du renseignement migrer entre criminalité, espionnage industriel et guerre cybernétique. Il est donc absolument vital, d'un point de vue tant intellectuel que social, de documenter et de chercher à comprendre l'histoire de phénomènes tels que DarkMarket, même si les preuves sont partielles, tendancieuses et qu'elles sont éparpillées entre les mondes virtuel et réel.

LIVRE I

Première partie

1

Le coup de fil de l'inspecteur

Yorkshire, Angleterre, mars 2008

Ce matin du mois de mars 2008, le révérend Andrew Arun John est presque en état de choc. On peut le comprendre : non seulement il vient de survivre à un interminable voyage en classe à bestiaux depuis Delhi, mais, à deux semaines de l'ouverture du nouveau terminal 5 d'Heathrow, l'aéroport international le plus fréquenté au monde est en train de battre des records en matière de maltraitance des voyageurs. Son vol a décollé vers trois heures du matin, et après avoir enduré le contrôle des passeports et la pagaille des bagages, il a encore quatre heures de route devant lui avant de rejoindre le Yorkshire.

Le révérend John a rallumé son portable et constaté qu'il avait un nombre inhabituel d'appels manqués de son épouse. Avant même qu'il n'ait eu le temps de la rappeler pour lui demander ce qui se passe, elle téléphone à nouveau pour lui dire que la police a appelé plusieurs fois et cherche à tout prix à le joindre.

Surpris et confus, le révérend réplique sèchement à sa femme qu'elle dit n'importe quoi – sur un ton qu'il regrettera immédiatement.

Par chance, celle-ci décide de passer outre à sa mauvaise humeur. Elle lui explique clairement et calmement que la police a voulu le prévenir que quelqu'un a réussi à pirater son compte en banque, qu'il y a urgence et qu'il doit appeler le policier en charge du dossier le plus vite possible.

Le coup de fil de son épouse a achevé de perturber le révérend et son cerveau fatigué commence à s'agiter : « Qui a bien pu pirater mon compte ? se demande-t-il. Et quel compte ? La Barclays, ici ? Mon compte Standard Bank en Afrique du Sud ? Ou le ICICI en Inde ? Ou peut-être tous les trois ? » Mais surtout, qu'est-ce qu'elle veut dire exactement ? « *Comment* ont-ils piraté mon compte ? »

Après un vol aussi épuisant, cette histoire l'angoisse et le rend nerveux. « Je m'en occuperai une fois arrivé à Bradford, quand je me serai reposé », se dit-il.

Bradford est une ville située à plus de 300 kilomètres au nord d'Heathrow. À 100 kilomètres à l'est se trouve Scunthorpe, où l'équipe du sergent-détective Chris Dawson attend nerveusement l'appel du révérend. Le policier commence à se dire qu'il est en train de s'enfoncer dans les sables mouvants d'un dossier dont il a bien peur que ce ne soit du lourd, et qui lui pose un problème apparemment insurmontable. Il n'y arrive pas, tout simplement. Les preuves qu'il a recueillies se présentent sous la forme de centaines de milliers de fichiers informatiques, dont certains pourraient contenir trois cent cinquante fois les œuvres complètes de Shakespeare. Ces documents recèlent une bibliothèque planétaire de numéros et de messages rédigés dans une langue que seule une toute petite élite formée à la terminologie obscure de la cybercriminalité est capable de déchiffrer.

Le sergent-détective Dawson ne connaît peut-être rien à cette branche nouvelle et particulièrement rare de l'enquête criminelle, mais c'est un spécialiste des affaires d'homicide, un policier de première classe avec des années d'expérience. Il sent bien que ces listes interminables et toutes ces séries de chiffres renferment des données sensibles qui ne devraient pas être en possession d'un seul individu.

Cela dit, comme beaucoup de policiers à travers le monde commencent à le découvrir en cette première décennie du XXIe siècle, une chose est de tomber sur une mine d'informations comme celle-là, une autre d'essayer de faire le lien avec un crime spécifique.

Or si Dawson veut arriver à convaincre un magistrat de Scunthorpe, cette petite ville endormie sur l'estuaire du fleuve Humber, de placer son suspect en détention provisoire, il doit présenter des preuves irréfutables d'un crime spécifique. Sans compter qu'il y a toujours la possibilité qu'il se retrouve face à un juge de la vieille école un peu sénile qui aura du mal à utiliser une télécommande, sans parler de lire un mail. Il ne suffit donc pas de convaincre : il faut un dossier bétonné et assez simple pour être compris de tous.

Il n'a plus beaucoup de temps. On ne peut pas maintenir le suspect plus de trois jours en garde à vue et deux jours se sont déjà écoulés. Au milieu de tout cet amas de fichiers, de chiffres, de blogs, de *chats* et de je ne sais quoi encore, Dawson ne possède qu'un tout petit fragment de preuve.

Il regarde fixement les cinquante mots inscrits sur une feuille A4. Il y a un numéro de compte, le 75377983 ; la date à laquelle le compte a été ouvert, le 24 février 2006, et le solde : 4022,81 livres. Mais il y a aussi un nom : M. A.A. John ; une adresse mail : *stpauls@legend.co.uk* ; une adresse normale : 63 St Paul's Road, Manningham, Bradford ; une adresse d'identification ID appartenant à une société et, surtout, un mot de passe de société : 252931.

S'il pouvait simplement confirmer l'identité du détenteur de ce compte, et si celui-ci déclarait qu'il n'avait jamais donné son mot de passe à personne, alors Dawson pourrait probablement convaincre le juge de renvoyer son suspect devant un tribunal et de refuser une libération sous caution. Et cela donnerait peut-être juste assez de temps au sergent-détective pour comprendre exactement à quoi il a affaire.

Lorsque Dawson a essayé de contacter A.A. John, il a découvert qu'il s'agissait d'un ministre de l'Église d'Angleterre, parti en vacances en Inde avec un groupe d'enfants défavorisés. On l'a également informé qu'il serait injoignable jusqu'à son retour de Delhi. Le révérend est censé arriver quelques heures seulement avant la fin de la garde à vue du suspect. S'il ne se présente pas, les sables mouvants de ce dossier viendront aspirer l'océan de données sur lesquelles Dawson a buté. Et en même temps que les données, le suspect s'effacera à coup sûr pour retourner vers l'anonymat de son alter ego virtuel.

Malheureusement pour Dawson, le révérend John est tellement perturbé par sa conversation téléphonique avec son épouse qu'il a décidé d'attendre de rentrer à Manningham, dans sa paroisse, pour s'occuper de cette affaire. Il a d'ailleurs éteint son portable et se concentre sur la route.

Pourquoi donc est-il si contrarié, d'ailleurs ?

Petit et trapu, le révérend est un homme au tempérament jovial. La plupart du temps, son visage légèrement hexagonal rayonne derrière ses lunettes de professeur. Né à la lisière du désert du Thar, au Rajasthan, et issu d'une minorité chrétienne, il a embrassé la prêtrise et travaillé à Delhi pour l'Église anglicane d'Inde pendant quinze ans.

En 1996, au moment de la fin de l'apartheid, il est approché par l'Église de la province d'Afrique du Sud pour prendre en charge une paroisse dans le township indien de Lenasia, à 5 kilomètres au sud de Soweto.

Il s'agit d'un changement difficile, car son pays d'accueil traverse une période particulièrement délicate. La liesse qui avait accueilli la fin du régime raciste est désormais tempérée par le réalisme de la population, bien consciente des ressentiments profonds accumulés depuis deux cents ans. Un outsider comme le révérend John devra être doté d'une grande subtilité politique et sociale pour comprendre ces tensions et voir comment il pourrait contribuer à les atténuer.

Son travail en Afrique du Sud va être remarqué par la hiérarchie de l'Église anglicane et, au bout de huit ans, l'évêque de Bradford, dans le comté du West Yorkshire, le presse d'accepter un poste tout aussi difficile à Manningham, un quartier résidentiel situé en bordure du centre-ville de Bradford. Le révérend hésite : il a toujours considéré l'Angleterre comme un endroit plutôt sinistre, avec sa météo maussade et son expansion urbaine tentaculaire.

Il sait aussi que Manningham, ce n'est pas une partie de plaisir. Pour beaucoup de Britanniques, Bradford — et en particulier Manningham — représente le symbole même de l'échec de leur pays à intégrer ses multiples communautés. Quant aux malveillants, ils y voient une occasion en or pour attiser la méfiance entre les communautés.

En juillet 2001, le quartier a été secoué par des émeutes brèves mais violentes qui reflètent le fossé alors grandissant entre l'importante communauté asiatique de la ville et la population blanche. Avant cela, Manningham a déjà été confrontée à l'exode des Blancs et au moment où le révérend John arrive, trois ans après les émeutes, la population est constituée à 75 % de musulmans majoritairement originaires des régions rurales du nord-est du Pakistan. « Les 25 % restants sont des chrétiens, dont 5 % à peine vont à l'église. Ici, la communauté blanche est devenue une minorité et elle le ressent comme tel », m'expliquera le révérend John. Du point de vue du climat, de l'architecture et de la culture, Manningham ne ressemble pas vraiment aux townships de Johannesburg, mais par d'autres aspects la ville fait étonnamment penser à l'Afrique du Sud.

Il s'agit d'un poste difficile. Lorsque les nuages s'amoncellent ou que la neige se met à tomber, il n'y a pas grand-chose d'attrayant dans ces rues bordées de sombres bâtiments néogothiques. Un peu plus d'un siècle auparavant, pourtant, Manningham était une ville très prisée. C'était à l'époque, désormais oubliée du monde extérieur, où Bradford était considérée comme la « capitale mondiale de la laine », un moteur puissant de la révolution industrielle britannique.

Mais, au début du XXIe siècle, Manningham se trouve depuis plusieurs années déjà dans un état de délabrement avancé. Cela fait longtemps que l'emploi et la prospérité, jadis florissants, ont déserté la ville et laissé place à la drogue, la violence conjugale, les crimes contre les biens et la prostitution. Les gens dont le révérend John s'occupe dans son centre d'accueil, qui essaient tous d'échapper au piège de la pauvreté et de la criminalité, sont plus nombreux que ceux qui fréquentent son église le dimanche.

Avec la menace toujours présente d'une violence latente qui peut affleurer à tout moment, le révérend œuvre sur la ligne de front des conflits de classes et des guerres socioculturelles qui secouent l'Angleterre. Il ne s'effraie pas facilement et reste prêt à rire pratiquement en toutes circonstances. Étant donné les difficultés de son travail, il se demande pourquoi la nouvelle du piratage de son compte en banque le perturbe tant. Il veut avant tout consulter ses fils, qui s'y connaissent en informatique. Puis il décide qu'il doit parler rapidement à la police pour savoir exactement ce qui se passe. « Je veux que cette histoire soit réglée le plus vite possible », décide-t-il.

La nervosité du révérend n'est pas une réaction inhabituelle. Quand on apprend que l'on est victime d'une cyberattaque, on a la même réponse psychologique que si l'on s'était fait cambrioler. Même si le crime reste confiné à l'espace cybernétique, donc à un monde d'impulsions électroniques, on le ressent quand même comme une violation physique : si votre compte en banque a été piraté, les voleurs auront peut-être découvert d'autres choses dans l'intimité de votre ordinateur ?

Peut-être qu'ils auront volé votre numéro de passeport et qu'un criminel ou un agent secret l'utilise en ce moment même ? Ou qu'ils sont en train de lire votre courrier électronique, notamment des informations confidentielles sur un collègue ou un employé ? Ou peut-être sont-ils tombés sur des e-mails un peu coquins et potentiellement dangereux, ou sur telle ou telle autre indiscrétion que vous avez écrite ou reçue ? Une fois qu'ils ont accès à votre ordinateur, y a-t-il encore une partie de votre vie qui puisse leur échapper ?

Dès qu'il arrive dans le joli petit cottage qui jouxte la flèche imposante de son église à Manningham, le révérend John, désormais tout à fait déterminé, appelle l'officier de police du Lincolnshire, dans le comté voisin.

Il est particulièrement inhabituel que ce type de dossier ait échoué sur le bureau de Chris Dawson, un policier d'une petite cinquantaine d'années basé à Scunthorpe. En Grande-Bretagne, la plupart des affaires de cybercriminalité sont prises en main par des unités spécialisées qui dépendent de trois organes : la police métropolitaine, la police de la ville de Londres et l'Agence de lutte contre la grande criminalité organisée, la SOCA, également basée dans la capitale. En général, les policiers non spécialisés passent à côté de ce genre de cas, trop ésotériques pour eux. Mais Dawson n'est pas un policier comme les autres : il a de l'instinct et du discernement. Il a aussi un charme tranquille et cette franchise typique du nord de l'Angleterre qui contribue à l'approche méthodique et précise qu'il a de son métier de policier. Cette attention aux détails lui sera bien utile dans les mois qui vont suivre.

Si Manningham est synonyme de tensions entre communautés et de déclin économique brutal, Scunthorpe, une ville de soixante-quinze mille habitants située un peu plus loin, au sud de l'estuaire du Humber, est le plus souvent considérée comme un Petaouchnok anglais. Son nom et les mauvais résultats de son équipe de foot sont par ailleurs un sujet de plaisanteries récurrent. (Pour être tout à fait honnête, il faudrait ajouter qu'au moins son nom scandinave d'origine, Skumtorp, a été modifié et que, jusqu'à sa relégation en mai 2011, le Scunthorpe United FC avait dépassé les attentes lorsqu'il jouait en deuxième division.) Et pour autant que l'on sache, la ville n'a jamais été liée à des histoires de criminalité organisée à grande échelle.

Quatre jours seulement avant le retour du révérend John, le sergent-détective Dawson travaillait tranquillement au commissariat central de Scunthorpe. Il surveillait l'écran de son ordinateur, qui relaie les informations et les signalements de crimes rapportés par le public au téléphone. Le régime normal, c'est du tapage après une beuverie et de temps en temps des violences conjugales, ou un chat coincé dans un arbre. Mais ce mercredi-là, à 13 h 30, un message a attiré la curiosité du sergent-détective car il sortait vraiment de l'ordinaire. Il s'est retourné vers son collègue et lui a dit gentiment dans son accent chantant du Lincolnshire : « Viens, on devrait aller jeter un coup d'œil. J'ai l'impression qu'il se passe des choses plutôt louches chez Grimley Smith. »

2

Miranda ou le meilleur des mondes

Le site web de Grimley Smith Associates expose une photographie sépia du siège de la société à l'époque édouardienne, lorsqu'il abritait l'un des tout premiers concessionnaires automobiles de Scunthorpe. Bizarrement, l'entreprise affiche ainsi fièrement une publicité pour la Belsize, l'un des premiers symboles du chic automobile en Grande-Bretagne — dont le constructeur a fait faillite au lendemain de la Première Guerre mondiale. Ce vénérable antécédent et le patronyme très dickensien de la société sont toutefois trompeurs car GSA, puisque c'est son nom, a été fondé en 1992 seulement, par M. Grimley et M. Smith.

GSA offre des services techniques beaucoup plus complexes que la vente et la réparation de vieilles guimbardes. Spécialisée dans les applications d'ingénierie chimique pour le secteur de l'énergie et l'industrie pharmaceutique, c'est l'une des jeunes sociétés les plus dynamiques de Scunthorpe et elle peut s'enorgueillir d'une présence dans le monde entier.

À l'origine GSA, c'était ses deux fondateurs. Depuis, la société a grossi et elle emploie plusieurs dizaines d'ingénieurs hautement qualifiés. Comme toutes les entreprises que le succès pousse à s'agrandir, GSA s'est développée de façon grisante, mais un peu au hasard. Les ingénieurs étaient recrutés pour des projets gigantesques jusqu'en Iran, en Chine ou au Venezuela. Vu que leur travail était très spécialisé et qu'il n'y avait pas de marge d'erreur dans leurs calculs, il leur fallait des programmes informatiques très puissants. Ils utilisaient notamment le logiciel CAD, qui permet des simulations sophistiquées de projets en deux ou trois dimensions.

Vers la mi-2007, la société a atteint un stade où elle avait désespérément besoin de gérer son infrastructure informatique. Sous-traiter la maintenance et la sécurité coûtait très cher, et la gestion des divers besoins informatiques était de plus en plus lourde. Les directeurs ont donc décidé de recruter quelqu'un pour élaborer une nouvelle approche de leur système.

Darryl Leaning, un gars tranquille de la région, avait le profil idéal pour le poste. Hormis ses compétences techniques, il était jeune, scrupuleusement honnête, et surtout son allure décontractée et amicale cachait une rare vivacité d'esprit. On ignore souvent que les meilleurs responsables informatiques sont aussi doués pour répondre aux attentes sociales ou psychologiques que pour réparer des logiciels.

À la minute où il a mis le pied dans le bureau de Grimley Smith, Darryl a compris qu'il fallait s'occuper d'urgence des ordinateurs. Ce qui l'inquiétait le plus, c'était que tous les employés disposaient des « droits d'administrateur » sur leur poste de travail. Ils pouvaient installer tous les programmes qu'ils voulaient et utiliser n'importe quel service en ligne (à l'exception des sites pornographiques, que le précédent service informatique avait bloqués au niveau central).

Sur un ordinateur personnel, un seul individu — en général dans les familles c'est l'un des parents — est enregistré comme « administrateur ». Il ou elle peut choisir, par exemple, de limiter le temps passé sur l'ordinateur par d'autres membres de la famille ou de restreindre le type de sites que ces derniers sont autorisés à consulter.

L'un des privilèges les plus notables offerts par les ordinateurs familiaux à l'administrateur concerne l'installation de nouvelles applications. Cela permet aux parents d'empêcher leurs enfants de jouer à des jeux qu'ils jugent déconseillés. Ils peuvent aussi s'en servir pour bloquer le téléchargement de logiciels d'origine douteuse, au cas où le programme en question contiendrait un virus ou un contenu malveillant qui exposerait à une attaque la vie numérique de toute la famille.

Les choses fonctionnent de la même façon dans une entreprise, mais en général à plus grande échelle et en plus compliqué. Le premier problème que Darryl a identifié lorsqu'il a commencé à travailler chez Grimley Smith, c'était l'absence d'administrateur central. Or dans une entreprise moderne, comme il l'a expliqué aux directeurs, on ne peut pas laisser le personnel télécharger ou installer ce que bon lui semble.

Il leur a dit qu'il était indispensable de mettre en place un contrôle centralisé pour empêcher que les employés ne permettent, sans le vouloir, à des virus de percer les défenses du réseau ; certes, *a priori* ils étaient totalement fiables : vous n'installez pas un antivirus parce que vous soupçonnez vos collègues de vouloir infecter votre système, car en général ce n'est pas le cas. De même pour l'installation d'applications — et de tout le reste, d'ailleurs. C'est juste que les données d'une entreprise aussi spécialisée que GSA ont une valeur incalculable. Si elles venaient à tomber entre de mauvaises mains, la société pourrait ne pas y survivre.

Dans la croisade qu'il a entreprise pour purger le système informatique de Grimley Smith de ses vulnérabilités, Darryl s'est retrouvé confronté à un certain nombre de problèmes, notamment à ces trous numériques invisibles à travers lesquels des vers, des chevaux de Troie et autres virus peuvent se glisser incognito. Tout d'abord, il a compris que les gens n'aimaient pas renoncer à des privilèges acquis ; or ces privilèges, les employés de GSA en avaient beaucoup, mis à part celui de voir des corps nus se tortiller à l'écran. Pour un jeune expert en informatique, Darryl saisissait parfaitement la psychologie associée à l'utilisation d'un ordinateur. Il devait trouver un moyen pour sevrer le personnel de ses droits d'administrateur. Il a décidé que la meilleure façon de s'y prendre était d'y aller progressivement. Il avait conscience que les êtres humains n'aiment pas perdre ce qu'ils possèdent, mais Darryl savait aussi qu'ils aiment bien recevoir de nouveaux joujoux.

Il a donc profité d'un changement d'ordinateurs pour introduire les premières restrictions. Tout excités par leurs nouvelles machines étincelantes et encore plus puissantes, les employés de GSA étaient prêts à accepter de ne plus pouvoir télécharger leurs jeux ou passe-temps favoris dès qu'ils en avaient envie.

Là encore, l'informaticien a fait preuve d'un sens inné de la psychologie humaine : il a évité ouvertement les méthodes draconiennes. Facebook, par exemple, posait problème. Beaucoup d'employés gaspillaient des ressources en surfant sur le réseau social au lieu de travailler. Surtout, le site était de plus en plus souvent utilisé comme « vecteur » d'attaque, pour reprendre le jargon de l'industrie de la sécurité : un instrument que les fabricants de virus peuvent prendre en otage pour disséminer leurs marchandises.

Darryl s'est dit que s'il interdisait complètement Facebook, il risquait de déclencher une révolution : il a donc permis aux employés d'accéder au site entre 12 heures et 14 heures, à l'heure du déjeuner. De plus, en fixant lui-même l'horaire, il serait à même de surveiller plus attentivement les tentatives de piratage et de s'assurer que le site ne compromettait pas la sécurité de la société.

Tout doucement, il a introduit un système de contrôle

central relativement puissant sans se mettre à dos aucun collègue. Au cœur de ce nouveau dispositif, il y avait le VNC (Virtual Network Computing), un logiciel complexe permettant de se connecter à un ordinateur à distance. C'était le Big Brother de Grimley Smith. Si Darryl remarquait un comportement inhabituel ou menaçant sur le réseau, il pouvait libérer le VNC de son hibernation virtuelle pour qu'il enquête dans le détail sur ce qui était en train de se passer parmi ces dizaines d'ordinateurs dont il avait désormais la charge.

Un matin, au moment où les employés allumaient leurs ordinateurs, il a envoyé un message prévenant tout le monde, y compris le directeur général, que désormais n'importe qui pourrait être soumis à un contrôle du responsable informatique. À l'insu de la plupart d'entre eux le VNC, qui venait d'être installé, ronronnait joyeusement en arrière-plan. Si Darryl recevait une alerte l'informant que quelqu'un avait téléchargé un virus ou était en train d'essayer d'installer une application non reconnue, il activerait le VNC.

Le VNC est un outil incroyablement puissant. Certains considéreront que son utilisation relève d'une pratique managériale très simple, mais dans la communauté internet mondiale le déploiement de ce logiciel est violemment contesté. Dans la plus grande partie de l'Europe continentale, il est formellement interdit aux gouvernements et aux entreprises d'accéder à des informations qui ne soient pas liées au travail sur les ordinateurs de leurs employés (et encore, cela ne se fait pas sans difficultés). La surveillance des e-mails est strictement illégale.

La traque des criminels et la préservation des libertés civiques ont toujours cohabité avec difficulté, mais cette coexistence est devenue beaucoup plus problématique avec le développement d'internet, et les choses ne risquent pas de s'arranger. En Allemagne, lorsqu'un officier de police surveille anonymement un suspect sur internet, il est tenu par la loi de s'identifier comme membre des forces de l'ordre si l'un de ses interlocuteurs en ligne le lui demande. Cette règle rend très difficile la pratique couramment répandue en Grande-Bretagne et aux États-Unis consistant pour un policier à se faire passer pour un garçon ou une fille mineure afin de piéger les pédophiles qui essaient d'amadouer des enfants sur internet. Politiquement chargée, l'installation d'un VNC est encadrée par toute une série de lois sur la protection des données. Darryl Leaning devait donc gérer cela avec doigté.

Un beau jour de février 2008, un message d'alerte signalant une application suspecte a clignoté sur son écran. *Application non autorisée: Messenger.* Les systèmes de l'informaticien étaient réglés pour détecter différents types d'applications non autorisées. Le mot « Messenger » suggérait que quelqu'un était en train d'installer ou d'utiliser un système de communication du genre Skype. En quelques minutes, Darryl a découvert que cela venait du poste de l'un des ingénieurs chimistes, ces employés qui forment la colonne vertébrale de GSA. Il s'est donc dirigé vers le poste de travail en question et a décidé simplement de demander tout de go à l'ingénieur s'il utilisait un nouveau système de messagerie instantanée sur sa machine.

« Il s'est tourné tranquillement vers moi et m'a répondu : "Non !" Il a nié, tout simplement. Alors j'ai rétorqué : "Ah bon, d'accord. C'est bizarre, parce que je viens juste de recevoir un message d'alerte m'informant que cet ordinateur utilisait une messagerie non autorisée." »

Darryl a haussé les épaules. Vu que les systèmes de sécurité sont très sensibles, il n'avait pas été plus surpris que cela par la réponse de l'ingénieur. D'ailleurs plusieurs des outils de surveillance qu'il utilisait étaient pris pour des dispositifs de piratage par son propre logiciel antivirus. Quoi qu'il en soit, il a pensé que même si l'ingénieur utilisait effectivement une messagerie instantanée, c'était probablement juste pour discuter avec ses amis pendant ses heures de travail. Au moins, il se rendrait compte désormais que ce n'était pas une chose à faire et que, s'il récidivait, Darryl le saurait. Et il n'a plus repensé à cette histoire.

Deux semaines plus tard, pourtant, la même alerte est apparue sur son écran. Cette fois-ci, Darryl a décidé de réveiller le monstre VNC. À distance, il a plongé dans l'ordinateur de l'ingénieur et s'est mis à chercher le programme de communication en question. Il a vite réussi à l'identifier: il s'agissait de Miranda Instant Messaging. Aujourd'hui, beaucoup d'internautes utilisent des messageries instantanées pour converser en temps réel avec leurs amis en envoyant quelques mots ou quelques phrases dans des petites fenêtres de texte. Dans la plupart des cas, Windows Instant Messenger (IM) peut uniquement communiquer avec quelqu'un qui dispose de la même application. Avec Miranda, en revanche, vous pouvez communiquer avec différents programmes IM. C'est un outil particulièrement prisé par certains obsédés de l'informatique.

Avant de lâcher le VNC, Darryl a vérifié le disque dur de l'ingénieur pour voir s'il y avait quelque chose de particulier, sans toutefois rien trouver. Il était environ 12 h 15, l'heure du déjeuner. Juste le bon moment, a-t-il pensé, pour faire tourner une petite session VNC et savoir une bonne fois pour toutes si ce programme non autorisé était en cours d'utilisation sur la machine de l'ingénieur.

La messagerie Miranda n'était rien comparée à ce que Darryl a découvert lorsque le VNC a commencé à explorer les secrets du PC de l'employé. L'ingénieur avait ouvert dix documents en même temps et les faisait défiler à une vitesse inhabituelle. Darryl n'en croyait pas ses yeux. Il n'avait encore jamais vu personne travailler aussi rapidement avec des documents. Sur l'écran de l'ingénieur, il voyait un magma de chiffres, de symboles et de mots. Il a commencé à comprendre que ce dernier était en train de copier certaines parties du document pour les coller dans un fichier séparé.

Il n'arrivait pas encore à saisir ce qui se passait ni d'où venaient tous ces documents mais, pour autant qu'il pût en juger, ils n'avaient aucun rapport avec l'entreprise. Le fichier sur lequel il copiait le texte portait un nom qui prêtait à confusion: il s'intitulait «Sierra Leone». Or l'ingénieur travaillait effectivement sur un projet de raffinerie en Sierra Leone. Darryl a laissé échapper un soupir de soulagement. Peut-être que tout cela était parfaitement normal, après tout. Ce n'est que plus tard qu'il a compris pourquoi l'ingénieur avait choisi précisément ce nom: si quelqu'un passait à côté de son ordinateur, il aurait juste à réduire la fenêtre et tout ce que l'on verrait sur la barre des tâches, ce serait un onglet intitulé «Sierra Leone» — le projet sur lequel il travaillait.

Darryl se serait laissé berner lui aussi si à ce moment-là le VNC n'avait pas repéré un lecteur F: non autorisé, ce qui voulait dire que l'ingénieur utilisait un disque dur portable. Darryl a envoyé le logiciel dans le mystérieux périphérique et lui a donné l'ordre de copier les dizaines de milliers de documents qui s'y trouvaient.

Comme il n'était pas encore sûr de ce qu'il fallait faire à partir de là ni à même de comprendre ce qui pouvait bien se tramer, il a demandé à son fidèle VNC d'explorer encore une fois les entrailles de l'ordinateur suspect. Il l'a programmé de façon à faire des copies d'écran toutes les trente secondes. Quand on regardait l'ordinateur en temps réel, c'était déconcertant: impossible de savoir ce que les données signifiaient. Mais lorsqu'il a vu les captures d'écran, donc des images figées de l'activité de l'ingénieur, il a réussi à se faire une idée assez précise de ce qu'il avait devant lui: des centaines et des centaines de numéros de cartes bancaires, comptes en banque, données personnelles, codes PIN et adresses e-mail. Rien à voir avec le développement de l'infrastructure pétrolière naissante de la Sierra Leone.

Darryl a imprimé une page particulièrement dense de

Bank of America Online et l'a apportée à Mike Smith, son directeur. Quelques minutes plus tard, Smith décrochait son téléphone et appelait la police de Scunthorpe.

Lorsque le sergent-détective Dawson est arrivé chez GSA, le directeur lui a montré les captures d'écran. Il y avait une quantité de données stupéfiante : des informations sur des banques, des agents immobiliers, des compagnies d'assurances, des parcs à thème, des cinémas, des organisations de bienfaisance et autres, y compris l'armée américaine. Il a immédiatement suspecté qu'il avait affaire à de la fraude, tout en étant incapable de savoir ce que les données signifiaient ni comment il pourrait confirmer ses soupçons. Il se trouvait confronté à des questions épineuses.

« Bien, faisons-le venir pour avoir une petite conversation avec lui, si vous voulez bien », a suggéré Dawson.

Les directeurs de Grimley Smith ont échangé un regard nerveux.

« Qu'est-ce qu'il y a ? a demandé le policier.

— C'est un grand gaillard, a répondu l'un d'entre eux, et je suis sûr qu'il peut faire des problèmes.

— Eh bien, on verra cela quand on y sera », a rétorqué Dawson avec toute l'autorité dont il était capable.

Lorsqu'il a fait son entrée dans le bureau, grand et imposant, l'homme avait l'air plus choqué qu'en colère. Il a demandé avec un brin de mépris au détective qui il était et ce qu'il faisait là. Dawson lui a expliqué pourquoi il avait été appelé chez GSA et lui a demandé très directement ce que les captures d'écran signifiaient. Avec une nonchalance inattendue, l'ingénieur a répliqué qu'il s'agissait d'une partie d'un rapport qu'il était en train de préparer pour l'un des directeurs présents dans la pièce. Il y a eu un moment de silence, puis le directeur a démenti sur un ton de défi : « Non, ce n'est pas vrai !

— Bien, a conclu Dawson, approchez vos mains, monsieur. » Et se tournant vers son collègue : « Passe-lui les menottes ! »

Bien loin de «faire des problèmes», comme les deux directeurs l'avaient craint, l'homme est resté très calme tout du long, bien que peut-être un peu déconcerté. Deux heures après avoir vu le rapport du département de commandement et de contrôle, Dawson avait un suspect en état d'arrestation dans une cellule de commissariat. Maintenant, il allait devoir monter rapidement un dossier: s'il n'arrivait pas à présenter des preuves *prima facie* de conspiration ou de fraude dans les trois jours, il serait obligé de laisser son suspect repartir et ce serait fini.

Dawson est retourné chez Grimley Smith avec un officier spécialisé et ils se sont mis au travail avec Darryl Leaning. Comme ce dernier l'avait pressenti, les disques portables de l'ingénieur contenaient des centaines de milliers de documents, dont la plupart étaient truffés de détails de cartes bancaires et de comptes en banque piratés. Il y avait aussi des échanges de mails, notamment un qui faisait référence à un groupe Yahoo! appelé très prosaïquement *bankfraud@yahoogroups.com*. Les divers messages échangés par le groupe s'apparentaient moins à un cours en ligne qu'à un diplôme universitaire ès fraudes sur internet.

Dawson s'est ensuite rendu à Hull, une ville voisine, pour visiter l'appartement où le suspect habitait, à Plimsoll Way. L'immeuble se trouvait dans une cité qui avait dû faire partie d'un projet de réhabilitation des quais et qui montrait déjà les premiers signes de délabrement. Des traces d'eau sale tachaient la façade en pierre couleur crème gangrenée par la rouille qui émergeait de l'enduit. C'était un symbole parfait de l'Angleterre du New Labour: clair et rutilant à l'extérieur, mais désormais incapable d'empêcher l'intérieur pourri d'affleurer à la surface.

L'appartement laissait deviner un célibataire. Pas une porcherie, loin de là, mais beaucoup de désordre. «Il manque une touche féminine», s'est dit Dawson. Et là, dans la chambre à coucher, jackpot! Sur le lit, deux ordinateurs portables, dont l'un était encore allumé, avec une énorme pile de documents posés dessus. On y trouvait notamment d'innombrables reçus de transferts Western Union à destination et en provenance du monde entier : Nouvelle-Zélande, Mexique, Émirats arabes unis, Ukraine et tutti quanti.

C'était très bien d'avoir tous ces fichiers et documents à disposition, mais ce qu'il fallait à Dawson pour pouvoir procéder à une inculpation, comme on le sait, c'était la preuve d'un crime bien précis. Et là, tandis qu'il prenait une énorme liasse de papiers, une feuille est tombée par terre. Les mois suivants, il repenserait souvent à cet heureux hasard car sur cette feuille il y avait les coordonnées d'un homme qui habitait dans l'ouest du Yorkshire, ainsi que tous ses numéros de comptes bancaires. En l'étudiant, Dawson a compris que cela pourrait constituer une preuve décisive, parce qu'il y avait également un mot de passe. S'il arrivait à prouver que l'homme en question n'avait jamais communiqué son mot de passe à personne, alors il avait un dossier à charge. C'est ce qui explique pourquoi le sergent-détective était tellement impatient de parler au révérend Andrew Arun John. Si celui-ci confirmait n'avoir jamais fait part de son mot de passe à quiconque, il pourrait inculper le suspect de fraude sur internet, et il y a fort à parier que le juge refuserait de le libérer sous caution. Dawson pourrait alors commencer à se plonger dans cet océan de documents — une tâche herculéenne.

3

Le Mr Hyde de Lagos

En 2003, Adewale Taiwo décroche son diplôme d'ingénieur chimiste à Lagos. Fils d'un professeur d'université et d'une fonctionnaire, grand et imposant, Adewale est un jeune homme posé qui s'exprime bien, promis à un avenir brillant dans l'industrie ou dans l'enseignement. Au Nigeria, sa famille est aisée, et il a des cousins à Londres qui pourront l'aider s'il veut poursuivre ses études au Royaume-Uni.

Cette même année, il crée son alter ego : Fred Brown, de Oldham, Lancashire. Il n'est encore jamais allé en Angleterre, mais il a décidé de créer à l'avance ce véritable Mr Hyde du monde cybernétique. C'est Fred Brown qui créera le groupe Yahoo consacré à la fraude bancaire.

Très rapidement, il se met également à poster des annonces sur des sites comme *Hacker Magazine*, *Alt 2600* ou *UK Finance* :

> PERSPECTIVES COMMERCIALES : Des perspectives de partenariat se sont ouvertes pour les personnes qui travaillent dans des banques de détail ou qui ont de la famille ou des amis dans des banques. À ce stade, seules HSBC et la Royal Bank of Scotland sont concernées, mais d'autres pourraient s'y ajouter. Répondre à Fred Brown sur Yahoo, icq ou Safemail.

Les programmes icq (de *I seek you*, «je te cherche») et IRC (Internet Relay Chat), plus anciens, sont les outils de prédilection des hackers et des «crackers», comme on appelle parfois les hackers criminels. Ce sont des services de messagerie instantanée grâce auxquels vous pouvez chatter avec une ou plusieurs personnes. Détail important pour les hackers: ils sont «dynamiques», ce qui veut dire qu'ils ne laissent pas de trace des conversations à moins qu'elles ne soient expressément enregistrées.

«Safemail» est un système de messagerie électronique crypté impossible à pirater. Sauf à persuader un tribunal israélien d'ordonner la communication des informations que l'on recherche, puisque c'est une société basée à Tel-Aviv qui possède et gère ce service.

Ceux qui répondent aux sirènes de Fred Brown sont ensuite invités à rejoindre *bankfraud@yahoogroups.com*, qui affiche on ne peut plus clairement son objectif et sa philosophie: «Ce groupe est destiné à des individus qui ne cherchent pas un travail réglo mais plutôt à faire du cash, et qui sont prêts à contourner les règles. Il vous apprendra à escroquer les banques et vous initiera au vol d'identité.» Quand on voit que Fred se sentait libre de faire ouvertement une telle promotion pour son activité, on mesure à quel point les activités frauduleuses sont omniprésentes sur le net. Plusieurs années s'écouleront d'ailleurs avant que la police ne le remarque, et encore parce qu'il avait commis une erreur exceptionnellement grossière.

Les annonces de Fred visent à plumer un pigeon de la façon la plus traditionnelle qui soit, à savoir de l'intérieur: si vous arrivez à persuader un employé de banque de voler les données d'un client et de vous les transmettre, plus la peine de pirater les comptes ou les cartes bancaires. Ceux qui fraudent sur internet font des efforts considérables pour essayer de trouver des employés de banque mécontents ou stressés, parce que si vous avez quelqu'un dans la place qui travaille avec vous et sur qui vous pouvez compter, vos gains pourront augmenter de façon spectaculaire. Une fois qu'il a récupéré les détails du compte, le criminel a toute latitude pour le consulter en ligne comme si c'était le sien, puis transférer le cash à sa propre banque. À moins d'avoir besoin d'une grosse somme rapidement, la méthode privilégiée de ces voleurs consiste à siphonner de petites quantités sur une période assez longue afin que ni la banque ni le client ne s'en aperçoivent.

Parallèlement, Fred va mettre au point des méthodes de fraude plus sophistiquées. Il peut ainsi s'introduire en profondeur dans le système d'une banque et augmenter par exemple l'autorisation de découvert d'un compte. Apparemment, il sait aussi changer les noms et les adresses et, bien évidemment, récupérer les mots de passe.

En posant les bases de son commerce bien avant d'arriver en Angleterre, Fred témoigne alors de l'approche systématique qui sera la sienne en matière de business. Il jouit de considération, n'est pas dans une situation d'infériorité sociale et ne perd pas de temps à jouer avec son ordinateur. Fred Brown (alias Freddy Brown, Fred B. Brown, Freddy B, FredB et Freddybb) considère internet comme un moyen très simple de soutirer à des milliers d'inconnus des sommes d'argent considérables.

Mais avant que Fred ne se déchaîne sur le web, son Dr Jekyll – Adewale Taiwo – a d'autres chats à fouetter : il doit notamment se consacrer à son année d'études à l'université de Manchester, où il est arrivé en octobre 2005, et décrocher sa maîtrise en génie chimique. En mai 2006, un mois avant de recevoir son diplôme, il ouvre un compte au London Gold Exchange (LGE), sur lequel il peut transférer de l'argent à partir de n'importe quelle banque.

Le LGE achète de l'or avec l'argent que vous déposez et vous donne des crédits en « monnaie électronique ». Avec son siège à Belize et son or à l'abri en Suisse, le LGE, qui s'est développé dans les années 1990, est alors l'une des institutions plébiscitées par les fraudeurs et tous ceux qui blanchissent de l'argent sale. Une fois que Taiwo a transféré ses fonds au London Gold Exchange, il les envoie vers un compte ouvert dans une institution similaire, E-Gold, et de là il distribue le cash à travers le monde via Western Union pour le blanchir ou payer ses collaborateurs.

Comme en tout ce qu'il fait, il se montre méticuleux et efficace : un excellent étudiant et un excellent criminel. Grimley Smith, qui voit en lui un jeune homme très prometteur, le récupère juste après son diplôme. Au même moment, la fraternité des fraudeurs sur internet l'accueille parmi eux, reconnaissant en lui un acteur important.

Adewale Taiwo est un ingénieur chimiste de talent. Il n'a pas trente ans qu'il est déjà considéré comme l'un des hauts potentiels de Grimley Smith, et assez vite on l'envoie en mission au bout du monde, dans des pays comme la Chine ou le Venezuela. Il s'habille bien, mais sans ostentation, et sa BMW convient à son salaire et à son mode de vie. Il prend ses deux vies très au sérieux, et bien entendu son travail légitime fournit une couverture crédible à son activité clandestine. Une société respectée et prospère sur le marché de l'énergie : c'est bien l'un des derniers endroits où l'on irait chercher un cybercriminel de premier ordre, surtout pas parmi les ingénieurs appliqués et hautement qualifiés.

Lorsque le sergent-détective Dawson va commencer à entrevoir l'étendue de la fraude, il sera sidéré. Même après avoir circonscrit le nombre de preuves, il reste quand même trente-quatre mille fichiers à étudier, dont certains font cent à cent cinquante pages. Il a par exemple repéré un fichier qui contient à lui seul cent pages remplies de numéros de cartes bancaires américaines accompagnés de leur code de sécurité et de tous les mots de passe requis.

Dawson est chargé des affaires d'homicide, et personne à Humberside n'a encore jamais travaillé sur un cas de fraude de haut vol sur internet. En outre, lui et son collègue doivent en même temps vaquer à leurs affaires courantes. Il ne sait vraiment pas par où commencer. En plus des fichiers, il y a un pilote pour MSR 206. Cet appareil constitue probablement l'arme la plus importante de tout l'arsenal des fraudeurs à la carte bancaire, les « carders ». Avec lui, le carder peut « cloner » une carte bancaire, c'est-à-dire copier toutes les informations qui se trouvent sur la bande magnétique et les reporter sur un bout de plastique disposant d'une bande magnétique vierge. Le MSR 206 représente une véritable fortune personnelle.

Sur les fichiers, Dawson a également trouvé des chevaux de Troie enregistreurs de frappe, qui sont aux hackers criminels ce qu'est la pince-monseigneur au cambrioleur. Les premiers virus étaient des créatures très différentes des enregistreurs de frappe. Dans les années 1990, lorsqu'ils ont commencé à circuler en grand nombre, ils étaient conçus par des adolescents et des étudiants, les « script kiddies », qui cherchaient à étaler leurs prouesses en matière de programmation. Malheureusement, ils n'ont pas trouvé de meilleur moyen pour ce faire que de nuire au plus grand nombre d'utilisateurs possible.

Une fois que votre ordinateur était infecté, il pouvait se comporter de plusieurs façons : soit il ralentissait ; soit, si vous lanciez une application, disons Word, c'est un navigateur internet qui s'ouvrait ; soit encore le virus fermait automatiquement l'ordinateur ; ou alors, pire que tout, il avait la capacité de détruire vos fichiers et vos données. Les histoires ne manquent pas d'auteurs qui ont perdu des manuscrits entiers à cause d'un virus malicieux, ou de statisticiens qui ont vu des mois de données engloutis devant leurs yeux par un méchant ver numérique.

Mais après le passage à l'an 2000, les hackers, crackers et criminels en tout genre ont commencé à comprendre que l'on pourrait faire un usage plus lucratif des virus, chevaux de Troie et autres vers[1]. L'enregistreur de frappes était né, et il s'est multiplié très rapidement sur internet. Une fois que ce petit bonhomme va se nicher dans votre ordinateur, son boulot est d'enregistrer tout ce que vous saisissez sur votre clavier. De sorte que, lorsque vous tapez *www.hsbc.co.uk* dans votre navigateur, il renvoie cette information à son créateur ou à son propriétaire, n'importe où dans le monde. Si vous tapez ensuite votre mot de passe, disons « Robindesbois », le commandeur du virus basé dans le New Jersey, à Rostock, Lilongwe ou au fin fond de la Ruritanie va immédiatement l'enregistrer. Bingo ! *Mi casa es su casa !* Ou plus exactement, *Mi cuenta bancaria es su cuenta bancaria*[2] *!*

Or le fait de stocker des milliers de numéros de cartes et de comptes bancaires sur son ordinateur ne constitue pas un crime. De même pour un virus enregistreur de frappes. C'est peut-être une indication sérieuse d'une activité criminelle, mais cela ne relève pas pour autant de l'inculpation. Dawson et son collègue ont donc continué à éplucher les centaines de fichiers pour essayer de démêler l'écheveau.

Après avoir recopié manuellement quelques milliers de numéros de comptes sur une feuille Excel, la police a décidé d'approcher les banques. Sujet sensible, *a priori*, car après tout ce sont les systèmes de sécurité des banques que Fred Brown avait forcés si facilement.

Voyons cela d'un peu plus près.

Les demandes de renseignements de Dawson se sont

1. La distinction la plus simple, bien qu'incomplète, entre virus, vers et chevaux de Troie — tous trois connus sous l'appellation de « logiciels malveillants », ou *malware* — réside dans leur méthode de transmission : les virus passent par des pièces jointes infectées, les chevaux de Troie par des téléchargements, tandis que les vers ont une capacité à s'autorépliquer sur un ordinateur hôte, pour ensuite utiliser les programmes de communication de cet ordinateur et se répandre dans d'autres machines. Mais, en gros, ils causent tous les trois du tort à votre ordinateur.

2. « Mon compte bancaire est votre compte bancaire. »

très souvent heurtées à un mur, les banques ne prenant tout simplement pas la peine de lui répondre. Tout au long de l'enquête, le détective était pressé par le temps, et il en a perdu beaucoup à essayer de persuader les banques de coopérer. En vain.

La plupart des banques ont une attitude ambiguë par rapport à la cybercriminalité. Alors que j'étais en train d'écrire ce livre, un employé de ma banque, NatWest, m'a appelé pour me demander si j'avais récemment fait des achats chez un bijoutier de Sofia, en Bulgarie. Il voulait aussi savoir si j'avais réglé une facture de 4000 francs suisses pour Swiss Telecom. J'ai répondu que non. J'ai alors été informé que ma carte Visa avait été piratée et que j'allais en recevoir une nouvelle mais que je pouvais dormir tranquille, car NatWest avait annulé les 3000 livres dépensées de façon frauduleuse. Comme tous ceux qui font l'expérience du piratage de leur compte, j'ai été immensément soulagé lorsque la banque m'a gentiment rassuré sur le fait que je n'étais pas responsable.

Mais qui paie pour cela ? Les banques ? Non, elles sont assurées contre ce genre de pertes. Les compagnies d'assurances ? Non, puisqu'elles fixent les primes à un niveau qui leur garantit qu'elles ne perdront rien. Alors peut-être que c'est la banque après tout, vu que c'est elle qui paie la prime ? En effet. Mais elle récupère l'argent en imposant des frais supplémentaires aux consommateurs. Donc, en gros, la fraude bancaire est payée par tous les clients.

Bien entendu, c'est quelque chose que les banques n'ont pas vraiment envie de crier sur les toits. De même, elles n'aiment pas trop que le public sache combien de fois leurs systèmes ont été piratés par des cybercriminels. Il est donc impossible, pour un journaliste, de leur soutirer de l'information sur les cyberattaques qui s'abattent sur elles quotidiennement. On peut comprendre. Ce qui est moins excusable, c'est leur réticence fréquente à travailler avec la police dans la crainte que des informations sensibles ne soient révélées lors d'une audience publique. En refusant d'admettre que leurs clients sont victimes de cybercriminalité parce qu'elles redoutent de perdre des parts de marché, les banques facilitent indirectement le travail des criminels.

Évidemment, elles ont un problème : leurs clients constituent le maillon le plus vulnérable de leur système financier en réseau. Aujourd'hui, même les hackers les plus doués auraient du mal à pénétrer les systèmes informatiques des grandes banques de détail et d'investissement. Mais s'introduire dans les ordinateurs de la plupart des clients, les regarder accéder à leurs comptes et jouer avec leur argent, c'est un jeu d'enfant pour un hacker digne de ce nom. Comment imposer davantage de prudence à ses clients sur internet quand le principal intérêt de la banque en ligne (et d'une grande partie de notre activité sur le web), c'est justement sa commodité ? Les mesures de sécurité élaborées mises en place pour avoir accès à leur compte rebutent généralement les clients parce qu'elles sont très fastidieuses.

Les banques préfèrent rester discrètes sur l'étendue de la fraude en partie pour des questions de concurrence, mais aussi parce qu'elles veulent éviter que leurs clients ne demandent de revenir aux pratiques antérieures. La banque électronique permet en effet aux établissements bancaires de faire d'énormes économies puisque le client accomplit des tâches qui relevaient naguère des agences et de leur personnel. Si nous nous mettions tous à refuser de gérer nos finances via internet, les banques seraient obligées de réinventer le réseau d'agences très dense qu'elles avaient déployé pour nous servir. Cela coûterait horriblement cher. Or, comme nous le savons désormais, elles ont dépensé tout ce qu'elles avaient, ainsi que des centaines de milliards prélevés sur l'argent du contribuable, pour financer des opérations ouvertement spéculatives et s'accorder des bonus obscènes.

Le sergent-détective Dawson a donc dû reconstituer minutieusement les pièces du puzzle avec une assistance très limitée du secteur bancaire. Cela dit, il a bénéficié du fait que Fred Brown avait commis un certain nombre d'erreurs majeures en construisant son réseau de fraude. Ainsi, alors que son *bankfraud@yahoogroups.com* était enregistré chez Yahoo ! aux États-Unis, l'adresse e-mail correspondante était *yahoo.co.uk*. Et comme il s'agissait d'un nom de domaine britannique, Dawson a pu exiger que Yahoo ! lui communique immédiatement les informations. Il a eu moins de chance avec le compte Safemail. Là, il a dû demander à un tribunal britannique de s'adresser à la justice israélienne pour que Safemail lui donne accès au compte crypté de Fred Brown, ce qui a pris des mois. Or pendant tout ce temps, il était sous la pression de la justice pour dévoiler ses preuves aux avocats de la défense et accélérer la procédure.

Ses supérieurs n'étaient pas contents : de ce côté-là aussi, il sentait la pression monter. Aucune des victimes des crimes sur lesquels il enquêtait ne venait de Humberside : les détenteurs de cartes bancaires étaient éparpillés dans le monde entier. Il y en avait un, le révérend John, qui habitait dans le West Yorkshire, juste à côté, mais c'était à peu près tout. « Je ne peux pas me permettre de mobiliser un de mes meilleurs spécialistes en homicides sur un cas de fraude qui n'a rien à voir avec cette région ! » Dawson avait entendu cet avertissement plus d'une fois. Quelque chose l'incitait pourtant à poursuivre. Il ne voulait pas laisser tomber, donc pour amadouer ses supérieurs il a commencé à travailler sur son temps libre, penché sur les chiffres qui dansaient devant ses yeux jusque parfois tard dans la nuit.

Désespéré de voir que le cas Adewale Taiwo était en

train de commencer à dévorer sa vie, Dawson a demandé l'aide de l'unité de renseignement régionale. Ils ne pouvaient rien faire pour lui, mais lui ont suggéré de voir si l'unité high-tech de Londres n'aurait pas des informations qui pourraient lui être utiles. Là encore, réponse négative, mais pourquoi n'approcherait-il pas l'Agence de lutte contre la grande criminalité organisée, la SOCA ?

Finalement, Dawson a donc contacté le siège opérationnel secret de la SOCA, à Londres, qui semble tout droit sorti d'un roman de Len Deighton : devant l'immeuble une plaque en cuivre au nom d'une société fictive où tout le monde fait semblant de ne pas travailler pour l'agence que Tony Blair décrivait comme la réponse du Royaume-Uni au FBI (ce qui avait beaucoup irrité ses employés).

Dawson a demandé de l'aide sur un dossier de fraude complexe impliquant un mystérieux Fred Brown. Il a reçu un appel courtois des « big boys » de la métropole : « Que savez-vous de Freddy Brown ? » Après tout, laissait entendre le ton de la voix, vous n'êtes qu'un petit policier besogneux de Humberside.

« Rien, a répondu le sergent-détective Dawson, si ce n'est que je l'ai en détention provisoire ici, à Scunthorpe. »

Il y a eu un moment de silence au bout de la ligne. « Vous avez déjà entendu parler de DarkMarket, sergent-détective Dawson ? a poursuivi la voix.

– Non, jamais. Pourquoi ? »

Le poisson était encore plus grand que ce que Dawson avait imaginé.

C'était aussi une surprise pour la SOCA. Les cyberpoliciers avaient Freddybb sur leur écran radar depuis plusieurs années déjà, mais l'enquête sur DarkMarket avait été mise en veille pendant quelque temps suite à la série d'arrestations de l'été précédent. Ils étaient loin d'imaginer que c'était un policier de Scunthorpe qui la relancerait. Mais s'il y avait une leçon que l'unité de lutte contre la criminalité en ligne la plus importante de toute l'Angleterre avait apprise depuis qu'un groupe de cyberescrocs ukrainiens avait créé le premier site web dédié à la criminalité mondiale, en 2001, c'était de toujours s'attendre au plus inattendu.

Deuxième partie

4

Les fichiers d'Odessa

Odessa, Ukraine, juin 2002

Ils sont arrivés de loin : de Saint-Pétersbourg, tout au nord, de Lettonie, sur la Baltique, de Biélorussie, ce pays créé en 1990, sorte de monument vivant au communisme ; les Russes sont venus en force et toutes les régions de l'Ukraine sont représentées – Ternopil, Kiev, Kharkov, Donetsk...

La Première Conférence mondiale des carders est véritablement internationale. On y croise plusieurs délégués d'Europe de l'Ouest, d'autres qui ont fait de longues heures de vol pour venir du golfe Persique, du Canada ou d'Amérique du Sud. Le communiqué de presse de la conférence déplore que les confrères d'Asie du Sud-Est et d'Australie n'aient pas pu assister aux débats en raison de problèmes logistiques.

Sur les quatre cents candidatures reçues, les organisateurs en ont retenu une trentaine. Les heureux élus savent que l'invitation suffira à elle seule à rehausser de façon spectaculaire leur réputation dans ce monde férocement hiérarchisé qu'est celui des cybercriminels.

Histoire de brouiller les pistes et d'égarer la police, les responsables de la conférence ont d'abord annoncé que l'événement se tiendrait à bord de yachts de luxe amarrés au large des côtes turques, en mer Noire. C'était juste une ruse. Après tout, où d'autre qu'à Odessa, ville de voyous légendaire entre toutes, aurait-on bien pu organiser la première conférence de cybercriminels de l'histoire ?

Le tsar, Staline et Hitler ont eu beau essayer tous les trois de dompter la bête sauvage avec leurs méthodes à toute épreuve, aucun d'entre eux n'a réussi à broyer la confrérie criminelle la plus tenace d'Europe de l'Est. Comme l'écrivait un chroniqueur à propos de sa ville natale : « Il est tout simplement impossible de comprendre l'histoire de la ville si l'on ne connaît pas les gangsters d'Odessa et leur vie. »

Pour la plupart des Européens de l'Est, le capitalisme sauvage qui a suivi l'effondrement du communisme dans les années 1990 a été un véritable choc. Odessa, elle, avait vu les choses venir. Les Odessites n'ont pas eu d'autre choix que d'embrasser cette ère nouvelle, et il faut reconnaître qu'ils l'ont fait avec un certain brio. Du jour au lendemain, les lumières rouges des quartiers chauds ont éclipsé les étoiles rouges. Des casinos lugubres ont poussé comme des champignons derrière le boulevard Primorski et, peu de temps après 1989, les restaurants et les saunas ont été le théâtre de scènes de gloutonnerie et de bains de sang mémorables.

Plus loin du centre, dans les lotissements, la drogue est devenue la denrée de prédilection. Des jeunes sans le sou se sont mis à se shooter à la *boltouchka*, un mélange d'amphétamines artisanal. Les plus chanceux s'en sont sortis avec des cicatrices, d'autres avec des séquelles psychiques, et beaucoup en sont morts.

Des gangsters et des clans venus de Tchétchénie ou de Moscou disputaient le contrôle de la ville à des Robins des bois locaux : c'est qu'Odessa avait beau appartenir en théorie à une Ukraine qui venait de conquérir son indépendance, c'était une ville entièrement russophone, et surtout le seul port en eaux chaudes où les exportations de gaz et de pétrole russes pouvaient transiter.

L'hyperinflation et le nationalisme avaient anéanti le rouble, le karbovanets, la hryvnia et tout ce que le gouvernement qualifiait de « monnaie réelle ». Seul le dollar yankee garantissait une véritable stabilité.

Pour la plupart des Ukrainiens ordinaires, l'Odessa des années 1990, c'était deux choses : la survie et les dollars. Personne ne se souciait de la façon dont vous négociiez la première ou mettiez la main sur les seconds, ni n'y trouvait rien à redire. En réalité, on admirait ceux qui avaient réussi à s'assurer les deux à la fois, même si une fortune soudaine pouvait nuire à l'espérance de vie.

Dans cette atmosphère, qui aurait pu reprocher à Dimitri Golubov, un adolescent de treize ans, de vendre des cartes grises et des permis de conduire portant la fausse signature du chef du bureau des Transports municipaux ? Si des hommes d'affaires étaient prêts à payer pour ça, c'est bien que ce commerce devait créer de la valeur ?

Jusqu'ici, c'était de l'Odessa tout craché. Mais le jeune Dimitri avait quelque chose qui le propulsait dans un monde différent de celui de la pègre traditionnelle du racket de la protection, des bordels, du pétrole et du caviar. Au lieu d'empocher un couteau, il pouvait disparaître au coin d'une rue pour descendre dans des caves sombres et enfumées où Street Fighter, Pacman et Tetris, le grand classique russe des jeux vidéo, réduisaient en bouillie le cerveau des adolescents. Dans cette culture souterraine, la seule lumière provenait des néons aux couleurs douces et des écrans de PC qui luisaient. Les mégots de cigarettes et les canettes vides de Coca-Cola étaient si nombreux qu'ils donnaient l'impression d'être la seule forme d'alimentation tolérée par quelque ancienne Tradition des Geeks.

À l'époque, Dimitri n'aimait pas moins les jeux que les autres, mais il préférait explorer le monde depuis le confort des cafés internet d'Odessa. Le jeune Golubov ne s'amusait pas seulement à surfer sur les sites de pays lointains, il voulait les pénétrer et en explorer les entrailles.

En 1999, il avait seize ans. À l'époque, Visa et MasterCard avaient bloqué l'utilisation de leurs cartes sur les sites web enregistrés dans l'ancienne Union soviétique. Lorsque des sociétés en ligne russes soumettaient des factures aux deux géants du crédit, leurs demandes restaient sans réponse. Or Golubov et ses comparses ont eu tôt fait de comprendre que, si l'on arrivait à extraire les informations stockées dans une carte bancaire et à les reproduire, on pourrait utiliser ces données pour retirer du cash aux distributeurs ou acheter des produits sur internet et les envoyer ensuite à un tiers quelque part dans le monde. Pour cela, il y avait deux possibilités : soit recopier ces informations à partir de la carte bancaire elle-même — mais au début, ça voulait dire commettre un vol, acte laborieux et donc hautement insatisfaisant —, soit — et c'était de loin la meilleure option — décoder tout simplement les informations stockées dans ces mines d'or que constituaient les bases de données des sociétés !

Même si certains sites américains refusaient d'envoyer quoi que ce soit vers l'ancienne Union soviétique, ils expédiaient volontiers leurs produits vers les Émirats arabes unis ou vers Chypre, deux pays rapidement devenus les destinations favorites de la nouvelle élite économique russe. Ce fut l'un des premiers crimes véritablement mondialisés : un Russe basé en Ukraine volait de l'argent à une société américaine et le dépensait à Dubaï, et toute la transaction ne prenait pas plus de dix minutes !

Le skimming est l'autre découverte majeure qui a véritablement façonné le carding, cette nouvelle profession. Les skimmers sont des machines qui lisent et enregistrent la bande magnétique d'une carte bancaire. On en trouve de toutes formes et de toutes tailles. Il y a des petits rectangles que l'on peut fixer à un distributeur de billets, de sorte que lorsque la machine lit la carte d'un client, le skimmer la lit également. D'autres sont identiques aux lecteurs disponibles dans les points de vente, dans lesquels le serveur ou le caissier de la station essence va passer la carte pour procéder au paiement. Sur le distributeur comme sur le lecteur de carte frauduleux du magasin, il se peut très bien qu'il y ait une microcaméra cachée quelque part qui filme discrètement le client tandis qu'il tape son code PIN (*pense-bête*: toujours prendre soin de couvrir le clavier quand on tape son code).

On parle de skimmers uniquement si ces machines sont utilisées à des fins malveillantes, autrement elles sont identiques à celles que l'on trouve dans le commerce. Certains sont achetés par des criminels, d'autres sont fabriqués de façon artisanale. Le skimmer a été au carding l'équivalent de la machine à vapeur de James Watt pour la révolution industrielle. Au cours de la décennie qui a suivi, la grande majorité des numéros de cartes bancaires et des codes PIN utilisés de façon frauduleuse (les *dumps* et les *wholes*, pour utiliser le jargon de la profession) ont été «skimmés» à partir de distributeurs automatiques ou de commerces aux quatre coins de la planète.

En bon hacker, Dimitri n'a pas tardé à remarquer également que les systèmes de sécurité développés par la toute nouvelle communauté du e-commerce aux États-Unis étaient très primitifs et que l'on pouvait facilement les craquer. Difficile de savoir s'il a réussi tout de suite. Dima aimait à se vanter d'avoir accédé au statut convoité de millionnaire en dollars avant même son dix-septième anniversaire. Mais n'oublions pas une chose: les mensonges sont monnaie courante sur internet, et certains de ses cybercomparses racontent une tout autre histoire.

«Il était gourmand, malhonnête et toujours attiré par le milieu de la criminalité, rapporte un autre hacker d'Odessa sur son blog. Mais l'image d'un millionnaire à succès est très éloignée de la réalité.»

C'est à ce moment-là que Dimitri a disparu, emportant avec lui quelques-unes de ses combines à fric les plus scandaleuses. Il est réapparu quelques mois plus tard, sorti d'une chrysalide qui lui garantissait l'anonymat sous le pseudo de Script, créature éminemment experte qui papillonnait fiévreusement entre deux nouveaux sites web, *carder.org* et *carder.ru*. Ces sites n'étaient guère plus que des forums de discussion sur lesquels les hackers russes gambergeaient pour trouver le moyen d'accéder à ces centaines de millions de dollars, de livres, de yens et d'euros protégés derrière des cartes bancaires. L'un des tout premiers membres de ces sites les qualifiera plus tard de « décousus, instables » et finalement « peu gratifiants ».

Script, lui, voyait loin. S'il existait des sites web pour tous les genres de commerces, pourquoi ne pas en développer un pour celui naissant des numéros de cartes et comptes bancaires ainsi que d'autres données volées ? Le jeune homme avait une motivation pressante pour établir ce type de présence sur le web : il avait lui-même commencé à accumuler de très grandes quantités de données semblables et il n'avait ni le temps ni les ressources pour les exploiter. Il voulait transformer tous ses numéros en cash. Il voulait vendre.

Le timing était parfait. Depuis cinq ans, l'activité commerciale se développait à une vitesse vertigineuse sur le net. Or c'est quelque chose que personne n'avait vraiment anticipé, car les inventeurs du web avaient conçu ce dernier comme un outil pour améliorer et accélérer la communication, une arène où les idées et les nouvelles trouveraient à s'échanger.

À l'époque, Amazon, eBay, *lastminute.com* et d'autres pionniers de la cyberentreprise ont pris tout le monde par surprise. Cela dit, leur succès n'est pas passé inaperçu. Des dizaines de milliers de personnes ont essayé de lancer des sites web. Et comme il s'agissait de l'un de ces moments historiques qui ne reviennent qu'une fois par génération, où l'on voit coïncider la cupidité et la fantaisie humaines, les banques et les sociétés de capital-risque n'ont pas mis longtemps à se convaincre que le commerce électronique était synonyme d'enrichissement rapide. Elles ont donc commencé à investir de l'argent dans ces sociétés, dont la grande majorité n'avait aucune valeur intrinsèque malgré le fait qu'elles avaient été capitalisées à hauteur de millions, si ce n'est de dizaines de millions de dollars. La première bulle majeure de l'ère mondialisée se profilait à l'horizon, et quoi de plus logique que cette bulle concernât justement les nouvelles technologies.

Mais alors que la plupart des sociétés en ligne étaient, de fait, des vrais faux centres commerciaux, des entreprises déjà bien établies dans le monde réel ont découvert qu'il y avait des avantages évidents à conduire une partie de leur activité sur internet.

À cet égard, les banques ont réagi très rapidement car, comme on l'a vu précédemment, elles ont compris que si elles parvenaient à convaincre leurs clients de faire leurs paiements et de gérer leurs comptes en ligne, elles n'auraient plus besoin de payer des employés pour s'en occuper. Il était à peu près certain que les clients qui étaient à l'aise avec internet opteraient pour le contrôle étroit que la banque en ligne leur permettait d'avoir sur leurs finances.

À ce moment-là les Maîtres de l'univers, la nouvelle classe de capitalistes financiers, étaient en train de se libérer des entraves qui avaient limité leurs activités spéculatives sur les marchés dérivés. En gros, les politiciens de Washington et de Londres leur avaient accordé un permis de spéculer (le boom des sociétés en ligne était un bon exemple), et tandis que le prix d'actifs qui avaient très peu de valeur avait atteint des sommets, l'argent prêté l'était en fonction de la valeur supposée de ces actifs. Pendant toute une décennie, le monde occidental a ainsi été inondé de crédit bon marché. Les âges de l'Empire et du Capital étaient en train de laisser place à l'âge du Plastique.

Au milieu des années 1990, la dette des usagers de cartes de crédit dans les quatre pays qui utilisaient le plus le plastique, à savoir les États-Unis, le Royaume-Uni, le Japon et le Canada, a commencé à augmenter de façon incontrôlée. En l'espace de dix ans, le nombre de cartes en circulation dans le monde est passé d'un peu moins de un milliard et demi en 1997 à trois milliards, et la dette moyenne chez les Américains, les utilisateurs les plus accros, a doublé, passant de 5000 à 10000 dollars. Les banques se réjouissaient de notre nouvelle passion pour les cartes de crédit, et il y avait de quoi : à une époque où les taux d'intérêt avoisinaient les 0 %, elles continuaient à charger allégrement entre 5 et 30 %. Le chef de Barclaycard, en Grande-Bretagne, a lui-même avoué à une commission d'enquête parlementaire qu'il « n'empruntait pas sur des cartes de crédit parce que ça coûtait trop cher ».

Dans d'autres parties du monde, on était moins enclin à céder aux sirènes du plastique. L'Europe de l'Ouest avait traditionnellement évité l'économie de flibustiers qui avait envoûté l'Amérique et le Royaume-Uni. Du coup, on trouvait beaucoup moins de cartes de crédit et donc le niveau d'endettement personnel était bien plus bas. En Europe de l'Est, la population ne disposait pas d'un capital suffisant et il n'y avait pas non plus d'industrie bancaire sûre qui puisse administrer des cartes de crédit. Le plastique restait une denrée rare dans le monde ex-communiste, un joujou pour les Nouveaux Russes, cette minuscule proportion de la population qui avait amassé une fortune à couper le souffle en pillant le pays et ses compatriotes au moment de la transition vers le capitalisme.

Dans l'économie de casino anglo-saxonne des années 1990 et 2000, le plastique était l'invention la plus proche de la planche à billets jamais imaginée par des institutions financières, et celles-ci n'ont pas attendu longtemps avant de commencer à puiser dans ce riche gisement de capital. Des tonnes de prospectus ont été envoyées chaque jour à des particuliers dans le monde occidental, les exhortant à souscrire à une carte de crédit ou à échanger leur dette contre un nouveau compte qui ne leur chargerait pas d'intérêts pendant six mois. Pendant trois ou quatre ans, les consommateurs les plus habiles ont ainsi pu obtenir du crédit gratuit en transférant leur solde impayé d'une carte à l'autre, tandis que les banques essayaient de plus en plus frénétiquement d'attirer de nouveaux clients.

Il y avait tellement de cartes ! Tellement d'argent avec lequel on pouvait jouer ! Vu la quantité de liasses électroniques qui circulaient sur le web, ce n'est pas vraiment étonnant que de tels mouvements aient commencé à attirer l'attention de ces fous d'informatique venus de l'Est qui n'avaient pas de cash, mais qui débordaient d'ingéniosité technique. Dimitri Golubov – alias Script –, un jeune Odessite de dix-huit ans, était de ceux-là.

C'est ainsi que CarderPlanet a vu le jour.

5

CarderPlanet

Un message défile sur l'écran à la manière du générique de *La Guerre des étoiles* :

VOUS CHERCHEZ UNE SOLUTION
PROFESSIONNELLE ?

L'écran zoome sur une planète Terre qui tourne à toute vitesse pour exploser en une forme métallique psychédélique au son d'un morceau agressif de dance électro. Puis défilent une série de messages :

DÉCOUVREZ LE POUVOIR DE LA TECHNOLOGIE
VOUS EN AVEZ ASSEZ DU TRAIN-TRAIN QUOTIDIEN ?
VOUS VOULEZ CHANGER DE MODE DE VIE ?
REJOIGNEZ-NOUS !
FAITES FORTUNE AVEC
LES DUMPS – LES CARTES DE CRÉDIT !

L'écran redevient noir et trois autres messages apparaissent au son d'une grosse caisse militaire :

L'ÉQUIPE SUR LAQUELLE VOUS POUVEZ COMPTER
Boum !

TOUT CE DONT VOUS AVEZ BESOIN
POUR VOTRE BUSINESS
Boum !
CARDERPLANET EST INÉVITABLE
Boum !

Un an après la création de CarderPlanet, en 2001, Script invitait ses amis hackers à la Première Conférence mondiale des carders à Odessa pour célébrer son site web. Le groupe pouvait se targuer des mêmes talents incroyables dans le domaine informatique que la République des hackers, le groupe secret auquel appartient Lisbeth Salander sous le pseudo de Wasp dans *Millénium. Les hommes qui n'aimaient pas les femmes,* le best-seller de Stieg Larsson.

Sauf que Script et ses amis n'étaient pas des personnages de roman. CarderPlanet, c'était pour de vrai.

6

Une affaire de famille

En 2002, la Première Conférence mondiale des carders célèbre le premier anniversaire de CarderPlanet. C'est à la fois unique et remarquable. Odessa s'est assagie : elle montre même des signes de normalité. Son célèbre boulevard Deribasovskaïa regorge de vendeurs de rue, de magasins et de restaurants chic. À l'abri du trèfle à quatre feuilles et des inscriptions gaéliques de Mick O'Neill's, l'un des premiers pubs pseudo-irlandais de l'Ukraine postcommuniste, le noyau dur des meilleurs hackers d'Ukraine — la « Famille » — discute des objectifs de la conférence. On trouve parmi eux des gros bonnets comme Auditor, Rayden et Bigbuyer, et bien sûr les promoteurs de l'événement : Boa, un expert ès communications et sécurité que l'on reconnaît à sa barbe blanche, et le jeune mais non moins énergique Script.

Les trois jours suivants, ils vont boire et chanter dans plusieurs endroits de la ville, mais surtout parler du développement à court et long terme de leur site web naissant, CarderPlanet, qui est déjà en train de révolutionner la cybercriminalité dans le monde.

Les discussions générales se tiennent à l'Hôtel Odessa, le plus cher de la ville à l'époque. Bel exemple de chic postcommuniste dans toute sa laideur, ce grand bâtiment a au moins l'avantage d'être situé sur un quai, juste en face des escaliers Potemkine immortalisés par *Le Cuirassé Potemkine*, le chef-d'œuvre d'Eisenstein. Parmi les discussions auxquelles tous les délégués prennent part à l'Hôtel Odessa, il y a la question de savoir comment comprendre les spécificités techniques des cartes bancaires les moins répandues comme JCB et Diners. Les participants ont l'impression de les avoir négligées au profit de Visa et de MasterCard, plus lucratives. Tous se mettent également d'accord pour développer ou renforcer de nouveaux réseaux d'agents qui pourraient « monétiser » les cartes volées dans des régions du monde comme l'Amérique du Sud, l'Océanie et l'Afrique. Après tout, il faut bien que quelqu'un s'occupe de la transaction criminelle elle-même, à savoir retirer de l'argent à un distributeur automatique. Déléguer ce maillon hautement risqué de la chaîne ne pose aucun problème.

Les discussions plus confidentielles, réservées à une quinzaine de carders confirmés, ont lieu dans un petit restaurant miteux près de la mer. Ce petit groupe entend persuader les délégués de créer leurs propres réseaux de franchises CarderPlanet dans leur région, histoire que leurs propriétaires puissent continuer à faire de l'argent, mais avec moins de travail.

Alors que la réunion commence, l'un des délégués moins connus fait un signe discret à Boa. Il vient de procéder à un balayage électronique du restaurant et il a détecté des caméras vidéo et des micros numériques en fonctionnement. C'est très probablement le SBU, la police secrète ukrainienne, qui les surveille. Et si le SBU suit l'événement, ça veut dire que le FSB aussi puisque, à l'époque, les services russes peuvent exercer en toute liberté une sorte de « droit de cuissage » sur le SBU en récupérant des données avant même que celui qui les a recueillies ne les ait examinées.

La Famille — le Politburo ou la Cupola de CarderPlanet — ne redoute pas spécialement les opérations de police ni les services de renseignement américains et européens. Mais le FSB, c'est une autre affaire : ce n'est pas un hasard si la résolution la plus importante de la conférence met en garde contre toute activité hostile sur le territoire de la Russie et de l'Ukraine. « Une fois de plus, nous insistons sur l'interdiction absolue de toucher à nos systèmes de facturation, nos banques ou nos institutions financières. »

Si des cybercriminels russophones s'étaient attaqués à des banques ou à des entreprises russes, le projet tout entier aurait été fermé en cinq minutes. Or CarderPlanet s'est révélé bien plus durable que cela, puisque le site a existé pendant quatre ans. On n'exagérerait pas en disant que ses concepteurs ont été à l'origine de l'émergence et de la consolidation d'une approche radicalement nouvelle de la grande criminalité : un type de fraude qui pouvait être perpétrée à très grande échelle avec un minimum de ressources et de risques.

Le rôle principal de CarderPlanet (que ses nombreux successeurs ont tous repris) était de servir de grande foire aux données volées — numéros de cartes bancaires et codes PIN, comptes bancaires avec leurs mots de passe — et aux virus ou faux documents. Jusqu'alors, l'échange d'informations de ce type se faisait en général lors de transactions bilatérales laborieuses sur icq et IRC.

Les cybercriminels — carders, spammers, skimmers et autres créateurs de virus — semblaient déjà une espèce à part, différente des criminels liés aux structures mafieuses traditionnelles. Dans une interview avec *Hacker* (*Xakep.ru*), le grand site d'information de la cyberpègre russe, Script les avait qualifiés de « loups solitaires ». « Ils ne se regroupent pas, ne créent pas de réseaux distinctifs ; chacun travaille seul, pour lui-même. »

Les Russes n'étaient pas les seuls hackers à développer les techniques de la cybercriminalité, mais CarderPlanet a donné à ces loups solitaires une structure jusqu'alors inaccessible qui leur a permis de former des meutes opportunistes. Objectif : commettre des crimes (ou simplement des actes malveillants) et s'évaporer ensuite pour retourner dans un désert cybernétique, brillamment camouflés dans l'environnement crépitant et tourbillonnant d'internet et résistant à toutes les tentatives pour les démasquer.

Les membres de CarderPlanet ont vite adoré ce site. « Vous comprenez, m'a expliqué un ancien *consigliere* qui a fait partie du premier cercle du site, CarderPlanet n'était pas simplement une source d'informations. Les gens y vivaient véritablement ; quand on en parlait, on disait juste "la Planète", comme si c'était notre maison. »

Même si le vol, le spamming et d'autres types de cyber-délits occupaient une place très importante, ce n'étaient pas les seules activités à inciter les russophones à atterrir sur la Planète et à s'y installer. L'utilisateur moyen avait une fascination pour l'électronique, l'informatique, les jeux, les systèmes en réseau et le piratage, qu'il pratiquait comme un sport.

Il ne s'agissait pas simplement de criminels qui voyaient dans CarderPlanet un outil pour exercer leur profession, mais plutôt d'une communauté d'hommes, en général des adolescents ou des jeunes adultes d'une vingtaine d'années, qui se battaient pour s'en sortir dans une période chaotique et impitoyable et qui possédaient des talents exceptionnels. À Odessa, tout le monde était obligé de flirter avec la criminalité, cela allait de soi. Mais la plupart restaient confinés dans les frontières de leur pays. Les Planetboys ont adopté une logique de survie et, depuis une Odessa en proie à des bouleversements politiques et économiques, ils ont reproduit ces façons de faire dans le cyberespace. Ils n'étaient pas des tueurs-nés, simplement des survivants-nés.

Le nouveau site était divisé en plusieurs rubriques consacrées à différents aspects de la criminalité en ligne ou du hacking. La première fois que l'un des jeunes pirates d'Odessa s'est rendu sur CarderPlanet, il a été sidéré : « Je vous jure, c'était comme ce qu'a dû ressentir Ali Baba quand il a ouvert la caverne pour la première fois et qu'il a découvert qu'elle était pleine de trésors. Chaque section avait des montagnes d'informations que vous pouviez utiliser pour devenir immensément riche sans lever le nez de votre ordinateur ! »

La première année, des centaines et des centaines de hackers russophones ont commencé à explorer le site, attirés par un graphisme amusant et une organisation efficace. CarderPlanet avait pris pour logo un homme avec un cigare à la bouche et une étincelle dans l'œil qui ressemblait à s'y méprendre à Flash Harry, l'escroc effronté interprété par George Cole dans *The Belles of St Trinian's*, ce classique de la comédie britannique de l'après-guerre.

« Pour des provinciaux innocents comme moi qui pouvaient espérer gagner au mieux cent dollars par mois, a ajouté le jeune hacker d'Odessa, la promesse financière qu'offrait ce langage inconnu m'hypnotisait. »

Le site n'était pas ouvert au tout-venant. Pour accéder à la forteresse, il fallait devenir membre, ce qui voulait dire que les candidatures devaient être approuvées par les administrateurs. Outre Script, quatre personnes jouissaient de ce privilège la première année, parmi lesquelles Boa, le collaborateur le plus influent de Script.

Entre autres tâches, les administrateurs avaient pour responsabilité de décider quels candidats accepter et lesquels refuser. Dans le premier cas, ces mesures de sécurité visaient à écarter les polices et les agences de renseignement du monde entier. L'US Secret Service comme le MI6 britannique connaissaient bien les prédécesseurs de CarderPlanet, *carder.org* et *carder.ru*. Cette fois-ci, Script était déterminé à les tenir à bonne distance. Il savait que la police ukrainienne locale ne constituerait pas une grande menace pour le site. « Ils n'ont rien, ni personnel ni ressources, expliquait-il. Dans les agences ukrainiennes, personne ne parle anglais couramment, et de toute façon ils ne comprennent pratiquement rien. Donc même s'ils arrivent à mettre la main sur des informations de l'"ennemi", c'est-à-dire de nous, ils ne vont pas les lire (et ils ne reçoivent pas de fonds pour le faire), donc, en gros, ils n'ont rien à lire du tout.»

Les Russes du département R du ministère de l'Intérieur (plus tard réorganisé et rebaptisé département K, en charge de la criminalité high-tech) se sont montrés nettement plus assidus que leurs collègues de la police ukrainienne. La police secrète russe a pénétré CarderPlanet presque dès sa création. Mais comme le faisait remarquer Police Dog, le carder biélorusse, «si on ne fichait pas de désordre chez nous, nos policiers et nos services de renseignement locaux n'avaient pas de problème avec nous».

Pourquoi le KGB aurait-il gaspillé des ressources à enquêter sur des réseaux qui plumaient les Américains et les Européens? Perte de temps totale. Donc pour le moment, Moscou se contentait d'observer et d'accumuler de l'information. Ils savaient exactement qui était qui dans la communauté des carders d'Odessa.

L'ironie, c'est que CarderPlanet et les cybercriminels avaient beau se targuer d'avoir un profil social, culturel et psychologique très différent de ce que l'on trouve chez les syndicats du crime traditionnels, Script et ses collaborateurs avaient quand même emprunté à la terminologie de la mafia sicilienne pour désigner leur structure. Après coup, les carders se sont dit que ce n'était pas très malin d'utiliser une métaphore criminelle aussi évidente, mais à l'époque cette appellation disait quelque chose du profil psychologique spécifique de Script et de son ambition de se placer à la tête d'un mouvement social puissant.

Les membres les plus anciens (jamais plus de six) appartenaient donc à «la Famille», dont les représentants ou les administrateurs les plus gradés recevaient le titre honorifique de «Parrain». Une fois que ces chefs avaient admis un postulant au sein de CarderPlanet, le nouveau membre était libre d'explorer les diverses sections du site. Il pouvait par exemple naviguer à travers toute une série de virus à vendre, qu'il utiliserait ensuite pour lancer une attaque bien particulière contre d'autres utilisateurs d'ordinateurs. Des concepteurs de virus proposaient également, moyennant espèces sonnantes et trébuchantes, d'écrire des logiciels malveillants sur mesure capables d'infiltrer des programmes ou des systèmes spécifiques.

L'activité se concentrait essentiellement sur le Forum des carders. C'est là que l'on achetait ou vendait les numéros de cartes bancaires et de comptes bancaires volés. «Au fur et à mesure, expliquait Script, un carder peut se spécialiser dans un ou plusieurs domaines du carding, mais il n'y a personne qui fasse tout à la fois. Tôt ou tard, il aura besoin des services de quelqu'un d'autre. Il existe donc un lieu destiné aux réseaux et aux groupes, où l'on échange des numéros et des informations. Ça peut être des comptes en banque ou des informations exhaustives sur des propriétaires de cartes, y compris parfois le numéro de passeport. Les carders peuvent aussi être des hackers à temps partiel: parfois, il n'y a qu'en pénétrant un serveur que vous arrivez à mettre la main sur l'information dont vous avez besoin (sans rien payer).»

Il y avait aussi un département où l'on proposait des passeports occidentaux ou, mettons, des permis de conduire américains. La plupart du temps, les documents contrefaits étaient d'excellente qualité. Mais vous, en tant qu'acheteur, comment pouviez-vous être sûr de la qualité de ces contrefaçons? Et que le vendeur n'allait pas vous arnaquer? Après tout, vous saviez que vous achetiez cela à un criminel! Les «détrousseurs» — des criminels qui en arnaquent d'autres — étaient déjà solidement établis sur internet.

C'était justement l'atout de CarderPlanet: les membres de la Famille surveillaient toutes les allées et venues. Après avoir introduit le système de sélection, ils ont encore renforcé la sécurité en rendant le site payant, histoire de décourager les fauteurs de troubles. Au début, il y a eu une « arrivée massive d'amateurs qui encombraient le forum » et dont Script voulait se débarrasser, mais ce qui causait le plus de dégâts, c'était la présence d'arnaqueurs « qui offraient des services de mauvaise qualité, voire qui empochaient l'argent sans rien envoyer en retour ».

Cela dit, CarderPlanet était plus qu'un grand magasin pour cybervoleurs, car le système de sélection permettait aux administrateurs de se porter garants de l'activité commerciale qui se déroulait via leur site. En échange, ils recevaient de l'argent, étaient l'objet de l'adulation de leurs pairs et s'offraient un marché beaucoup plus étendu et efficient pour leurs propres produits.

Script, tout hacker qu'il était, se distinguait des autres car son objectif principal était de faire de l'argent. Malgré son jeune âge, il se rendait parfaitement compte des océans de cash dans lesquels nageait le monde occidental, en particulier les États-Unis. Néanmoins, même si le profit constituait sans aucun doute un moteur puissant, le génie créateur à l'œuvre derrière CarderPlanet n'était pas Script mais Boa, son aîné, pour qui l'argent était accessoire.

Boa tranchait avec les autres habitants de la Planète. La trentaine bien sonnée au moment où Script avait créé le site, il avait facilement vingt ans de plus que la plupart de ses collègues, et beaucoup plus d'expérience du monde.

Dans les années 1980, du temps de l'Union soviétique, Boa avait brillamment décroché deux diplômes en électronique. Il avait développé un intérêt particulier pour le monde des radioamateurs. À l'époque, il s'agissait d'un hobby sensible car le renseignement soviétique (et dans le cas de la radio ondes courtes, le renseignement *militaire*) était déterminé à garder le contrôle sur toutes les communications qui entraient dans le pays ou en sortaient.

Boa jouissait d'une immense popularité et affichait une décontraction qui pouvait instantanément se muer en charisme. Même si certains de ses amis pensaient qu'il travaillait pour les transmissions du renseignement militaire, c'était devenu une vedette pour la confrérie mondiale des radioamateurs qui, comme on peut l'imaginer, comprend un pourcentage élevé de personnages plutôt timides et ennuyeux.

Boa s'était taillé une réputation mondiale en devenant le premier opérateur radioamateur à émettre depuis les îles Spratly vietnamiennes, une zone militaire à l'accès limité. Mieux: il avait réussi la prouesse encore plus étonnante d'envoyer les premiers signaux amateurs de toute l'histoire depuis la Corée du Nord. Cette première lui avait valu d'être fêté de l'Amérique à l'Australie en passant par l'Europe, et dans les années 1990 son apparition dans les congrès ne manquait pas d'attirer toute une cohorte de fans. Bel homme et orateur hors pair, il se faisait instinctivement aimer et tout le monde voulait l'avoir comme ami.

C'est à l'automne 2001, en surfant sur internet, que Boa est tombé sur CarderPlanet. Il a immédiatement été impressionné par l'esprit d'entreprise qui caractérisait le site, malgré un côté un peu chaotique. Établi à Malte, il se trouvait déjà à la tête d'un commerce mondial fort lucratif qui vendait du matériel sophistiqué de surveillance et de contre-surveillance ainsi que des technologies antiterroristes à des politiciens et hommes d'affaires dans plus de soixante pays.

Bien au fait de l'expérience professionnelle et des capacités organisationnelles de Boa, Script l'a invité à rejoindre «la Famille» au bout de quelques mois. Boa, qui avait été frappé par le dynamisme et l'énergie de Script lorsqu'il avait visité le site pour la première fois, a accepté. «Lorsque Boa est arrivé, il a complètement réanimé la Planète, se rappelait l'un des jeunes qui en faisaient partie. C'est à lui que l'on doit le design léché et l'introduction de toute une série de sections. C'est devenu véritablement une célébrité locale.»

Au même moment, Boa se mettait d'accord avec Script pour créer un deuxième site, Boa Factory, dont les activités viendraient compléter le travail de CarderPlanet tout en mettant l'accent sur différents secteurs. Boa était connu, notamment, pour être un spécialiste de la contrefaçon de passeports et de cartes d'identité ainsi que pour avoir développé un commerce de gros encore plus important en cartes bancaires clonées et *dumps*. Alors que Boa Factory se voulait un site exclusivement dédié au business, CarderPlanet mettait en avant le côté social de cette clandestinité qui permettait à des carders isolés de se rencontrer, de discuter, d'acheter et de vendre sur la toile.

Boa Factory a conçu un outil révolutionnaire, adopté ensuite par CarderPlanet, qui a permis à la cybercriminalité d'atteindre une échelle industrielle. Le plus délicat, pour un cyberescroc, est en effet de savoir si la personne avec qui il fait affaire est également un criminel, donc par définition quelqu'un à qui on ne peut pas faire confiance. Boa a trouvé la parade : il a inventé le système du séquestre, appelé au départ « service de garantie ». Un vendeur fournit au responsable du séquestre un échantillon de ses marchandises (une douzaine de numéros de cartes bancaires et de codes PIN) tandis que l'acheteur potentiel lui envoie l'argent. Le responsable du séquestre teste les articles et, s'ils livrent le cash comme prévu, il transfère l'argent au vendeur et les *dumps* et codes PIN à l'acheteur. Ce procédé tout simple s'est révélé une idée de génie. À partir de ce moment-là, le commerce a littéralement explosé car il était protégé.

C'est Boa qui a eu l'idée de réunir la Famille à l'occasion de la Première Conférence internationale des carders, à l'été 2002. Lorsque son invitation à se rendre à Odessa est arrivée dans les boîtes aux lettres électroniques de ses destinataires aux quatre coins de l'ex-Union soviétique, ces derniers n'ont été que trop heureux d'acheter un billet d'avion pour l'Ukraine (même si, naturellement, il y a fort à parier qu'ils l'ont fait avec la carte bancaire d'un autre). Est-ce qu'un catholique refuserait d'aller à Lourdes ? Ou un musulman de voir La Mecque ? Eh bien, de la même façon, aucun criminel qui se respecte ne déclinerait une invitation à passer une semaine à Odessa.

La Planète était aux anges. Ses utilisateurs s'extasiaient sur les possibilités qu'elle offrait de gagner de l'argent tandis que des centaines de hackers, de crackers et de spammers attendaient nerveusement de voir si la Cupola leur accorderait le statut précieux et convoité de membre.

En guise de prélude à la réunion, Script a donné la première interview publique jamais accordée par un carder de premier plan. *Xakep.ru* (le magazine *Hacker*), qui existe encore à ce jour, est la bible de la clandestinité russe. Pourtant, en mars 2002, même ses lecteurs ont été choqués de voir Script révéler les secrets de la Planète. « Qu'est-ce qui motive quelqu'un à devenir carder ? » demandait le magazine à Script, faisant remarquer que le célèbre département R russe avait justement été créé pour faire la chasse aux carders et à leurs acolytes.

Script : Ils sont motivés par ce que leur cœur et leur esprit leur dictent. Les scientifiques ont montré que les individus qui prennent des risques font une poussée d'hormone dite « du bonheur ». Cette hormone, qui augmente en fonction de la multiplication des billets verts, joue un rôle fondamental et décisif dans la décision de continuer à travailler dans cette industrie pas tout à fait honnête.

Hacker : Pas de sentiment de culpabilité ?

Script : Aucun. Non seulement parce que n'importe qui peut annuler un paiement en envoyant une simple requête à sa banque, même longtemps après, mais aussi parce que le carding n'est pas une activité aussi ignoble qu'il y paraît. C'est beaucoup moins honteux qu'un cambriolage. On ne cause aucun problème aux détenteurs des cartes : s'ils en font la demande, ils récupéreront tout leur argent auprès

> des banques, jusqu'au dernier centime. C'est plutôt notre gouvernement qui devrait se sentir coupable du fait que des adolescents deviennent des escrocs à un si jeune âge.

Golubov justifiait ce commerce comme la plupart des carders le font : les banques finissent toujours par payer l'addition, donc les gens ordinaires ne sont pas affectés. Ce genre de fadaises sentimentalo-populistes fait habilement l'impasse sur un petit détail, à savoir que les banques répercutent les coûts de la fraude sur leurs clients, et que les carders ont donc un effet direct et négatif sur ces gens ordinaires dont Script semblait justement se soucier.

Cela étant, quand il dit que le gouvernement se fiche éperdument du fait qu'un grand nombre d'ados tombent dans la criminalité, il n'a pas tort. À l'époque, l'Ukraine n'était guère plus qu'un État mafieux et ses politiciens et hommes d'affaires donnaient un exemple affligeant. Script s'est juste montré très doué pour suivre cet exemple.

Dans ce contexte, le jeune homme pensait que CarderPlanet serait à même de lui fournir les fonds qui lui permettraient de franchir une étape et de jouer dans la cour des hommes d'affaires ukrainiens. Le moins que l'on puisse dire, c'est qu'il ne manquait pas d'ambition.

Comment aurait-il pu échouer ? Qu'est-ce qui pouvait mal tourner ?

7

Boa constrictor

Au moment où Script lançait CarderPlanet à Odessa, les chercheurs d'Autodesk, le géant des logiciels installé à San Rafael, en Californie, décidaient qu'il était temps de contacter le FBI. Autodesk est le plus grand producteur mondial de logiciels de modélisation 2D et 3D. L'entreprise vend ses produits aux quatre coins du monde à des architectes, designers, urbanistes, maquettistes, courtiers hypothécaires, fabricants de véhicules — et c'est le fournisseur de logiciels attitré de Grimley Smith Associates, l'entreprise de Scunthorpe.

Ce genre de logiciels spécialisés n'est pas bon marché : les licences simples pour les programmes professionnels CAD vont de 3000 à 7000 dollars. Ce coût élevé reflète les montants énormes investis dans la recherche et le développement du produit.

En 2002, l'unité de protection contre le piratage de la firme a remarqué qu'un vendeur ukrainien proposait sur eBay les dernières versions de l'un des programmes de dessin d'Autodesk pour 200 dollars, alors que le même produit était vendu 3500 dollars en magasin. « Hum, ont-ils pensé, il y a quelque chose qui cloche ici. »

Les studios d'Hollywood sont confrontés au même problème que la Silicon Valley : la fabrication de films demande souvent des ressources comparables à celles requises pour le développement de logiciels complexes. Alors que les coûts de production augmentent, l'émergence d'un réseau mondial de contrefaçon de DVD, souvent lié au crime organisé, a entraîné une diminution des recettes des films. C'est tout particulièrement vrai en période de récession : si vous avez le choix entre dépenser 15 dollars pour voir un film au cinéma ou le regarder sur une copie DVD parfaite pour un dollar, qui plus est deux mois avant la sortie en salles, difficile de résister.

Il en est de même si vous dirigez une entreprise dans un secteur compétitif où vous devez avoir accès, mettons, à un produit Autodesk. Si vous achetez le logiciel et les licences dont vous avez besoin directement chez Autodesk, ça peut vous revenir à près de 20000 dollars, alors que si vous les achetez auprès de cet Ukrainien sur eBay, vous en aurez pour 800 dollars en tout. Soyons franc : c'est peut-être illégal, mais c'est diablement tentant !

Depuis les années 1970, époque à laquelle les logiciels ont commencé à être disponibles dans le commerce, les fabricants cherchent en vain à développer une technologie qui puisse empêcher de les copier (ils ont également essayé avec les CD et les DVD), mais aucune d'entre elles n'a jamais réussi à durer plus de quelques jours avant d'être forcée par l'un des milliers de hackers et de crackers dans le monde. Cela s'est révélé l'une des branches les plus chimériques de l'industrie high-tech ces trente dernières années.

Les hackers d'Europe de l'Est ont joué un rôle particulièrement important dans le forçage des systèmes de sécurité placés sur les logiciels. Dans les années 1980, avant la chute du communisme, l'Union soviétique avait chargé plusieurs de ses partenaires au sein du Comecon, son bloc commercial – notamment la Bulgarie et l'Allemagne de l'Est –, de développer un ordinateur personnel et une industrie du logiciel. Les ordinateurs communistes avaient les mêmes caractéristiques que tous les biens de consommation des pays de l'Est: ils étaient laids et tombaient tout le temps en panne. Les nouveaux ingénieurs informatiques de la région étaient confrontés à des défis si considérables qu'ils ont développé une capacité exceptionnelle à régler les problèmes techniques et les bugs.

Dans les années 1990, après la chute du mur de Berlin, les usines à logiciels construites par les Européens de l'Est dans les années 1980 n'ont pas tenu face à la concurrence de la Silicon Valley: il n'y avait pas d'argent pour investir dans la recherche ou l'équipement. Mais les nouveaux et puissants syndicats du crime organisé, qui ont exercé une telle influence sur les économies des anciens pays communistes, ont vu dans ces usines une occasion à ne pas manquer. Ils en ont donc fait l'acquisition (plus souvent en trichant que par des moyens honnêtes), et employé ces ingénieurs de talent pour produire des logiciels de contrefaçon à une échelle industrielle. La Bulgarie, l'Ukraine et la Russie ont pris la tête du peloton, suivies de près par la Roumanie.

Lorsque les responsables d'Autodesk ont constaté qu'un vendeur sur eBay faisait passer une version de contrefaçon de leur produit en quantités significatives de l'Ukraine vers des acheteurs aux États-Unis, ils ont pensé qu'il fallait intervenir. Après réflexion, ils ont contacté le FBI, qui a alerté à son tour le bureau du procureur général de San Jose, en Californie. Étant donné que la fraude impliquait eBay, le bureau du procureur a appelé un enquêteur bien particulier: Greg Crabb, des services de l'inspection postale des États-Unis (USPIS), alors basé à San Francisco.

Aux États-Unis, trois organismes détiennent principalement l'autorité en matière de cybercriminalité: le FBI (car il a pour mission de lutter contre la criminalité), le Secret Service (car la protection de la monnaie américaine et les fraudes à la carte bancaire entrent dans ses attributions) et l'USPIS (qui a pour tâche de surveiller toute activité illégale liée au service du courrier fédéral). Si ce dernier s'est retrouvé impliqué dans le jeu, c'est parce que les arnaques sur eBay ou ailleurs s'accompagnent souvent de l'envoi de marchandises par la poste (qu'elles aient été achetées illégalement ou dans le cadre de blanchiment d'argent).

Ces quinze dernières années, l'USPIS a constitué une équipe spéciale pour enquêter sur le crime high-tech, et Greg Crabb a tant et si bien réussi qu'il a quitté San Francisco pour aller diriger l'unité de cyberenquêtes mondiales. Il a pris ses quartiers dans un vaste bâtiment anonyme au cœur de ce vaste complexe anonyme de Washington que l'on appelle le Centre fédéral (souvenez-vous de l'effacer de votre liste de lieux à voir lorsque vous visiterez la capitale américaine).

L'aspect teuton de Crabb et sa voix un peu rocailleuse et traînante ont un côté à la fois attirant et intimidant. Il est expert-comptable, et on a du mal à ne pas penser que, s'il jetait un coup d'œil à vos finances, il ne mettrait pas longtemps à dénicher une malversation majeure, même si vous êtes irréprochable. Cette qualité lui confère un avantage professionnel indéniable, car la capacité à étudier de longues listes de chiffres, de SMS et de données en apparence incompréhensibles est une condition *sine qua non* pour devenir un bon cyberpolicier. Le poste a l'air excitant, mais comme souvent avec l'informatique, la plus grande partie du travail est extrêmement fastidieuse.

Après avoir pris connaissance du cas Autodesk, Crabb a réussi à retracer la fraude en regardant où les clients des programmes piratés envoyaient leur argent. Il s'est avéré qu'ils faisaient des versements sur des comptes appartenant à quinze « mules », des citoyens américains dispersés aux quatre coins du pays. Le blanchiment d'argent et les escroqueries dépendent (le plus souvent malgré elles) de ces personnes qui répondent à des annonces offrant une bonne rémunération pour un travail effectué chez elles devant leur ordinateur. On demande aux candidats retenus de placer leurs comptes bancaires à la disposition de leur nouvel employeur. Dans le cas d'Autodesk, les mules recevaient 200 dollars et en transféraient 180, gardant au passage 20 dollars de commission. Elles envoyaient l'argent à une banque en Lettonie, l'un des trois pays Baltes dont le rôle en matière de cybercriminalité et de cybersécurité est totalement disproportionné par rapport à sa population de 7 millions.

Avec l'aide de la police lettone, Crabb a découvert que ces transferts d'argent avaient pour destination finale une série de comptes enregistrés à Ternopil, dans l'ouest de l'Ukraine. Ces comptes appartenaient tous à un certain Maxime Kovaltchouk et à son épouse.

Crabb a vite compris que ce n'était pas Kovaltchouk à lui tout seul qui allait déstabiliser l'économie américaine. À l'aune de la criminalité organisée, il gagnait des sommes dérisoires avec cette escroquerie, même si cela faisait enrager Autodesk. Crabb a décidé plutôt de forcer sa messagerie électronique pour voir si par hasard elle ne contenait pas d'autres secrets, et il a fini par trouver une « capacité unique » de surveillance des communications de Kovaltchouk — en d'autres termes, soit il a piraté l'ordinateur de sa cible, soit il a persuadé le serveur de Kovaltchouk de lui en donner l'accès. Quoi qu'il en soit, cette « capacité unique » devait avoir un impact déterminant sur le monde réel car, dès qu'il a commencé à lire les mails, Crabb a découvert que l'Ukrainien était impliqué dans un projet bien plus vaste que l'escroquerie Autodesk : le développement d'un site web appelé CarderPlanet.

Même si l'objet principal de son enquête restait Kovaltchouk et son lien avec l'opération frauduleuse, Crabb a commencé à reconstituer l'arbre généalogique de CarderPlanet, presque à titre secondaire. Kovaltchouk, qui ne se savait pas surveillé par une agence américaine, tenait des propos assez libres. À la fois par chance et grâce à un travail d'enquête minutieux, Crabb s'est donc retrouvé dans une position enviable. Non seulement il avait une longueur d'avance sur Kovaltchouk lui-même, mais il avait également pris de vitesse les services secrets de l'Ouest. En parvenant à pénétrer partiellement la communauté de cybercriminels la plus active au monde, il avait réussi là où les espions occidentaux avaient jusqu'alors échoué.

Cela dit, Crabb avait beau avoir appris tout un tas de choses sur ce qui se tramait dans la communauté des hackers ukrainiens, il ne pouvait pas y faire grand-chose. Il ne pouvait même pas épingler Kovaltchouk : non seulement les États-Unis n'avaient pas signé de convention d'extradition avec l'Ukraine, mais les circonstances politiques qui prévalaient à l'époque dans cet immense pays d'Europe de l'Est étaient des plus inopportunes. Leonid Koutchma était alors à la tête d'un pays où se tissait un vaste écheveau de relations monnayées entre oligarques et crime organisé. De plus, les États-Unis rivalisaient avec l'Europe et la Russie pour asseoir leur influence, et à cette époque c'était le vent de Moscou qui soufflait le plus fort. Tant qu'il restait en Ukraine, Kovaltchouk était donc en sécurité.

Fin 2002, au beau milieu de tout cela, l'inspecteur Crabb a reçu un coup de fil du département sécurité de Visa, dont le siège se trouve également à San Francisco. Ses interlocuteurs se disaient très contrariés par les succès démesurés d'un certain Boa, un hacker qui avait réussi à voler ou avait aidé d'autres criminels à dérober des dizaines de milliers de cartes bancaires grâce à son site désormais célèbre, Boa Factory. Crabb a dressé l'oreille. Boa : il connaissait ce nom pour l'avoir vu mentionné dans plusieurs des conversations qu'il avait lues sur le compte de Kovaltchouk. Ce dernier n'avait-il pas acheté des tonnes de marchandises chez Boa Factory et appris les rouages du métier grâce à ce site, et discuté en outre du développement de CarderPlanet ? L'inspecteur des services postaux s'est très vite orienté vers Boa et Script, les deux têtes pensantes de

CarderPlanet. Discrètement, par l'intermédiaire d'Interpol, il a demandé à ses collègues dans le monde de le contacter s'ils mettaient la main sur des Ukrainiens soupçonnés de crime high-tech.

Vers la fin février 2003, Roman Vega s'apprêtait à rentrer chez lui à Malte, de retour d'un voyage d'affaires, lorsqu'un ami lui a demandé de passer le voir à Chypre. Ils ont passé une soirée à boire et à se remémorer leurs aventures en Birmanie, en 1991, lorsqu'ils faisaient partie de l'équipe qui avait envoyé la première transmission de radioamateur depuis ce pays dirigé par l'armée.

Alors qu'il regagnait sa chambre à l'Hôtel Castelli, Vega a eu la désagréable surprise de se retrouver nez à nez avec Modesto Poyiadjis, un inspecteur de police chypriote qui s'est empressé d'arrêter l'Ukrainien. Chef d'accusation : complicité dans une affaire de fraude à la carte bancaire perpétrée par un autre client ukrainien que Vega avait autorisé à loger dans sa chambre (une initiative malheureuse, visiblement). Pour Vega, cette mésaventure allait marquer le début d'une relation avec les polices chypriote et américaine que l'on ne peut qualifier autrement que de kafkaïenne.

Après avoir consulté les registres d'Interpol, Poyiadjis a pris contact avec Greg Crabb, le policier qui dirigeait l'enquête américaine sur Boa. Il a expliqué à l'officier des services postaux qu'il pensait que Vega n'était autre que Boa. Crabb a eu du mal à retenir sa joie. Avant même d'avoir raccroché, il réservait déjà dans sa tête le premier vol pour Nicosie. Ce n'était pas seulement la perspective d'essayer d'extrader l'un des cerveaux de CarderPlanet… *ils avaient son ordinateur portable !* Si les Chypriotes avaient réussi à deviner qui était son alter ego sans vraiment savoir à qui ils avaient affaire, imaginez un instant ce qu'un enquêteur de la trempe de Crabb pourrait extraire de ce disque dur !

« L'arrestation de Boa nous a stupéfiés », racontait Xhora, un membre de CarderPlanet, exprimant là ce que nombre de ses cybercompatriotes sur la Planète ont ressenti à l'époque. Boa, c'était l'homme qui avait fait de la Planète un outil à la fois divertissant, intéressant et lucratif. Parce qu'il était beaucoup plus âgé et expérimenté que les autres habitants de la Planète, beaucoup pensaient qu'il serait invulnérable à des désagréments tels que des confrontations avec les forces de l'ordre.

Pendant ce temps, Script était en train d'accumuler encore plus de pouvoir et de cash grâce au contrôle de CarderPlanet. « Avec les interviews qu'il accordait, il comptait rendre le site plus populaire et développer son business, se rappelait Null_Name, un autre inconditionnel de CarderPlanet, et en cela il a réussi. Il y a eu un flot de nouveaux arrivants sur le site. Et là, l'atmosphère a changé. Ce n'était plus la même chose. »

Il est vrai que l'esprit de camaraderie confortable des premiers temps s'éloignait à grande vitesse. En revanche, le site générait plus d'argent que jamais. La section anglaise du forum était désormais opérationnelle, et en peu de temps des carders du monde entier ont commencé à s'enregistrer. Mais à des milliers de kilomètres de là, à San Francisco, Greg Crabb se régalait avec le disque dur de Boa et en extrayait les milliers de secrets que Boa et Script avaient échangés. « Je n'ai jamais eu besoin d'interroger Boa, racontera Crabb, ça ne m'intéressait même pas de savoir ce que le bonhomme avait à dire puisque j'avais son disque dur ; il ne pouvait rien m'apprendre de plus ! »

En fait, il se peut que Crabb n'ait pas extrait de l'ordinateur tout ce qu'il voulait. Il semble qu'à un certain moment la police américaine ait réussi à forcer l'un des systèmes de cryptage sur le portable VAIO, mais son propriétaire l'avait renforcé avec Handy Bits EasyCrypto, un système puissant (téléchargeable gratuitement) qui bloquait l'accès à environ 80 % des fichiers.

Sur les forums de carders, l'amertume est palpable jusqu'à ce jour car plusieurs membres pensent que Roman

Vega a balancé Golubov. Or c'est faux. Toutes les informations sur Golubov ont été extraites du VAIO. Non seulement Vega lui-même est resté silencieux — et il l'a payé cher — mais il croupit depuis maintenant près d'une décennie dans diverses prisons chypriotes et américaines sans avoir jamais été inculpé d'aucun crime.

Malgré toutes les nouvelles informations dont il disposait, Crabb ne pouvait rien faire avec Script. L'oiseau se trouvait en Ukraine — contrairement à Maxime Kovaltchouk, appréhendé avec sa femme pour la fraude Autodesk dans un bar de Bangkok, trois mois après l'arrestation de Roman Vega à Nicosie. Au moment où Vega était extradé de Chypre vers la Californie, Kovaltchouk quittait la Thaïlande pour la côte ouest des États-Unis.

Script, lui, n'avait aucune intention de quitter son pays et, pour se protéger encore davantage, il a annoncé début 2004 sur CarderPlanet qu'il abandonnait ses fonctions et s'apprêtait à quitter le site pour de bon.

Comme toujours, Script avait un plan. Il avait gagné suffisamment d'argent avec ces activités de carding qui, comme il l'a dit dans une phrase mémorable, ne lui avaient pas donné une once de remords, et il voulait désormais investir dans des affaires légales. Peut-être espérait-il prévenir de futurs ennuis, ou avait-il des ambitions au-delà du cyberespace. Le fait est qu'il a choisi de faire son annonce spectaculaire sur CarderPlanet : il allait transférer l'administration du site à un *consigliere* de confiance et ne foulerait plus les forums de la Planète.

Apparemment, Script rentrait dans le rang. Sauf qu'il y avait une chose sur laquelle il n'avait pas compté.

La révolution.

8

On réécrit le Script

Boris Borissovitch Popov a appelé son bureau pour dire qu'il ne se sentait pas bien et que le médecin lui avait dit de se reposer quelques jours. Ses collègues ont été surpris. Il est vrai qu'avec sa petite corpulence et ses traits juvéniles, Boris Borissovitch faisait parfois penser à un enfant malade, or c'était probablement le plus assidu et le plus discipliné. « C'était un plaisir de travailler avec lui, ferait plus tard remarquer l'un d'entre eux, vous n'auriez pas pu trouver mieux dans tout le service. »

Sauf que Popov n'est pas allé se recoucher. Frais comme un gardon, il est sorti de chez lui et s'est engouffré dans un taxi. Direction : l'aéroport de Kiev, où il a pris un vol pour Odessa. Vu qu'il était originaire de Donetsk, à l'est de l'Ukraine, et que le russe était sa langue maternelle, sa présence dans le sud du pays n'éveillerait pas les soupçons pour autant qu'il reste vigilant.

Arrivé à Odessa, il a pris un bus pour la ville. On était en juillet, il faisait près de trente degrés mais une brise stimulante venue de la mer Noire rendait la température clémente. Popov a rapidement trouvé l'appartement qu'il avait loué. Quelques heures plus tard, ses trois acolytes arrivaient : Natacha Obrizan et MM. Grichko et Baranets. « On ne pouvait pas loger à l'hôtel, expliquait Boris, on ne faisait pas confiance à la police locale. » Il n'y avait qu'une personne dans tout le pays qui savait qu'ils étaient à Odessa : le ministre de l'Intérieur.

Six mois plus tôt, l'Ukraine avait été prise dans des convulsions spectaculaires, la révolution orange. Ce pays exceptionnellement fertile, qui pourrait nourrir tout le continent européen, avait l'habitude des événements dramatiques. Au XXe siècle, les Ukrainiens avaient connu l'ultranationalisme, l'autocratie, le communisme et le fascisme, et chacun de ces régimes avait infligé à la population des violences terrifiantes : guerre civile, famine de masse, génocide, déportation et pauvreté généralisée.

La division de l'Ukraine en deux zones géographiques et en deux camps linguistiques, l'ukrainien et le russe, constitue l'héritage le plus durable légué par cette histoire chaotique. Kiev, la capitale, fait le lien entre les deux, tel un pont branlant tentant de réconcilier des traditions souvent hostiles. Aux heures les plus sombres du XXe siècle, l'ouest du pays a été associé dans l'esprit de certains au fascisme et à l'Allemagne nazie, tandis que l'Est était considéré comme un bastion du communisme et de la Moscovie.

Cette division n'est pourtant pas toujours aussi claire : on trouve des poches d'ukrainophones à l'Est, et à l'Ouest les candidats pro-russes recueillent souvent un nombre inattendu de suffrages. Mais dans l'ensemble, c'est une règle utile. Depuis l'indépendance, Kiev et les provinces de l'Ouest ont tout fait pour resserrer leurs liens avec l'Union européenne et l'Otan, tandis que l'Est a cherché à se rapprocher de la Russie. De fait, beaucoup d'Ukrainiens de l'Est continuent à avoir le sentiment d'appartenir à leur puissant voisin.

Jusqu'en 2004, les différents gouvernements et présidents ont adopté une ligne pro-russe, à la grande satisfaction de l'est du pays et au grand dam des nationalistes ukrainiens de l'Ouest. Du coup, les relations avec l'Union européenne, l'Otan et les États-Unis étaient glaciales : les membres du gouvernement ukrainien étaient aussi fréquemment invités dans les prisons américaines, inculpés de blanchiment d'argent et autres activités mafieuses, qu'à la Maison Blanche.

Pendant que les fonctionnaires, les politiciens et les oligarques s'en mettaient plein les poches au détriment des citoyens ordinaires, dont le niveau de vie s'était complètement effondré au tournant du siècle, un nouveau mouvement politique s'est fédéré autour de deux politiciens « new style », Viktor Iouchtchenko et Ioulia Timochenko. Ce n'est que plus tard qu'il est apparu qu'ils étaient de la même étoffe que leurs opposants. En septembre 2004, Iouchtchenko a fait la une de l'actualité, victime d'une tentative d'empoisonnement à la dioxine (presque certainement l'œuvre du FSB). Il a finalement survécu, horriblement défiguré, et a annoncé qu'il n'abandonnerait pas la course à la présidentielle.

La campagne organisée pour se débarrasser de la vieille garde a frappé l'imagination des jeunes Ukrainiens, qui en ont fait un festival de la politique baptisé « révolution orange ». Des étudiants serbes militants qui avaient contribué à faire tomber leur propre dictateur, Slobodan Milosevic, sont arrivés à Kiev pour former les politiciens de rue en herbe. Des prosélytes néoconservateurs américains ont également afflué dans le pays, sentant là une occasion unique de faire souffrir Moscou et d'attirer l'Ukraine dans l'orbite de l'Otan.

Dès le début, ce sursaut soudain d'activité politique a eu des implications internationales. En janvier 2005, lorsque Iouchtchenko a finalement été élu président et Timochenko nommée Premier ministre, l'Ukraine était devenue un banc d'essai très vivant pour des relations russo-américaines en constante détérioration. Les nouveaux dirigeants affirmaient haut et fort non seulement leur intention d'adhérer à l'Union européenne, mais aussi l'espoir que leur pays entrerait rapidement dans l'Otan. Même si cette option était vouée à l'échec (après tout, elle n'était soutenue que par 30 % des électeurs), Moscou a interprété cela comme une quasi-déclaration de guerre.

Depuis qu'il était tombé, quatre ans auparavant, sur Maxime Kovaltchouk, l'homme qui avait vendu des produits Autodesk contrefaits, l'inspecteur Crabb avait patiemment tissé des liens avec ses homologues au sein des innombrables agences de maintien de l'ordre ukrainiennes. Il avait réussi à nouer des contacts importants, mais les Ukrainiens avaient poliment décliné ses demandes d'arrestation de Dimitri Golubov, alias Script.

Les événements de décembre 2004 et janvier 2005, qui ont vu Iouchtchenko et Timochenko arriver au pouvoir, ont changé la donne. Crabb a compris que la révolution orange représentait une occasion à ne pas manquer. Peu de temps après le début de ces événements tumultueux, il a reçu un coup de téléphone de l'ambassade des États-Unis à Kiev : le ministère de l'Intérieur avait déjà été purgé de la vieille garde pure et dure et une nouvelle équipe avait été mise en place, plus encline à travailler avec l'Ouest. « Venez vite ici ! » lui a conseillé l'ambassade. L'homme des services de l'inspection postale n'a pas eu besoin de se le faire dire deux fois.

Il est arrivé à Kiev en juin 2005 et a présenté à des responsables du ministère de l'Intérieur les preuves dont il disposait sur l'affaire Golubov. Deux semaines plus tard, l'inspecteur Popov, du département de lutte contre le crime organisé, faisait route pour Odessa pour retrouver et arrêter l'insaisissable Script.

Popov savait que ce ne serait pas chose facile. Avant tout, il avait peur que l'affaire ne s'évente : si des informations sur l'opération arrivaient à Odessa avant lui, tout capoterait avant même d'avoir commencé. En carder accompli qui avait finalement atteint plusieurs fois le statut de « millionnaire en dollars », Golubov se serait à coup sûr acheté la protection d'agences de maintien de l'ordre locales. Parmi les siens, il était invincible.

La rue Dovzhenko se trouve à trois kilomètres du centre d'Odessa. Bordée d'arbres, elle est considérée comme l'une des adresses les plus huppées de la ville. Golubov vivait dans l'appartement de sa grand-mère. Lorsque Popov et son équipe se sont présentés, ils ont donc été surpris de se heurter à une épaisse porte en acier qui leur bloquait l'accès. Une fois en position, Popov a fait un signe à ses collègues. « Ouvrez ! Police ! » Ils ont crié, tambouriné à la porte. Silence de marbre. Ils ont essayé de détecter des sons derrière la barrière d'acier — l'un d'entre eux pensait avoir entendu des pas — mais, malgré tous leurs efforts, la porte est restée close.

Tandis que Popov hésitait à faire venir de l'équipement lourd, il a senti une odeur âcre de papier qui brûlait. « Bon Dieu ! Il a commencé à détruire les preuves ! » L'inspecteur a tout de suite alerté les services d'urgence, qui ont envoyé sur-le-champ un camion de pompiers.

Alors que la chaleur s'intensifiait, les pompiers ont éventré le mur et commencé à projeter de la mousse. Lorsqu'il a vu que l'appartement de sa grand-mère était sur le point d'être inondé de produits chimiques, Golubov a compris que la partie était finie et il s'est résolu à ouvrir la porte.

Popov a alors assisté à une scène étrange : non seulement les documents de Golubov étaient en flammes, mais le hacker était en train de donner des disquettes en pâture à un Raskat. Si Golubov s'était contenté de détruire les fichiers de ses divers ordinateurs, n'importe qui ayant un tant soit peu de notions en matière d'investigation informatique aurait pu les reconstituer sans beaucoup de mal. Mais si l'on peut brûler du papier, c'est une tout autre affaire de brûler des fichiers.

Le Raskat, une machine russe, déploie des ondes électromagnétiques puissantes capables d'oblitérer complètement les données. Golubov avait été pris la main dans le sac. Popov est retourné avec lui à Kiev, où le hacker a été incarcéré.

Vega et Golubov étaient donc désormais sous les verrous (ainsi qu'un certain nombre de membres clés de la famille CarderPlanet). L'un comme l'autre ont toujours farouchement nié être Boa et Script. À ce jour, aucun d'entre eux n'a encore été inculpé — en réalité, le premier a passé sept ans dans les prisons américaines sans jamais avoir droit à un procès complet, ce qui soulève de sérieuses interrogations sur le système de justice pénale américain.

Quelle qu'en soit la cause précise, CarderPlanet avait été mis à terre. Cela dit, le site visionnaire destiné aux hackers et aux crackers a beau avoir disparu, il a laissé un héritage immense puisqu'il a littéralement révolutionné la criminalité sur le web.

De plus, la cybercriminalité à grande échelle s'était déjà émancipée de ses origines ukrainiennes. Au cours des deux dernières années de CarderPlanet, les administrateurs avaient encouragé le développement d'un forum en anglais à côté des groupes de discussion en russe. Ce forum a permis d'insuffler l'esprit d'Odessa aux hackers et carders du monde entier. Deux de ses membres étaient des novices, mais le nouveau monde du carding professionnel les intriguait. L'un avait pris pour avatar un sympathique pirate et l'autre une image du film préféré de beaucoup de geeks. Place à JiLsi et Matrix001.

Troisième partie

9

Tigre, tigre

Colombo, Sri Lanka, 1988

Bang bang bang !

« Ouvrez ! Ouvrez ! »

Les soldats qui sont dans ce genre de dispositions n'ont généralement pas la patience d'attendre une réponse, surtout à cinq heures et demie du matin. Ceux-là ont tout simplement défoncé la porte à coups de crosse de mitraillette et fait irruption dans la maison, puis ont fouillé chacune des pièces et donné l'ordre aux membres de la famille de s'allonger par terre avant de mettre la maison à sac.

Avec le bruit et la lumière, trois enfants se sont réveillés, terrifiés. « Levez-vous, levez-vous ! » En sous-vêtements et tout en sueur dans cette chaleur tropicale, ils ont pourtant entendu leurs dents claquer de peur. Les soldats ont sorti le plus âgé, qui avait tout juste onze ans, et ont montré une zone de peau blanche de la taille d'une main sur son estomac. « Qu'est-ce que c'est ? Qu'est-ce que c'est ? » se sont-ils écriés presque triomphalement. « Il a manipulé des explosifs !

– C'est une tache de naissance, a répondu l'enfant, juste une tache de naissance. »

Les militaires ont pris le garçon à part et l'ont fait asseoir sur une chaise dans le salon avant de commencer l'interrogatoire. Ses parents et sa grand-mère ont plaidé sa cause auprès de celui qui semblait être le chef, et finalement les soldats ont reconnu que le frêle jeune homme pas même encore adolescent n'avait pas vraiment le profil type d'un fabricant de bombes travaillant pour les Tigres tamouls.

Le petit Renu était habitué à ce genre de turbulences, qui ponctuaient son existence depuis son tout jeune âge. En juillet 1983, cinq ans plus tôt, il avait été évacué de Colombo alors qu'il n'avait que six ans. Les militants tamouls avaient assassiné treize soldats de l'armée sri-lankaise. Pour se venger, des Cinghalais avaient massacré des centaines de Tamouls innocents à Colombo, la capitale, déclenchant une longue guerre civile qui ne se terminerait que vingt-six ans plus tard.

Il n'était donc plus possible d'attendre à Colombo pendant que les gangs cinghalais maraudaient à travers la ville. Les parents de Renu ont fait leurs valises et emmené leurs trois enfants à Jaffna, le principal centre de la communauté tamoule au Sri Lanka. Quatre-vingts kilomètres seulement séparent Jaffna, tout au nord du pays, de la côte sud-est de l'Inde. C'était aussi le bastion des guérillas tamoules. La résistance au gouvernement de Colombo, dominé par les Cinghalais, prenait de l'ampleur.

Peu de temps après le déménagement de la famille, la violence imprévisible de la guerre civile et de l'insurrection a commencé à se rapprocher de plus en plus de leur nouvelle maison. En 1987, les troupes gouvernementales ont assiégé Jaffna et se sont battues avec plusieurs groupes armés dont les LTTE, les tristement célèbres Tigres tamouls. Le nombre de réfugiés fuyant la ville pour rejoindre l'Inde du Sud par le détroit de Palk a alors atteint une masse critique et le gouvernement de New Delhi a compris qu'il fallait réagir. Les Indiens ont négocié avec le gouvernement sri-lankais et envoyé une importante force de maintien de la paix à Jaffna pour superviser le cessez-le-feu.

Quelque temps après, les relations entre les soldats indiens et les Tigres tamouls se sont rompues et Jaffna est redevenue, une fois encore, l'une des villes les plus dangereuses de la planète. En octobre 1987, les troupes indiennes ont massacré plusieurs dizaines de civils innocents dans le principal hôpital de la ville : c'est la seule fois, en vingt-cinq ans de guerre civile, que le gouvernement de Colombo et les Tigres se sont rejoints dans leur indignation. Pour Renu et sa famille, il était devenu trop risqué de rester à Jaffna et ils sont repartis vers le sud de l'île pour s'installer à Colombo.

Un après-midi, le père de Renu a demandé au garçon d'aller faire quelques courses. Renu n'avait encore jamais vu autant de roupies et il les a glissées dans sa poche avec la liste. Sur le chemin, il a vu un homme sur le bord de la route. Il avait trois pots et sous l'un d'entre eux se trouvait un caillou, il fallait deviner lequel. Renu regardait les passants placer leur argent devant l'un ou l'autre pot après que l'homme habile les avait fait bouger à la vitesse de l'éclair. Renu était fasciné et choqué de voir que les joueurs n'arrivaient jamais à trouver le caillou, alors que lui avait trouvé à chaque coup. Il s'est frayé un chemin jusqu'au-devant de la file et a sorti les billets froissés de son père. Et là, les billets ont été engloutis l'un après l'autre dans la poche de l'homme au fur et à mesure que Renu se trompait sur les pots, comme les autres avant lui.

Pourtant, plus il perdait, plus il pariait frénétiquement. Oubliant complètement ses pertes, il n'arrivait plus à s'arrêter — jusqu'au moment où il n'y a plus eu de billets et où son petit corps étourdi par l'adrénaline a soudain été saisi de sueurs froides et de la vision de la main de son père levée au-dessus de sa tête. De ce jour, il n'a plus jamais parié.

Depuis l'époque où ils étaient partis pour Jaffna, la

capitale était devenue un peu plus calme, même si les résidents tamouls n'étaient jamais complètement en sécurité, comme l'avait montré le raid des militaires sur leur maison. Mais la famille de Renu commençait à manquer d'options.

Pas encore adolescent, Renu avait déjà passé une bonne partie de sa vie pris entre deux feux, échappant parfois de justesse aux tirs croisés. Peu de temps après l'irruption chez lui des militaires, lorsqu'une tache de naissance avait pratiquement fait du jeune garçon un terroriste, sa grand-mère a décidé qu'il était trop dangereux pour un Tamoul presque adulte de rester dans la capitale. Il pourrait être tenté de rejoindre les Tigres ou avoir maille à partir avec les groupes nationalistes cinghalais qui rôdaient dans la ville.

En 1992, la famille avait réussi à rassembler assez d'argent pour envoyer Renu à Londres, où vivaient son oncle et sa tante.

Sa nouvelle vie à l'autre bout du monde, dans un contexte totalement étranger, comportait bien entendu ses propres risques. À la Langdon School, l'une des écoles les plus grosses et les plus turbulentes de l'Est londonien, le petit garçon maigre comme un clou s'est retrouvé pris entre deux communautés, les Blancs et les Bengalis. Il dépassait tous ses camarades en maths mais s'exprimait à grand-peine en anglais. Complètement étranger, il était sans cesse harcelé et au bout de six mois, malgré les suppliques de ses oncle et tante au désespoir, il a tout bonnement refusé de retourner en classe.

Pendant deux ans, il s'est enfermé dans la maison. Il lui arrivait de ne pas mettre le nez dehors pendant des semaines entières. Il passait son temps à regarder la télévision.

Renukanth Subramaniam a appris à rester seul.

Il aurait pu continuer de la sorte si son oncle n'avait fini par le forcer à reprendre contact avec le monde extérieur, en l'occurrence en l'envoyant au Newham College of Further Education. Là, il a acquis de nouvelles compétences. Il a notamment appris à sympathiser avec ses camarades, fumer de la marijuana, boire du cognac — et programmer un ordinateur.

Au pub du coin, shooté et ivre, Renu battait à plate couture ses adversaires virtuels sur Street Fighter, le jeu d'arcade. Combien de jeunes gens ont-ils été attirés de façon obsessionnelle vers ce défi répétitif et hypnotisant dans lequel leur avatar est lancé dans une lutte à mort contre une série de combattants tout aussi agressifs ? Ce jeu permet-il de contenir l'agressivité, ou au contraire l'encourage-t-il ? La dopamine qui afflue à ce moment-là dans la zone du lobe frontal provoque-t-elle une dépendance chez tous les jeunes gens, ou juste chez certains d'entre eux ?

Renu donnait de grands coups contre la machine, inondant son corps d'adrénaline et son cerveau d'endorphines. Quand il avait terminé, l'excitation ne retombait pas et il se jetait sur le cognac pour se calmer, à la recherche d'une sensation de bien-être. Peu à peu, cette double habitude a commencé à avoir un impact sur sa maigre allocation. Street Fighter a pris de plus en plus de place dans sa vie. Lorsqu'il allait se coucher, les violentes images du jeu lui apparaissaient en technicolor.

C'est alors qu'il a décidé d'arrêter de jouer, comme il avait un jour arrêté de parier, et de ce jour il n'a plus jamais touché la machine. Malheureusement, cette décision s'est limitée à Street Fighter, pas à sa prédilection naissante pour la boisson et la drogue.

Le fait qu'il abandonne le jeu ne voulait pas dire non plus que c'était la fin de sa fascination pour les ordinateurs en général. Il aimait cela depuis qu'il avait joué dessus pour la première fois à l'âge de neuf ans, au Sri Lanka. Par manque d'argent, il n'y avait pas eu accès régulièrement mais il avait surmonté ce problème plus tard, vers l'âge de vingt ans, en acceptant d'aller étudier l'informatique à la Westminster University de Londres.

Peu de temps après, Renu avait découvert les warez, des logiciels piratés dont les systèmes de sécurité avaient été forcés et distribués à un groupe de passionnés, The Scene.

C'était un monde dans lequel il pouvait dans le même temps se retrouver seul et avec des amis.

10

Théorie des jeux

Eislingen, Bade-Wurtemberg, 2001

Au moment où Renu explorait The Scene pour la première fois, à 800 kilomètres de là, dans le sud de l'Allemagne, un jeune mordu d'informatique venait lui aussi de tomber sur cette mystérieuse communauté.

Matrix001, un adolescent de quinze ans, était tombé amoureux. Pas d'une fille mais de jeux sur ordinateur. Au début, ce n'était qu'une activité parmi d'autres dans une adolescence équilibrée et normale, à côté de la gymnastique et de l'orchestre de l'école dans lequel il jouait de la clarinette. À première vue, il n'y avait rien d'inhabituel chez lui. Personne n'était au courant — ni ses amis, ni ses parents, ni ses frères et sœurs, à part peut-être son frère cadet.

Non seulement il adorait les jeux, mais c'était un praticien habile. Alors que le baccalauréat approchait, ses sessions devant l'écran ont commencé à se prolonger tard dans la nuit. Cela revenait cher de rester au courant de tous les jeux qui sortaient, surtout si (comme dans le groupe de compagnons de jeux de Matrix) on se couvrait de gloire en annonçant que l'on avait essayé et terminé les jeux qui venaient juste de sortir.

En 2000, toute une série de nouveautés avec des

graphismes éblouissants ont inondé le marché. La série des Pokémon déferlait à un rythme infernal et, à l'autre extrême, WWF Smackdown 2: Know Your Role faisait un carton, de même que Grand Theft Auto, avec ses scénarios violents et pornographiques. Matrix voulait à tout prix mettre la main sur le jeu le plus récent, mais il n'avait pas assez d'argent pour cela.

Pour ce qui est des jeux, sa vie ressemblait exactement à celle de Renu. À part cela, les deux jeunes gens n'avaient rien en commun.

Résolu à assouvir sa passion dévorante, Matrix a découvert une communauté internet, la scène fXp. Ce phénomène a représenté un moment important, non seulement dans la vie de Matrix, mais dans les paramètres de la culture internet, en constante évolution.

Plus de vingt ans après l'introduction de l'ordinateur personnel, son utilisation fait l'objet d'un débat passionné, quoiqu'un peu ésotérique — entre développeurs, prophètes et utilisateurs les plus assidus —, sur son rôle social. Une grande partie des techniques criminelles sur le web sont nées d'une divergence de fond dans le débat philosophique suscité par internet.

Pour simplifier, il y a ceux qui pensent que c'est son rôle commercial qui prime et ceux pour lesquels il s'agit avant tout d'un outil social et intellectuel qui change par sa nature même le code moral fondamental de la communication de masse. Aux yeux des premiers, le fait de copier un « code » (c'est-à-dire le langage dans lequel un logiciel ou un programme est écrit) qui n'est pas explicitement autorisé constitue un acte criminel. L'autre école, en revanche, estime que lorsque l'on met une application sur le marché, on abandonne également le copyright.

Ce débat ne date pas d'hier: en février 1976, Bill Gates adressait une lettre ouverte aux « hobbyistes », un groupe virtuel d'utilisateurs d'ordinateurs qui deviendraient plus tard des geeks, des hackers ou des crackers. Dans sa lettre, il déplorait le fait que 90 % de ceux qui utilisaient le premier langage de programmation de Microsoft, Altair BASIC, ne l'aient jamais acheté. Ils l'avaient tout simplement copié, ce qui veut dire que Bill Gates ne rentabilisait pas le travail et l'investissement énormes qu'il avait engagés dans le développement de cet outil. Même si son style portait la marque de ce manque d'élégance que l'on retrouve chez beaucoup de geeks, le message était on ne peut plus clair : il accusait les hobbyistes de vol.

Bien entendu, les hobbyistes, geeks et hackers — les « crackers », comme on allait les appeler plus tard — n'étaient pas d'accord. Pour eux, une fois que le « code » était sorti, ils pouvaient en faire ce qu'ils voulaient. Sur la côte ouest comme au MIT, certains développeurs et utilisateurs parmi les plus importants au monde étaient imprégnés d'une bonne dose d'idéologie « kumbaya » : pour eux, cette technologie visait à relier les hommes et, pour une raison quelconque (non spécifiée), elle n'était pas soumise aux règles du copyright qui s'appliquent aux livres, à la musique et à la création en général.

On imagine facilement *pourquoi* tout cela a pu se produire : dans le passé, le public ne pouvait pas imprimer une copie non autorisée d'un livre ou presser des versions piratées d'un disque vinyle, car il n'avait pas le matériel pour le faire. Et quand bien même il l'aurait eu, c'était un matériel encombrant, fixe et que la police pouvait localiser facilement au nom de la protection de la propriété intellectuelle.

Le code ou le logiciel, c'était autre chose. Au début des années 1980, les premiers jeux sur ordinateur à usage privé étaient écrits sur des cassettes. Ensuite ils ont été produits sur des disquettes, puis des CD, des DVD et des disques durs de plus en plus miniaturisés. L'empire des producteurs de logiciels commerciaux a alors tenté sa première contre-attaque en insérant des bouts de code supplémentaires dans ses produits pour empêcher les copies illégales. Les CD et les cassettes étaient tous équipés de verrous numériques.

On comprend la tactique, mais elle s'est révélée contre-productive. En 1982 déjà, un autre adolescent allemand, qui prendrait plus tard le sobriquet énigmatique de MiCe !, a fini par persuader ses parents — qui auraient mieux fait d'y réfléchir à deux fois — de lui acheter un ordinateur pour Noël. Mais après avoir dépensé autant, ils ont refusé de lui donner de quoi se procurer des jeux. Ils n'avaient pas compris que sans les jeux, qui à l'époque étaient écrits sur des cassettes, l'ordinateur n'était d'aucune utilité pour leur fils.

Celui-ci a découvert que la seule façon d'utiliser son ordinateur, c'était d'emprunter un logiciel à des amis et de le copier. Mais il s'est rendu compte qu'il était impossible de copier la cassette. Il a tout essayé : chaque fois son ordinateur plantait. Après des jours et des nuits de frustration, il a enfin aperçu un bout de code à un endroit bien précis de la bande, qui n'avait aucune fonction apparente. Et soudain il a eu l'illumination : c'est ce code qui empêchait la copie ! Une fois compris cela, MiCe ! s'est employé à réécrire le code dans des séquences différentes jusqu'à ce qu'une nuit, bingo ! il arrive à le craquer.

Les premiers joueurs du genre de MiCe ! ont été encouragés à forcer les serrures parce qu'ils étaient accros au jeu, pas pour faire de l'argent. Les copies passaient ensuite d'un joueur à l'autre, ce qui a donné naissance à The Scene.

Cela dit, le processus était laborieux et prenait beaucoup de temps car il fallait copier physiquement le code sur une nouvelle cassette. Mais les joueurs ont relevé le défi des fabricants de logiciels avec panache, et en peu de temps toute une sous-culture de crackers a vu le jour. Ses membres n'avaient qu'un but : craquer les jeux et autres logiciels à la minute où ils arrivaient sur le marché et se vanter ensuite auprès de leurs camarades.

La cyberpègre était née, même si elle n'a pas tardé à se scinder en plusieurs communautés très différentes les unes des autres, les gentils et les méchants.

11

Le point de non-retour

Près de vingt ans après que MiCe ! a réussi à craquer sa première cassette, le jeune Matrix s'est retrouvé confronté au même dilemme. Fou de jeux, il n'avait pas assez d'argent pour en acheter. Mais la technologie avait fait un bond de géant. Les jeux pouvaient désormais s'enorgueillir de graphismes d'une sophistication à couper le souffle, de scénarios complexes et de casse-tête redoutables.

L'obsession de beaucoup de joueurs s'est intensifiée d'autant. Les cassettes et les disquettes étaient déjà remisées au rayon des antiquités et le temps des CD-Roms, DVD et cartes-mémoire était compté (avant même leur invention). De plus en plus, les jeux pouvaient exister sous la simple forme d'un code sur internet. Cela dit, il n'était pas possible d'en stocker beaucoup sur son ordinateur personnel. De plus, on était encore à l'époque des modems, quand il fallait occuper la ligne de téléphone pendant des heures pour se connecter à internet. En revanche, si vous trouviez le moyen d'accéder à un ordinateur beaucoup plus puissant, vous pouviez alors stocker et partager autant de jeux que vous vouliez…

fXp signifie File Exchange Protocol, mais tout ce qu'il faut savoir sur fXp, c'est que cela permet un transfert très rapide de données entre deux ordinateurs. C'est particulièrement utile lorsque l'on veut échanger des données entre serveurs. N'oublions pas qu'un serveur est tout simplement un ordinateur adapté pour fonctionner comme centre de communications. Ainsi, une grande entreprise aura son propre serveur qui fournit un accès internet à tous les employés. Beaucoup de serveurs sont extrêmement puissants et ne dépendent pas de lignes téléphoniques pour l'accès au web.

Les forums fXp regroupaient une confrérie dont les membres pirataient les serveurs et les utilisaient ensuite pour stocker des jeux et jouer. Matrix apprenait vite et il ne lui a pas fallu beaucoup de temps pour commencer à parcourir internet à la recherche de serveurs.

Son ordinateur utilisait un programme automatique qui envoyait des myriades de messages sur le web pour frapper à la porte de serveurs n'importe où dans le monde. Lorsque le serveur répondait, l'ordinateur de Matrix demandait s'il pouvait entrer. La plupart d'entre eux demandaient à son ordinateur : « Quel est le mot de passe ? » Mais il a réussi à trouver suffisamment de serveurs que les administrateurs n'avaient pas pris la peine de clôturer avec un mot de passe, auquel cas ils répondaient à la machine de Matrix : « Bien sûr, entrez. Je suis à votre service, ô maître malfaisant ! »

Pour Matrix, les administrateurs qui laissaient leur ordinateur aussi exposé ne méritaient que mépris. N'importe qui pouvait entrer et voler les secrets d'une entreprise. C'est comme si je laissais mon portefeuille rempli de billets en plein centre commercial avant de m'en aller, se disait-il.

Il y avait aussi les serveurs dont on pouvait deviner facilement le mot de passe, comme ceux dont les propriétaires ne modifiaient pas le mot de passe entré par défaut, en général quelque chose comme « admin » ou même « mot de passe », le plus stupide que l'on puisse imaginer.

Avec d'autres ordinateurs, il arrivait à trouver une faille dans le système de sécurité (peut-être un « port » peu utilisé, ou un point d'entrée qui ne demandait pas de mot de passe) qu'il pouvait exploiter pour avoir accès aux entrailles du serveur. C'était du chinois pour la plupart des utilisateurs d'ordinateur mais un jeu d'enfant pour Matrix, et il pouvait apprendre à n'importe qui comment y arriver en une demi-heure.

Une fois qu'il avait pris le contrôle du serveur, il devait s'empresser de réparer la faille qu'il avait lui-même exploitée pour entrer, donc s'assurer que personne d'autre ne pouvait l'attaquer comme il l'avait fait.

Une fois à l'intérieur, il était en mesure de le contrôler. Il pouvait, s'il le souhaitait, regarder tout ce qui rentrait et sortait, mails et autres. Mais ça ne l'intéressait pas : tout ce qu'il voulait, c'était recevoir, stocker et faire circuler les jeux en utilisant la technologie fXp.

Matrix n'avait que quinze ans, mais il pouvait se promener à sa guise dans d'immenses parties de la toile dont la plupart des adultes ne soupçonnaient même pas l'existence. Ses parents n'avaient aucune idée du monde secret qu'il explorait depuis sa chambre. Et ils n'étaient pas près de le découvrir : télécharger des jeux et des logiciels était de toute évidence illégal et constituait une violation du droit de la propriété intellectuelle. À l'époque, cette pratique se limitait à un tout petit nombre d'usagers. Les constructeurs trouvaient cela ennuyeux, mais ce n'était pas la fin du monde. L'immense majorité des jeux était achetée de façon parfaitement légale dans des magasins ou sur des sites comme Amazon.

Matrix ne se cachait pas de ses parents parce qu'il craignait d'enfreindre la législation sur la propriété intellectuelle. Non : il se rendait compte que ce qui était merveilleux avec internet pour un adolescent, c'était que ses parents n'auraient jamais (et la plupart du temps ne pourraient jamais avoir) la moindre idée de ce qu'il faisait. Ils avaient déjà suffisamment de mal à contrôler quels DVD entraient et sortaient de la maison. Mais au moins les DVD, c'était des objets physiques que l'on pouvait confisquer quand un gamin de treize ans regardait un film classé X (au risque, évidemment, de provoquer une crise de colère pénible).

Internet allait changer tout cela. Les enfants grandissaient dans un cyberenvironnement qui leur paraissait tout à fait explicite et normal, mais que les parents trouvaient de plus en plus déconcertant et tortueux. Les ados savaient pertinemment que leurs parents étaient complètement perdus. Ce décalage a nourri à son tour le sentiment que le web constituait une zone de leur vie d'où l'on pouvait légitimement bannir les adultes. Combien de mères et de pères n'ont-ils pas vu leur enfant réduire la fenêtre du navigateur internet en rougissant au moment où ils entraient dans la pièce ? Et si les parents osaient ne serait-ce que jeter un coup d'œil à sa page Facebook, même si elle était au vu et au su de tout le monde, l'enfant se transformait illico en militant des droits de l'homme et les accusait de se comporter comme des agents de la Gestapo.

Ce que beaucoup d'enfants et d'adolescents ignoraient, c'est que si eux-mêmes pouvaient berner leurs parents, il y avait toutes sortes d'individus — et de plus en plus — qui ne se laissaient pas embobiner aussi facilement. J'ai nommé les harceleurs, les publicitaires, les agresseurs, les pédophiles, la police, les enseignants et les criminels. Seuls les utilisateurs les plus sophistiqués sont à même de dissimuler ce qu'ils font réellement sur le web.

Contrairement aux parents durement éprouvés, ces autres acteurs, avec un minimum de culture informatique, commençaient à traquer les empreintes numériques que les enfants et les adolescents laissaient depuis plusieurs années. Ils s'intéressaient notamment aux aveux de consommation de drogue et de beuveries, aux insultes envers les professeurs, à l'intimidation de camarades et, de plus en plus, à la publication d'autoportraits pornographiques.

Les parents n'étaient peut-être pas au courant, mais

d'autres si. Même des enfants exceptionnellement intelligents comme Matrix pouvaient relâcher leur vigilance.

En fait, lorsque ce dernier prenait le contrôle de serveurs mal protégés et mettait des jeux dessus pour s'en servir, il ne faisait rien de mal. Au tournant du millénaire, cela ne constituait pas un crime en Allemagne et la question du copyright à l'ère numérique était assez opaque. Des adolescents et de jeunes adultes avaient déjà commencé à partager des fichiers de musique grâce à Audiogalaxy ou à Napster : si vous vouliez télécharger *Bohemian Rhapsody* de Queen, par exemple, ces sites vous dirigeaient vers un PC sur lequel la chanson était stockée, quelque part dans le monde. En utilisant le site comme pont, vous pouviez alors en télécharger une copie sur votre ordinateur.

En très peu de temps, des millions de personnes ont compris qu'elles n'avaient plus besoin d'acheter des disques : tout était disponible gratuitement ! Sauf que si le partage de fichiers n'était rien de plus qu'un désagrément pour les fabricants de jeux informatiques, cela représentait un défi d'envergure pour l'industrie de la musique. S'ils voulaient s'attaquer au problème, les professionnels du disque allaient avoir besoin d'avocats pour adapter la notion de copyright à l'âge numérique ; ils devraient ensuite persuader le législateur de voter des lois appropriées, puis convaincre la police qu'appréhender les pirates informatiques faisait partie de sa mission. Il faudrait en outre développer de nouveaux outils techniques pour empêcher le téléchargement illégal (chose qu'ils n'ont manifestement pas réussi à faire).

La pratique qui consiste à partager des fichiers de musique compacts et faciles à transférer d'un ordinateur à l'autre s'est répandue comme une traînée de poudre. Aux États-Unis, les ventes de disques ont atteint leur plafond en 1999, avec des recettes de plus de 14 milliards de dollars, et depuis lors elles n'ont cessé de chuter.

En revanche, le téléchargement non autorisé de jeux

beaucoup plus encombrants n'a guère affecté les ventes de CD-Rom et de DVD, qui ont continué à progresser. À la limite, ceux qui téléchargeaient les jeux ont contribué à leur faire de la publicité. Donc finalement, le pire que l'on puisse dire des cyberactivités de Matrix, c'est qu'elles l'empêchaient de dormir et de faire ses devoirs.

Mais c'est là que le jeune homme, presque sans s'en rendre compte, s'est enfoncé un peu plus dans une spirale répréhensible.

L'industrie de la publicité avait découvert internet et, comme tout le monde, elle essayait de voir comment l'exploiter au mieux. Le web offrait des avantages notables aux publicitaires : d'abord, vous pouviez cibler votre public potentiel de façon beaucoup plus fine. Si vous vouliez vendre des couches, par exemple, mieux valait éviter les sites pour parachutistes et vous concentrer sur les forums destinés aux jeunes parents. Si vous payiez des pubs à la télé, à la radio ou sur des panneaux, vous touchiez également les parachutistes, mais ça ne servait pas à grand-chose (à moins, bien entendu, que les parachutistes ne se trouvent être en même temps des jeunes parents).

Deuxièmement, vous pouviez calibrer le succès et le coût de votre publicité. Chaque fois qu'un parent cliquait sur la publicité pour les couches, sa visite était enregistrée et chez le fabricant et chez le publicitaire. L'agence de pub se rémunérait alors au prorata du nombre de clics. Les publicitaires et les vendeurs pouvaient donc analyser ce que l'on appelle le taux de clics, de sorte que notre fabricant de couches voyait que sur cent personnes qui avaient consulté le site de parachutisme, aucune n'avait cliqué sur sa publicité. Sur le forum pour jeunes parents, en revanche, dix visiteurs sur cent avaient cliqué, ce qui faisait un taux de clics de 10 %. L'agence de pub allait donc être payée en fonction. Inutile de dire qu'il n'a pas fallu beaucoup de temps pour que le taux de clics engendre de la fraude au clic.

L'administrateur de l'un des forums visités par Matrix était impliqué dans une affaire d'escroquerie. Il a encouragé le jeune homme à utiliser les serveurs qu'il contrôlait pour créer un programme qui cliquerait automatiquement, à intervalles réguliers, sur des bandeaux publicitaires. Chaque fois que Matrix le faisait, il gagnait un centime. Il ne savait même pas que c'était illégal. L'administrateur lui a dit ensuite qu'il lui conseillait d'aller se promener sur un autre forum où l'on discutait du même genre de sujets, et c'est sur ce forum, CarderPlanet, que Matrix a entendu parler pour la première fois de fraude à la carte bancaire.

Le jeune homme a franchi le Rubicon dans un état de transe psychologique, incapable de voir les eaux qui tourbillonnaient autour de lui. C'était encore un enfant et il était en train de basculer lentement, progressivement, vers la criminalité. Il savait peut-être dans un coin de sa tête qu'il y avait quelque chose de pas très réglo, mais dans le cyberespace les frontières sont très floues, si tant est qu'elles soient visibles.

12

La route des Indes

Madras, Tamil Nadu, 2001

En 2001, cela faisait neuf ans que Renu n'avait pas vu ses parents ni ses frères et sœurs. Or même des jeunes gens comme lui, qui avaient appris à survivre avec des liens familiaux plus que lâches, étaient tout de même obligés de répondre de temps en temps aux instances de leur mère. À force de cajoleries, il a fini par promettre à la sienne qu'il trouverait l'argent pour aller rendre visite à la famille dans le Tamil Nadu, au sud de l'Inde.

Sauf que l'argent, ça ne se trouvait pas si facilement. Pendant ses études à l'université de Westminster, Renu avait dégoté un job de livreur chez Pizza Hut. Il travaillait jusqu'à minuit ou une heure du matin et devait ensuite se lever tôt pour aller à son premier cours (même si sa ponctualité allait se dégrader au fil de l'année). Cela lui avait permis d'avoir un peu d'argent de poche pour la première fois de sa vie, mais ça ne suffisait pas à lui permettre d'épargner : il dépensait très vite le peu de cash qui lui restait dans la drogue, notamment la cocaïne et bientôt la pire de toutes, le crack.

Renu n'avait pas les moyens de se payer l'avion. Il a donc emprunté de l'argent à des amis et, pour être tranquille, il a acheté pour 3000 livres de chèques de voyage avant d'embarquer pour un long vol vers Madras.

Personne ne savait à quoi s'attendre quand ils se retrouveraient : lorsqu'il avait quitté sa mère, c'était encore un garçon. Maintenant, c'était un jeune adulte dont l'existence était ponctuée de périodes d'intense solitude. Sa vie sociale avait repris depuis l'université, mais il ne parlait pas facilement ni n'extériorisait ses émotions. Et malgré son jeune âge, il commençait à avoir un passé contrasté. Il y avait beaucoup de choses qu'il ne partagerait pas avec sa famille.

Le voyage a commencé sous de mauvais augures. À Madras, il a dû monter dans un de ces bus indiens bondés et moites pour rejoindre la campagne, coincé entre les passagers, les poulets et les bagages. En cours de route, alors qu'il somnolait après son vol épuisant, il a senti une légère secousse qui l'a réveillé un instant. Il n'y a pas accordé plus d'attention que cela, mais la joie de retrouver sa mère s'est trouvée vite tempérée lorsqu'il est descendu du bus : on avait ouvert son petit porte-monnaie et les chèques de voyage avaient disparu.

Le pire était encore à venir. Lorsqu'il s'est rendu au bureau d'American Express à Madras, on a refusé de le rembourser (alors que justement, c'était tout l'intérêt de prendre des chèques de voyage plutôt que du liquide). Pour cela, il fallait qu'il produise une confirmation écrite de la police locale attestant que l'argent avait bel et bien disparu. On l'a en outre informé qu'Amex ne promettait pas de rendre l'argent, mais qu'ils le dédommageraient « à leur discrétion ».

À son retour en Angleterre, les bureaucrates d'American Express se sont montrés tout aussi impassibles. Renu ne leur avait pas fourni les documents qui pourraient prouver que les chèques avaient été volés ou perdus. Ils n'en démordaient pas : il n'y aurait pas de remboursement.

Les personnes à qui il avait emprunté de l'argent étaient

des amis, mais jusqu'à un certain point. Ils avaient beau être sensibles à la situation de Renu, ils tenaient tout de même à récupérer leur dû. Renu n'avait pas d'autre choix que de prendre des cartes de crédit pour les rembourser. Après tout, on était désormais à l'âge du plastique et un client comme lui n'intéressait pas moins les banques et sociétés de crédit que n'importe qui d'autre.

Son boulot minable chez Pizza Hut ne suffisait pas à couvrir ses besoins financiers croissants : sa dette, la boisson et la drogue, les frais de scolarité et le loyer. Le monde de Renu a commencé à chanceler. Ses études ont été les premières à en pâtir. Après avoir réussi ses examens de première année à la Westminster University, il a commencé à manquer de plus en plus de cours. Finalement, il a raté ses examens de deuxième année et même la session de rattrapage.

Pour échapper au désespoir, il s'est mis à télécharger compulsivement des chansons sur Napster, jusqu'à ce qu'il découvre les sites sur lesquels les membres de The Scene partageaient les jeux et les programmes qu'ils avaient craqués. Les nuits de Renu traînaient en longueur au fur et à mesure qu'il s'enfonçait dans le monde sécurisé et distant de l'écran qui clignote, loin de la réalité menaçante.

Un soir, il a raconté son histoire de chèques perdus à l'un des nombreux surfeurs itinérants qu'il avait rencontrés sur le net et IRC. « Va sur *amexsux.com*, lui a suggéré son contact, ça te fera du bien ! »

Renu adorait ce nouveau site (avec son logo, *Partez sans elle !*), sur lequel les clients d'American Express déversaient leur colère lorsqu'ils avaient l'impression d'avoir été floués. L'animosité à l'encontre de cette société est assez considérable, comme l'atteste une recherche sur Google : il existe des centaines de sites où l'on dit du mal d'Amex, dont beaucoup publient un nombre impressionnant de liens renvoyant à des histoires malheureuses impliquant cette société.

L'un des messages postés sur le site proposait une idée originale à ceux qui estimaient avoir été lésés par Amex. « Prenez votre revanche ! Allez sur *CarderPlanet.com* ! »

Tandis qu'il se mettait en quête de CarderPlanet, Renu a senti qu'il était temps de dire adieu à sa personnalité réelle. Il a choisi de devenir JiLsi, prenant pour avatar le visage d'un méchant pirate de dessin animé portant un chapeau rouge et un bandeau noir sur l'œil gauche. Véritable Jack Sparrow voguant dans les cyber-Caraïbes, lorsqu'il a finalement jeté l'ancre sur CarderPlanet, il s'est vite senti à l'aise parmi cette bande de menteurs, les hackers, crackers et fraudeurs en tout genre. Matrix errait lui aussi parmi ce groupe de marginaux, et même s'il a fallu quelques mois avant qu'ils ne scellent un pacte d'amitié virtuelle, les deux pirates sont devenus des visages familiers qui flottaient entre les myriades de sites cherchant à imiter CarderPlanet.

Où aurait-on pu voir un réfugié sri-lankais toxicomane fréquenter un adolescent allemand guindé issu de la classe moyenne, le tout à l'invitation d'un Odessite charismatique doté d'une vision pour une nouvelle Ukraine ? Où donc, sinon sur le web ?

13

Shadowlands

New York, New York, 2003-2004

RedBrigade a décidé que le moment était venu d'attaquer Washington Mutual, qui n'était ni plus ni moins à ses yeux qu'un fournisseur d'argent gratuit. De fait, la banque avait perdu son statut mutualiste en 1983 et son PDG venait d'annoncer qu'il voulait faire de cette vénérable institution de Seattle le « Wal-Mart de la banque ». Réduire les coûts partout où c'était possible, telle était sa philosophie. Faire tourner les prêts et ne pas regarder de trop près les avoirs, les dettes et les revenus des clients. Faire bouger les prêts hypothécaires à risque, les emballer. Investir le moins possible dans le personnel et l'équipement. De la banque low-cost, sans superflu. Heureusement pour RedBrigade et ses amis, le superflu, ça veut dire des systèmes de sécurité de base.

Vers onze heures du matin, il a quitté l'hôtel Four Seasons, au coin de la 57e Rue et de la 5e Avenue. Il avait encore la gueule de bois après la fête de la nuit précédente, mais comme c'était du champagne millésimé et de la cocaïne quasiment pas coupée, il se sentait tout à fait opérationnel.

Lorsqu'il est arrivé à la banque, il s'est dirigé tranquillement vers la caissière (qui n'était pas formée, ça coûtait moins cher) et lui a présenté sa carte de débit WaMu.

« Combien voulez-vous aujourd'hui, monsieur ?

— Dix mille, s'il vous plaît.

— Ça marche ! »

Tic-tic-tic. Ici, à WaMu, RedBrigade devait donner sa carte à la caissière, qui la glissait ensuite dans un appareil. Dans n'importe quelle autre banque, c'est le moment où l'employée aurait pu voir s'afficher sur son écran un message codé lui intimant un « signalement immédiat ». RedBrigade devrait scruter le visage de la caissière. Est-ce qu'elle est en train de comprendre la supercherie ? Est-ce que je dois m'enfuir en courant ? Ou bien j'attends ici comme un imbécile que les policiers viennent me cueillir ? Peut-être qu'il n'y a rien d'anormal et que je suis juste paranoïaque ?

Rien de tel chez WaMu. Ces radins-là n'allaient pas gaspiller de l'argent dans des écrans d'ordinateur ou des messages de sécurité codés. Si d'aventure la carte était refusée dans cet établissement, RedBrigade prendrait juste un air un peu étonné, s'excuserait et s'en irait. Chez WaMu, personne n'appelait la police.

Mais on ne refusait jamais ses cartes. En ce jour de décembre 2003, l'employée a glissé sa carte dans la machine et elle a été approuvée sur-le-champ. Il a signé un reçu portant un code pour la transaction, puis s'est dirigé vers le distributeur qui se trouvait à l'entrée de la banque. Il a entré le code. Quelques secondes d'attente et là, comme un bandit manchot rêvé dans un casino de Las Vegas, le liquide est tombé en liasses de cinquante : 1000, 2000, 3000... et ainsi de suite, jusqu'à ce que RedBrigade ait empoché deux cents billets de 50 dollars.

Il avait parfois l'impression que les banques avaient laissé leurs distributeurs ouverts exprès pour lui et pour ses amis. Il se disait que c'était tellement simple, comme s'ils étaient les élus. Il prenait un plaisir tout particulier à siphonner des fonds de la Citibank. S'il y avait une banque qui le méritait, c'était bien elle. D'abord parce que c'étaient les plus immoraux de toutes ces ordures de banquiers. Ensuite parce que leur sécurité était nulle.

Pratiquement dès le début, le phishing a été un maillon essentiel de la cybercriminalité. Même si les défenses numériques d'une société étaient solidement verrouillées, un hacker relativement inexpérimenté pouvait les percer avec une attaque de phishing. Il s'agit d'un envoi massif de mails à des adresses qui peuvent appartenir à une société précise — une banque, par exemple — ou être choisies au hasard. Beaucoup de spams contiennent soit un fichier attaché infecté, soit un lien qui, si on clique dessus, dirige vers un site qui peut automatiquement télécharger un logiciel malveillant. Si un hacker envoie quelques millions de spams, il n'a pas besoin d'avoir un taux de réponse élevé pour être efficace : pour chaque ordinateur piraté, c'est un accès assuré à des comptes en banque et autres types d'informations personnelles ou financières.

Les banques ont toujours été confrontées à un problème de sécurité majeur : leurs clients (même si cela n'excuse pas l'incroyable vulnérabilité des systèmes de sécurité mis en place par les banques pendant les quinze premières années de la banque par internet). Le meilleur système en réseau reste tributaire de son maillon le plus faible — et nous, leurs centaines de millions de clients, nous ne pouvions pas être plus vulnérables.

S'il se heurtait à un établissement impénétrable, le cyberescroc allait demander de l'aide à ses clients, leur envoyer des millions de mails qui donneraient l'impression d'avoir été envoyés depuis leur banque, puis attendre tranquillement les réponses : numéros de comptes et mots de passe tomberaient comme une avalanche.

Faire du phishing avec les clients de la Citibank, c'était un jeu d'enfant :

Achetez en gros un stock de mails fraîchement piratés. Fait.

Achetez Dark Mailer, le logiciel qui fait saliver les spammers. Fait.

Achetez des proxies. Fait.

Achetez un serveur. Fait.

Créez une nouvelle page Citibank. Fait.

Installez une fenêtre qui ne se ferme pas tant qu'un numéro de carte et un code secret ne sont pas entrés. Fait.

Ouvrez une adresse mail pour stocker les numéros de comptes et les codes secrets. Fait.

Chaque jour, RedBrigade allait *phisher*. Un matin, il a regardé le compte d'une certaine H.M. Hebeurt, dans l'État de New York. « Hmmm, elle habite dans le coin. Putain, elle gagne 50000 dollars par mois et son enfoiré de mari se fait plus de 72000 ! » En y regardant de plus près, il a vu que sa cible travaillait à Wall Street. Il s'est pris à penser que s'il avait fait de meilleurs choix de vie, il pourrait lui aussi voler en toute légalité, comme ce type... Mais il ne pouvait pas se permettre de se laisser aller à ce genre de rêveries ; il a préféré commencer à calculer. Voyons voir : deux comptes courants, deux comptes épargne, un compte à découvert et une carte bancaire... On prend 2000 dollars sur chacun. Résultat du phishing : 12000 dollars d'un coup.

Chaque jour, cinquante petits poissons de ce genre venaient ainsi nager dans les eaux de son compte.

La virée du côté de l'agence Washington Mutual de New York a duré juste un peu plus de deux semaines et lui a rapporté près de 300000 dollars. Ça tombait bien, vu que ses dépenses hebdomadaires avoisinaient en moyenne les 70000 dollars. Tous les deux ou trois mois, il s'achetait une nouvelle BMW ou Mercedes haut de gamme. Inutile de préciser qu'il voyageait en première classe. Il réfléchissait autant avant d'acheter une montre Breitling à 10000 dollars que nous avant d'acheter un journal. Il avait un appartement magnifique dans l'Upper West Side, même s'il n'y dormait que deux ou trois nuits par semaine parce qu'il adorait les hôtels de luxe de la ville.

RedBrigade gagnait plus qu'un footballeur de première division en Angleterre, sans le taux d'imposition de 50 %.

Rien n'était hors de portée pour lui. Quand il sortait sa liasse de billets de 50 dollars, il pouvait lire un air d'interrogation sur le visage du caissier : « Qui c'est, ce type ? » Il se disait qu'ils le prenaient sans doute pour un fils à papa ou un dealer. Mais à l'âge du plastique, les super-riches pouvaient tout aussi bien s'habiller en jean et en tee-shirt qu'en costume de luxe. De toute façon, les commerçants acceptaient toujours l'argent, que ce soit les bijoutiers, les concessionnaires, les marchands de vin, les hôteliers — pas la moindre question. Ils ne pouvaient jamais être sûrs : peut-être que ce type mal rasé était le propriétaire de Google ? Et puis qu'est-ce que l'on en a à faire, de savoir comment il a gagné son argent ?

Une chose cependant le turlupinait. Il avait trop de cash. Un soir, il est rentré chez lui avec 77000 dollars en poche, qui sont allés s'ajouter aux 300000 dissimulés dans l'appartement et aux 110000 dollars de mandats. RedBrigade avait mis en place une opération d'encaissement à l'échelle mondiale : il transférait les données de la carte et du compte à un intermédiaire en Europe de l'Est qui organisait les raids sur les distributeurs automatiques, puis envoyait le cash à RedBrigade. Pour cette opération-là, il a dû recommencer à déposer l'argent lui-même à la banque. Il en avait assez d'essayer de rester dans le cadre de la réglementation en vigueur aux États-Unis : la législation antiblanchiment imposait que toute transaction supérieure à 10000 dollars soit enregistrée auprès du Trésor. « Merde, qui aurait dit que ce serait si difficile de se débarrasser de l'argent ! » a-t-il pensé.

Il était en train de préparer une nouvelle opération de

déboursement. Cette fois-ci, c'était 77000 dollars. Il avait juste quelques mètres à faire depuis son immeuble, mais il s'est dit: «J'ai tellement d'argent ici, j'ai la flemme d'y aller.» Il savait que quelque chose clochait sérieusement dans le tableau. Mais la seule pensée qui lui traversait l'esprit, c'était: «CarderPlanet, c'était une chose, mais qui est-ce qui pourrait croire à cette merde de Shadowcrew? Qui arriverait à croire que je peux aller tous les jours dans une banque et en ressortir avec 50000 balles dans ma poche? C'est de la folie!»

En 2004, lorsque CarderPlanet a fini par fermer boutique, le site pouvait s'enorgueillir d'avoir non seulement des forums en russe et en anglais, mais aussi en coréen, en chinois et même en arabe. «CarderPlanet a changé les règles du jeu, raconte E.J. Hilbert, un ex-agent du FBI qui a passé plusieurs années à enquêter sur le site. Tous ses successeurs ont pris le site comme modèle. Je n'exagérerai pas en disant que CarderPlanet a diffusé la pratique du piratage sur toute la planète.»

Des sites conçus sur le modèle de CarderPlanet ont commencé à apparaître un peu partout: *theftservices.com*, *darknet.com*, *thegrifters.net* et *scandinaviancarding.com*. Il y en avait beaucoup d'autres, dont un qui répondait au délicieux acronyme de IAACA (Association internationale pour l'avancement des activités criminelles), parodiant ainsi les associations académiques américaines.

Aucun d'entre eux, toutefois, n'a eu le même succès que Shadowcrew au cours de ses deux années d'existence, et RedBrigade a été l'un des nombreux carders sur ce site à remporter le jackpot. La police commençait tout juste à soupçonner l'ampleur du trafic. Les banques étaient complètement perdues. Quant au commun des mortels, il n'avait pas conscience de ce qui se passait.

Les hackers avaient une bonne longueur d'avance et le dieu argent régnait en maître partout — chez les gérants de hedge-funds, les oligarques, les cheikhs des pays pétroliers, les magnats sud-américains de la téléphonie mobile, les nouvelles élites économiques noires en Afrique du Sud, les fabricants chinois de babioles mondialisées ou encore les gourous de la technologie, de Bangalore à la Silicon Valley.

Des centaines de carders ont amassé une fortune considérable à l'époque de Shadowcrew, mais beaucoup d'entre eux ont été assez stupides pour la dilapider en cédant à tous les attributs des nouveaux riches. En ce temps-là, on ne vérifiait pas l'adresse IP de votre ordinateur lorsque vous faisiez un achat sur internet. Il n'y avait pas non plus de système de vérification d'adresse sur la carte bancaire : vous pouviez expédier des marchandises n'importe où dans le monde (sauf en Russie et dans les autres pays ex-soviétiques), quel que soit le pays où la carte avait été délivrée, et personne n'allait vérifier à aucun moment.

Cette criminalité d'un genre nouveau a pris racine bien au-delà de sa pépinière ukrainienne et russe. Elle a commencé à se mondialiser spontanément. RedBrigade se rappelait comment des criminels asiatiques bien établis s'étaient mis à communiquer avec des étudiants du Massachusetts qui parlaient à des Européens de l'Est dont les ordinateurs étaient inondés de *dumps* de cartes bancaires. Derrière certains pseudos sur Shadowcrew, on trouvait des organisations criminelles comme All Seeing Phantom, révérée par les membres de la profession.

RedBrigade, qui avait bien dix ans de plus que la plupart des utilisateurs de Shadowcrew, ne cherchait pas particulièrement à s'attirer reconnaissance et respect en montant dans la hiérarchie. Il ne comprenait pas pourquoi les autres étaient tellement impressionnés par les modérateurs et les administrateurs des forums. Malgré le succès du site, les gérants de Shadowcrew se comportaient de façon puérile, on aurait dit des garnements — pas vraiment étonnant, vu que la plupart d'entre eux étaient soit à la fin de l'adolescence, soit dans la petite vingtaine. Il constatait que CarderPlanet avait été établi et développé par des criminels, alors qu'une grande partie de l'équipe de Shadowcrew était constituée de dilettantes dont l'orgueil sans bornes était alimenté par les sommes d'argent démesurées qu'ils empochaient.

Plus RedBrigade se tenait à l'écart de ces personnages, moins il risquait de se faire repérer par les forces de l'ordre. À l'exception d'une petite minorité, aucun des membres de Shadowcrew ne savait que le Secret Service avait réussi à pénétrer le site en profondeur.

En avril 2003, Albert Gonzales, un jeune Américain d'origine cubaine et l'un des membres les plus anciens de Shadowcrew, avait été épinglé. Dans l'univers des carders, il était connu sous le nom de CumbaJohnny. Mais ce que ses camarades ignoraient, c'est qu'après son arrestation il était devenu informateur — une percée décisive pour le Secret Service. Gonzales gérait un réseau privé virtuel (VPN) par l'intermédiaire duquel les principaux acteurs du site communiquaient entre eux. Normalement, si un VPN est correctement géré, la police aura beaucoup de mal à le détecter, voire n'y parviendra pas — à moins, bien entendu, que la personne qui supervise les administrateurs rapporte également aux forces de l'ordre, comme c'était le cas de Gonzales.

Le 26 octobre 2004, l'US Secret Service a lancé une série de raids aux quatre coins des États-Unis, qui ont conduit dans un premier temps à l'arrestation et à l'inculpation de dix-neuf individus pour leur implication dans *shadowcrew.com*. D'autres ont été appréhendés un peu plus tard.

L'acte d'accusation, qui parlait de bande organisée, définissait Shadowcrew comme « une organisation internationale d'environ quatre mille membres qui promouvait et facilitait une grande variété d'activités criminelles ». C'était la plus grosse prise pour le tout nouveau détachement de cyberpoliciers du Secret Service. L'acte d'accusation présenté devant un tribunal de district du New Jersey était impressionnant. « Les administrateurs, exposait-il, contrôlaient la direction de l'organisation de façon collective ; ils étaient responsables des décisions de gestion quotidienne ainsi que de la planification stratégique à long terme, censée assurer la viabilité de l'entreprise (...). Ils avaient un accès total aux serveurs qui hébergeaient le site Shadowcrew et disposaient de la responsabilité finale en matière d'administration physique, de maintenance et de sécurité de ces serveurs, ainsi que du contenu du site. »

Les médias se sont emparés de l'affaire Shadowcrew avec délices, n'hésitant pas à suggérer qu'il s'agissait d'un équivalent virtuel du démantèlement du clan Corleone en Sicile. La couverture médiatique a été d'autant plus grande que l'un des accusés était une femme, Karin Andersson, alias Kafka — sauf que le Secret Service n'avait pas compris que le véritable criminel était son petit ami, qui se contentait d'utiliser l'ordinateur de sa compagne et son adresse IP pour commettre des crimes. Ce qui ne saurait surprendre, vu que 96 % des hackers sont des hommes.

Il ne fait aucun doute que ces arrestations se justifiaient. Mais les « administrateurs » étaient-ils ceux qui faisaient de l'argent avec Shadowcrew ? Non. C'est vrai que l'on trouvait parmi eux ce que l'on appelle des « monétiseurs » (au premier rang desquels Gonzales qui, malgré ses liens étroits avec le Secret Service, allait concocter un peu plus tard un coup encore plus célèbre : le piratage de la base de données de cartes bancaires de T.J. Maxx).

Les policiers se trouvaient confrontés à un problème récurrent : les hackers ne sont pas des criminels comme les autres. Certes, leur talent est exploité par de vrais criminels pour commettre de vrais crimes contre de vraies victimes. Mais beaucoup d'entre eux sont indifférents à cet aspect de leur activité. Ce sont les « loups solitaires » de Script, souvent moins intéressés par la perspective d'amasser une fortune que par celle de se hisser au rang de maître au sein de leurs pairs. « Il faut comprendre, expliquait JiLsi en repensant à cette aventure du carding, que tout cela était un jeu. C'est comme jouer à Grand Theft Auto, sauf que vous le faites pour de vrai. Vous vous mesurez à des policiers en chair et en os. Et c'est encore plus excitant ! C'est une question de respect. C'est... » JiLsi a fait une pause pour s'assurer de son effet, « *votre réputation* qui est en jeu. »

Il y a néanmoins un point sur lequel l'arrestation des criminels de Shadowcrew qui opéraient sur internet a eu un effet comparable au démantèlement d'une organisation mafieuse quelque part dans le monde réel : elle a créé un vide dans l'univers du carding et suscité une lutte de pouvoir sans merci parmi la génération suivante de carders, qui se sont réunis autour de deux nouveaux sites apparus un an après : CarderPlanet et DarkMarket.

Quatrième partie

14

Iceman entre en scène

Santa Clara, Californie, octobre 1998

Max Vision a eu la surprise de trouver Chris et Mike, ses deux contacts au bureau du FBI à San Francisco, sur le pas de sa porte à Santa Clara. Il n'a pas reconnu le troisième homme, mais il a appris un peu plus tard qu'il s'agissait du chef du département du FBI en charge de la criminalité informatique. Ce n'était donc pas une visite de courtoisie. « On est en train de constituer un dossier sur toi, Max, l'ont-ils prévenu. Et cette fois-ci, tu as vraiment foiré ton coup. »

À moitié en état de choc, Vision leur a donné son ordinateur et tout le reste : il ne voulait pas donner l'impression de faire obstruction à la justice et en même temps il ne voyait pas exactement où était le problème.

Il avait une vie enviable — la belle vie, même. Après avoir tourné la page d'une adolescence torride, il avait quitté l'Iowa pour une région où les geeks et les cheveux longs, qu'ils soient négligés ou attachés en queue-de-cheval, n'étaient pas considérés comme inhabituels ou inélégants. Où l'on ne trouverait pas étrange qu'il ait changé son nom et troqué le très commun Butler contre Vision. Il s'était rapidement habitué au mode de vie des mangeurs de lotus de la côte ouest et, pour couronner le tout, il était très amoureux de sa future épouse, Kimi.

À environ vingt-cinq ans, Max Vision était un génie de la sécurité informatique et l'un des consultants les plus respectés et les plus estimés de la région de San Francisco. Avec l'esprit civique qui le caractérisait, il avait créé le site *whitehats.com*, dont l'objectif était d'aider les particuliers et les sociétés à se protéger contre les cyberattaques. Il publiait sur le site les « vulnérabilités » les plus récentes auxquelles les applications populaires étaient sujettes et expliquait comment y remédier.

Ces vulnérabilités constituaient le pain quotidien des hackers, l'un des principaux points d'entrée vers un ordinateur tiers. C'étaient des failles numériques dans l'armure des logiciels et des systèmes informatiques qui avaient échappé à l'attention des fabricants. Lorsqu'une société comme Microsoft ou Adobe remarquait qu'un hacker avait pénétré Windows ou une application omniprésente comme PDF Reader en utilisant une vulnérabilité spécifique, elle pouvait refermer la faille ou la « réparer » en écrivant un code de sécurité conçu à cet effet (un « correctif de sécurité »). Elle donnait ensuite instruction à ses clients de le télécharger et de l'installer afin de bloquer la voie d'accès à leur ordinateur. Si l'utilisateur ne se servait pas de ce correctif, l'ordinateur pourrait toujours être victime d'un éventuel virus qui exploiterait cette vulnérabilité particulière.

Les super-pirates de la sécurité comme lui remarquaient souvent les vulnérabilités avant tout le monde. Dans un esprit de bon voisinage, Vision dispensait des conseils pratiques aux utilisateurs sur la meilleure façon de se protéger.

Mais ses bonnes actions allaient encore plus loin. Il offrait également ses services gratuitement à l'antenne du FBI à San Francisco, et les agents fédéraux n'étaient que trop contents d'accepter son aide.

Sur internet, aucun défi n'était hors de portée pour Max Vision, aucune vulnérabilité trop discrète pour être décelée. Bien entendu, pour débusquer ces failles, il devait passer son temps à vérifier les systèmes informatiques. Il savait qu'en faisant cela il se plaçait au cœur d'un dilemme profond qui affectait l'industrie informatique et qui avait des implications sérieuses. S'il voulait se protéger des hackers criminels, les « chapeaux noirs », il fallait parfois qu'un pirate « blanc » sache comment craquer les systèmes, acte qui en soi pourrait être illégal.

Il est presque inévitable que les « pirates blancs » aillent renifler autour des grands systèmes informatiques publics comme le font les « chapeaux noirs ». La différence, c'est qu'ils n'exploiteront pas à des fins personnelles les vulnérabilités qu'ils pourraient trouver, contrairement probablement aux autres.

Vision, qui opérait à partir de la petite maison qu'il partageait avec Kimi, constatait que, chaque fois qu'il était confronté à une anomalie ou à un problème avec le réseau, il ne résistait pas à l'envie de le corriger. En 1998, il a ainsi découvert une vulnérabilité dangereuse sur les réseaux servant toute une série d'agences gouvernementales, y compris certains départements du Pentagone. Il y avait un trou dans leurs défenses par lequel n'importe quel ver malicieux pouvait se faufiler, ce qui voulait dire que des centaines de milliers d'ordinateurs gouvernementaux risquaient d'être piratés par des hackers habiles travaillant n'importe où dans le monde. Une fois encore, Vision a démontré son engagement patriotique et bouché ces trous avec du ciment numérique pour garantir la sécurité de son pays : plus personne ne pourrait exploiter cette vulnérabilité dans ces départements-là.

Et puis il y a eu un tournant.

À l'époque, et même rétrospectivement, cela paraissait insignifiant. Un détail minuscule, une action tellement rapide qu'elle a à peine été enregistrée : une impulsion électronique presque impossible à conceptualiser, la simple pression d'une touche, un caractère parmi des dizaines de pages de codes informatiques ; rien d'autre que le geste pavlovien d'un hacker-né. Dans tous ces ordinateurs gouvernementaux, Max Vision a laissé un tout petit trou ouvert par lequel lui seul pouvait se glisser. Peu de temps après, un cyberenquêteur particulièrement vigilant de l'Air Force a repéré ce trou et réussi à remonter jusqu'à son architecte.

C'est ainsi que ses amis du FBI sont venus frapper à sa porte à Santa Clara, lui laissant entendre que les nuages étaient en train de s'accumuler au-dessus de lui. « Tu as créé beaucoup de problèmes, Max, lui ont-ils dit. Il s'agit d'une question de sécurité nationale. C'est pour ça que l'Air Force est ici. »

Vision était à la fois contrarié et indigné. Il avait pourtant pris soin d'envoyer à l'avance un mail aux autorités pour les informer de ses soupçons quant à cette vulnérabilité et les prévenir qu'il allait analyser leurs systèmes pour les tester.

Quelle était la gravité de ce crime ? Ce n'est certainement pas l'appât du gain qui motivait ses actions. Au contraire, il avait rendu un précieux service aux agences fédérales en question : il avait entre autres sécurisé les systèmes informatiques des bases militaires et des laboratoires de recherche nucléaire, notamment les deux grands laboratoires, Brookhaven et Livermore. Et vu que les dommages causés étaient minimes et qu'il n'avait rien volé, était-ce vraiment une bonne idée de poursuivre l'un des informaticiens américains les plus doués pour cette infraction ?

Or non seulement la découverte de l'Air Force a conduit à l'arrestation de Max Vision, accusé d'avoir diffusé un ver malicieux, mais elle a eu des conséquences encore plus dramatiques : ce trou minuscule creusé dans les ports d'entrée de systèmes informatiques s'est élargi de plus en plus au point de se transformer en un abîme effrayant, la Taft Correctional Institution, une prison fédérale en plein désert, au nord de Los Angeles. Vision allait en prison en qualité de hacker patenté et habile, pas en tant que criminel. Les seules fois où il avait rencontré des criminels professionnels, c'est lorsque ses contacts au FBI bavardaient avec lui. À partir de maintenant, tout cela allait changer puisqu'il avait été placé (avec ses talents de hacker) dans une prison de basse sécurité dans laquelle beaucoup de détenus étaient incarcérés pour fraude ou autre crime financier.

Les choses ne se présentaient pas très bien pour Max. Et ce n'était que le début. Non seulement il avait écopé d'une peine de deux ans à Taft, mais un mois après son incarcération Kimi lui a annoncé qu'elle le quittait.

Sa compagne l'avait quitté pour un autre homme, ses anciens amis du FBI l'avaient abandonné : Max Vision a sombré dans une profonde dépression. À la prison de Taft, il a atterri au côté d'un détenu, un certain Jeffrey Normington, qui a été le seul à lui tendre la main.

À sa sortie de prison, Vision n'a pas réussi à trouver un emploi régulier payé au-delà du salaire minimum. Il a postulé à l'étranger et des sociétés de sécurité lui ont offert des postes à responsabilité mais, comme il était en liberté conditionnelle, il était privé de passeport. Dans la Silicon Valley, personne ne voulait employer quelqu'un qui avait dans son CV une tache aussi indélébile qu'une condamnation pour crime informatique.

Pendant ce temps, ses dettes augmentaient au fur et à mesure qu'il sombrait dans le désespoir. Jusqu'au jour où l'ami Normington est réapparu en lui promettant de le sortir du trou et de le ramener à la lumière du soleil californien. La voie était jalonnée de cadeaux. Normington lui a d'abord promis un ordinateur portable Alienware haut de gamme, un must pour les hackers, mais un joujou hors de prix. C'était juste en guise d'apéritif. Il a aussi promis à Vision qu'il allait lui trouver un appartement et le payer pour lui. Il s'occuperait de tout.

Contre quelques petites faveurs, bien entendu.

La criminalité n'était pas la seule option pour Vision. Il aurait pu explorer d'autres pistes, aller voir des amis ou sa famille. Mais il était épuisé, se sentait abandonné et Normington savait se montrer très convaincant. Nouveau tournant ; nouvelle erreur d'orientation.

Max Vision, un brave type dans l'ensemble, a replongé. À sa place a émergé Iceman — un sale type dans l'ensemble, même si son alter ego, Vision, avait collaboré avec le FBI.

15

CardersMarket

Iceman avait observé depuis les coulisses comment l'US Secret Service avait réussi à duper les cerveaux de Shadowcrew. Il se considérait lui-même comme différent de la plupart des membres de cette équipe minable qui avait essayé d'agresser des individus naïfs sur le net tout en se laissant dévorer de l'intérieur par des indics, des mouchards et des escrocs.

Shadowcrew étant fini et plusieurs sites ayant vu le jour dans l'espoir de prendre sa place, Iceman a décidé de montrer au monde comment on contourne la loi. Avant tout, il voulait faire étalage de sa maîtrise du cyberespace et de sa supériorité sur les autres utilisateurs.

À ses yeux, les sites de carding étaient des marchés anarchiques où l'argent comptait peu et où la liberté d'action primait sur tout le reste. Il était sincèrement convaincu que le fait de créer des marchés d'un genre spécial comme son nouveau site, CardersMarket, où les visiteurs pouvaient échanger des informations, ne devrait pas être considéré comme un acte criminel en soi, même si cela pouvait encourager certains des opérateurs à commettre des crimes. Son site, comme tous ceux du même genre, visait à prouver que le web, contrairement à d'autres domaines de la vie, ne devait pas se sentir limité par une interférence musclée de l'État. Sur la page d'accueil, Iceman s'adressait à la police et aux administrateurs d'internet de façon assez directe :

> MESSAGE À LA POLICE, À L'HÉBERGEUR
> ET AUX FOURNISSEURS D'ACCÈS :
>
> CardersMarket est un forum légal qui se veut un lieu où les membres sont autorisés à discuter des sujets de leur choix. AUCUN contenu illégal n'est autorisé et tout contenu illégal est immédiatement retiré par l'équipe. Discuter n'est pas un crime. Animer un forum n'est pas un crime. Il n'y a pas de numéros de cartes ou de comptes bancaires, de pornographie, de logiciels piratés ni quoi que ce soit qui puisse être considéré comme illégal aux États-Unis ou dans la communauté internationale. S'il apparaît qu'une transaction potentielle aurait été menée entre nos membres, cela ne nous regarde pas et, si cela se produit, c'est en dehors de notre forum. Nous n'approuvons pas les actes illégaux et nous n'y participons en aucune manière.

Plus il s'impliquait dans le monde du carding, plus il tissait étroitement sa toile morale. En tant qu'Iceman, il n'achetait ni ne vendait jamais de cartes bancaires. Mais Vision avait créé d'autres personnalités virtuelles qui, elles, ne se privaient pas de le faire. On retrouve d'ailleurs chez beaucoup de hackers cette capacité à séparer certains aspects de leur personnalité. Parfois, Vision semblait même croire que ses personnages virtuels étaient doués de pensées et d'actes autonomes et qu'ils constituaient donc des entités distinctes d'un point de vue moral.

Sous les traits d'Iceman, il cherchait à venir à bout à la fois des criminels qui étaient ses concurrents et de la police. Son but : apparaître comme le maître incontesté du carding. Pour cela, il fallait une stratégie en deux temps. D'abord, identifier et démasquer tous les mouchards (les informateurs anonymes) et les policiers qui rôdaient sur les forums de carding. Puis venir à bout de la concurrence, c'est-à-dire de tous les autres forums de carding rivaux pour attirer le trafic criminel.

Bien avant que l'US Secret Service ne réussisse à orchestrer la fermeture de Shadowcrew, Iceman avait déjà compris que plusieurs de ses membres clés étaient soit des informateurs de la police américaine ou canadienne, soit peut-être carrément des policiers. Ceux qui, comme lui, pratiquaient l'art de la tromperie avaient conscience qu'il leur fallait être tout aussi habiles à repérer cet art chez les autres. Les cybervoleurs patentés, tout comme les cyberpoliciers, savaient que rien n'encourageait davantage le camouflage et la dissimulation qu'internet. Iceman en a conclu que la capacité à démasquer les mouchards constituait un élément essentiel de son travail.

Lorsqu'il en débusquait, il postait sur les forums des diatribes au vitriol à leur propos. Certains membres ont trouvé qu'il protestait en fait un peu trop. Était-il possible que le principal cerveau de CardersMarket soit lui-même un indic ? En tout cas, c'est l'impression qu'il a donnée lorsqu'il a lancé son plan d'anéantissement de la concurrence : une série d'attaques sur des forums de carding rivaux qui avaient pour objectif de les éjecter du marché et d'absorber leurs volumineuses bases de données de membres dans CardersMarket. Vision ne faisait pas mystère de ses intentions : avec son arrogance légendaire, il affirmait tout de go qu'il ne pensait pas que d'autres sites criminels tels que *scandinaviancarding.com* ou TalkCash « aient le droit à l'existence ».

Histoire de souligner sa supériorité, il a créé dans un premier temps une fausse piste numérique qui laissait croire que le serveur de CardersMarket se trouvait en Iran, donc hors de portée de la police et des autres carders. En réalité, le serveur était hébergé en Californie, mais Iceman avait une telle capacité à berner qu'il a réussi à convaincre tout le monde que le site était basé en Iran. Évidemment, il a alimenté en même temps le moulin à rumeurs : Iceman était-il un agent des services secrets iraniens chargé de semer la confusion parmi les forces de l'ordre américaines et de lever des fonds pour des opérations secrètes ?

Nul ne savait qui se cachait derrière lui, mais une chose était claire : l'homme était sérieux. De fait, il a réussi à pirater les sites de carding rivaux l'un après l'autre et à s'approprier leurs bases de données, qui contenaient toutes les adresses électroniques et les mots de passe des membres ainsi que l'historique de tous les messages publiés. Il a ensuite intégré l'ensemble de ces informations dans CarderPlanet, puis détruit l'historique sur le site d'origine.

Ses attaques étaient impitoyables : même les Russes n'échappaient pas à sa fureur. Il a eu l'audace de pirater *mazafaka.ru*, le site légendaire qui avait remplacé CarderPlanet dans le cœur des hackers russes. Mais bien que son ego démesuré obscurcisse parfois ses facultés de jugement, il savait pertinemment qu'il aurait été des plus imprudent de détruire les sites russes comme il l'avait fait pour les sites britanniques. On trouvait chez les Russes plusieurs des hackers les plus brillants au monde et Iceman n'avait aucune intention de les provoquer. En outre, à la suite du démantèlement de Shadowcrew, les Russes s'étaient dépêchés de quitter la fête. C'est-à-dire qu'ils avaient déserté — plus ou moins en masse — les forums en anglais. L'échange babylonien de criminels, d'informateurs, d'espions et de policiers sur les sites anglophones devenait irritant et oppressant, ça nuisait au business. Tant qu'ils se tenaient à l'écart des pays où la police américaine pouvait sévir, ils ne risquaient pas grand-chose.

C'est ainsi que les hackers russes ont créé toute une série de forums exclusivement ou majoritairement russophones, notamment *mazafaka.ru*. La police américaine avait beaucoup plus de mal à les infiltrer, or la coopération avec la police russe ou avec le FSB, encore plus influent, se révélait extrêmement difficile. L'argot local, qui ne cesse d'évoluer, constitue le premier mécanisme de protection des hackers criminels en Russie ou en Ukraine. Il y avait bien quelques policiers occidentaux capables de tenir une conversation en russe, mais de là à suivre les changements dynamiques de la langue qui reflétaient toute une culture populaire, peu d'entre eux, à Washington ou à Londres, en étaient capables.

À l'été 2006, tandis que les sites russes ronronnaient joyeusement, Iceman avait massacré presque tous ses concurrents anglophones. Et s'il remarquait que l'un d'entre eux tentait de ressusciter, il lançait immédiatement une attaque par déni de service (DDoS) dévastatrice.

Les attaques DDoS étaient devenues l'arme la plus répandue dans le cyberespace. Elles étaient l'œuvre des *botnets*, ces zombies qui sont l'équivalent, dans le monde cybernétique, de ce que l'on voit dans *L'Invasion des profanateurs de sépulture*, le classique hollywoodien des années 1950. Un virus «capture» un ordinateur, qui tombe ensuite sous l'emprise d'un serveur de commande et de contrôle. Le virus affecte ainsi des milliers d'ordinateurs qui se transforment en zombies, sortes de drones qui exécutent les ordres du tout-puissant serveur. Pour le reste, ils continuent à fonctionner comme des ordinateurs normaux. Un utilisateur lambda ne va pas remarquer que sa machine est devenue le soldat d'une immense Armée des morts numériques. Dans le cas d'un zombie particulièrement actif, la victime innocente aura peut-être constaté que son ordinateur est un peu lent: en général, c'est parce qu'il fonctionne à plein régime pour aider à la distribution de milliards de spams qui soit proposent des médicaments pour élargir le pénis ou de la Vicodine, soit contiennent une nouvelle copie du virus capable d'infecter encore plus d'ordinateurs.

Souvent, les botnets reçoivent l'ordre de lancer des attaques DDoS et tous les zombies ont pour instruction d'accéder à un certain site au même moment. Si un site ou un serveur fait l'objet d'une attaque DDoS, il s'effondre purement et simplement, incapable de résister à l'intensité du trafic. La page se fige. Si l'attaque est assez puissante, des systèmes entiers peuvent se bloquer.

Avec ses attaques DDoS impitoyables et son arrogance, Iceman s'était attiré la haine de la communauté du hacking crapuleux. Mais sa tactique laissait également soupçonner qu'il travaillait pour le FBI, car une grande partie de ses victimes étaient des hackers et des criminels.

Malgré cela, il n'y avait rien à redire pour ce qui était de ses statistiques et de son chiffre d'affaires. CardersMarket affichait désormais plusieurs milliers de membres, tous actifs, occupés à acheter et à vendre des cartes bancaires, des comptes en banque, des virus, des identités et autres. En août 2006, il était devenu le roi de la basse-cour cybernétique.

Il lui restait toutefois une épine dans le pied. Un des sites criminels se refusait à rendre l'âme. Chaque fois qu'il l'attaquait, soit en nettoyant sa base de données et en effaçant tous ses fichiers, soit en donnant l'ordre à son armée de zombies de le faire disparaître du web, il revenait, comme ces poupées en plastique qui se redressent toujours quand vous les renversez.

La bataille avec DarkMarket avait commencé.

16

DarkMarket

Cyberespace, 2005-2008

La voiture au moteur trafiqué dévalait les Alpes. Le soleil se reflétait sur la Méditerranée toute lisse, ajoutant au sentiment que le week-end s'annonçait fabuleux. Le groupe de Scandinaves, des jeunes gens dans la vingtaine emmenés par Recka, le roi des carders suédois, ont quitté l'A8 pour s'engager sur l'autoroute de la Grande Corniche avant de descendre à travers les montagnes en direction de Monaco.

La principauté de Monaco, l'un des pays les plus petits et les plus densément peuplés au monde, se noie dans son glamour depuis près d'un siècle. En 1956, elle a établi une nouvelle référence en la matière lorsque l'une des princesses les plus séduisantes d'Hollywood, Grace Kelly, est entrée dans une véritable famille royale en épousant le prince Rainier, alors héritier du trône monégasque.

Cinquante ans après ce mariage du siècle à Monaco, un groupe de DarkMarketaires armés d'un butin en plastique d'un genre particulier s'apprêtaient à faire un court raid sur ce temple de la décadence. Juste après la frontière entre la France et Monaco, les premiers casinos font leur apparition. Ce sont ces usines à cash qui alimentent le budget de la principauté depuis les années 1860. Les locaux les appellent « le porte-monnaie de Monaco », et c'est ce qui explique que les Monégasques ne paient pas d'impôts. Pourquoi devraient-ils en payer ? Une chambre à l'hôtel Monte Carlo Bay, par exemple, coûte 800 dollars la nuit et si les clients peuvent se permettre ces folies, à l'évidence ils peuvent aussi jeter de l'argent dans les coffres des casinos. Résultat : une surabondance de lucre dans tous les coins.

La population locale se prélasse donc tranquillement dans les immenses piscines d'argent que les super-riches gaspillent au blackjack et à la roulette. Si les résidents étrangers se sentent disposés à dépenser cet argent si facilement, c'est parce qu'en d'autres circonstances il partirait en impôts dans le pays où ils passent la plus grande partie de leur temps, eux ou leur business. Étant donné que Monaco est un paradis pour la fraude fiscale – ainsi que pour le blanchiment d'argent, selon la vénérable OCDE –, les autorités qui président aux destinées de ce bastion rocheux de la liberté fiscale ont pris l'habitude de ne pas poser de questions aux visiteurs sur l'origine de leurs fonds.

Endroit idéal, donc, pour un groupe de DarkMarketaires armés de douze cartes de crédit American Express Centurion, ces légendaires cartes noires, véritables divinités de l'Olympe à l'âge du plastique qui n'accordent audience, et encore sur invitation spéciale, qu'aux multimilliardaires de l'Occident, du Japon, de Hong Kong et du Moyen-Orient. Aux États-Unis, le détenteur de cette carte doit acquitter 5000 dollars de droit d'entrée, puis une cotisation annuelle de 2500 dollars. En échange de quoi, M. Centurion reçoit des billets d'avion gratuits, bénéficie de services de conciergerie sur mesure, s'entretient avec des acheteurs personnels et peut adhérer à des clubs d'élite discrètement éparpillés aux quatre coins d'un monde dont nous, habitants de la planète Besogne, n'avons pas la moindre idée.

On a parlé de cash ? Présentez votre Centurion et laissez-vous envelopper par les dollars, les euros, les livres sterling, les francs suisses ou les yens que le caissier de la banque va vous tendre avec ce sourire discret qu'il réserve à ceux de votre valeur et de votre statut. Un Centurion pourrait presque à lui seul payer la rançon pour un otage capturé par des pirates somaliens.

Il n'y avait rien d'inhabituel à voir un groupe de jeunes gens avec plus d'argent qu'il n'en faut s'installer à Monte Carlo pour dépenser, dépenser et encore dépenser avec leur Centurion : dans cet environnement, les enfants gâtés, c'est la norme. Or ces jeunes étaient bien décidés à exploiter au maximum leurs douze jetons magiques. D'abord un hôtel de luxe, ensuite des cocktails et un dîner de rêve avant d'attaquer le casino. « C'était une fiesta de folie, se rappelle rêveusement l'un d'entre eux, c'est en 2006 que DarkMarket a commencé à monter en flèche. » Quand ils sont repartis deux jours plus tard, les jeunes carders avaient retiré 400 000 euros sur les cartes. Même eux reconnaissent qu'ils ont été choqués de voir à quel point c'était facile. « Ils n'ont pas cillé. Personne ne nous a jamais rien demandé ; on avait l'impression que les gens faisaient tout le temps ce genre de choses. »

À l'époque, les Scandinaves ne furent pas les seuls à toucher le jackpot. Maksik, un carder ukrainien célèbre, a gagné des centaines de milliers de dollars en revendant des *dumps* et des *fulls*, c'est-à-dire des numéros de cartes bancaires avec leurs codes PIN et les trois numéros au dos de la carte. En Turquie, Cha0 a créé un véritable atelier criminel, retirant de l'argent à partir de cartes bancaires clonées et vendant des skimmers dans le monde entier pour permettre à d'autres escrocs de voler eux-mêmes les données de ces cartes.

Darkmarket.com voit le jour dès mai 2005 mais, les premiers mois de son existence, le site est relativement terne. Pourtant, à l'automne de la même année, il commence à attirer quelques pointures des autres forums de carding. Le plus énergique d'entre eux n'est autre que JiLsi, notre hacker sri-lankais qui a déjà créé un site, The Vouched, et accédé au statut de modérateur sur la petite mais influente section anglophone de mazafaka.

Très vite, JiLsi est nommé modérateur en chef de DarkMarket, dernier échelon avant le prestigieux statut d'administrateur. Il s'engage alors à rehausser le profil de DarkMarket, avec le même objectif qu'Iceman avec CardersMarket : il veut que le site soit reconnu comme le site criminel numéro un dans le monde anglophone. À force de travailler sans relâche depuis le café internet Java Bean, au nord de Londres, il va réussir à attirer des centaines de nouveaux membres dès mai 2006. Il y a essentiellement des anglophones, mais aussi quelques Russes qui vont et viennent.

Pourtant, alors que le site est en train de devenir populaire parmi les carders du monde entier, ses fondateurs décident d'y mettre fin, craignant une infiltration par les services secrets. L'un d'entre eux s'est même inquiété de ce que le site commençait à avoir trop de succès. JiLsi et ses amis, qui souhaitent mettre à profit sa réputation grandissante, se contentent de le réenregistrer sous le nom de *darkmarket.ws* (le nom de domaine des Samoa occidentales).

Désormais, ils vont vraiment pouvoir travailler. En plus de JiLsi, DarkMarket bénéficie du soutien d'un hacker russe renommé, un certain Shtirlitz, vétéran de CarderPlanet qui fait le lien entre les sites de carding russes et DarkMarket.

Il y en a d'autres. Matrix001 a jeté un coup d'œil au site. Sa réputation de spécialiste en graphisme s'est imposée depuis qu'il est devenu membre de l'Association internationale pour le progrès des activités criminelles. Or il n'a pas été impressionné par ce qu'il a trouvé : le forum est mal fichu et la sécurité laisse à désirer. Il a envoyé un message très direct à JiLsi, l'administrateur, pour lui signaler que des ennemis comme Iceman piratent le site tous les jours du fait de leur logiciel défaillant. Matrix lui a proposé d'installer un meilleur système, ce que JiLsi a accepté de bon gré, et il a ainsi commencé à gravir les échelons de la hiérarchie.

Des renforts vont vite arriver. JiLsi s'est empressé de promouvoir un certain Master Splyntr au poste de modérateur sur le forum. Master Splyntr est le pseudo d'un célèbre spammeur polonais, Pavel Kaminski. Ce pseudo typiquement adolescent fait référence au rat qui enseigne les arts martiaux aux tortues Ninja dans la célèbre série animée pour enfants. En marque de déférence pour les talents de son héros, la communauté des spammers et des hackers appelle aussi Master Splyntr *sensei*.

La véritable identité de Master Splyntr sera révélée par la très secrète organisation antispams britannique, *spamhaus.org*. Les hommes d'affaires, techniciens, anciens espions et Dieu sait qui encore mènent une croisade très efficace pour établir une liste noire des gros bonnets du monde du spamming, du carding et de la pornographie enfantine. Ils écument le monde numérique, à la recherche de ces fournisseurs d'accès à internet «voyous» qui ferment les yeux sur les activités criminelles de leurs clients. Spamhaus a fait savoir sur son site que Kaminski était l'un des cinq spammers les plus importants au monde et qu'il était responsable d'un très grand nombre de publicités non désirées.

À partir du moment où Spamhaus s'intéresse à Master Splyntr, cela signifie qu'il est l'homme à abattre: lorsqu'il est passé du spamming au carding, cinq polices dans le monde ont lancé une enquête sur ses activités. Kaminski est également impliqué dans la distribution en gros de logiciels malveillants, de virus et de chevaux de Troie. C'est un sale type patenté et JiLsi se frotte les mains d'avoir réussi à attirer un aussi gros poisson dans les eaux de DarkMarket. Il soigne ses relations avec Splyntr et Matrix001. Les trois compères sont en train de former une fameuse équipe et lorsque Cha0, le cerveau criminel turc, les rejoint, DarkMarket s'entoure d'une aura de succès incontestable.

À première vue, le site n'a pourtant rien d'extraordinaire. Il fonctionne exactement comme ces forums sur lesquels les internautes discutent des difficultés d'être parent ou partagent leur passion de l'apiculture. Il est plus difficile d'accès, puisque les membres doivent être proposés puis acceptés, mais cela pose rarement problème à ceux qui connaissent bien la scène du carding et qui sont déterminés à rejoindre le site. Le véritable business, à savoir l'achat et la vente, ne se fait quasi jamais sur le forum, pour des raisons de sécurité. Il s'agit plutôt d'un lieu de rencontre pour vendeurs et acheteurs ; c'est là que les fabricants de skimmers peuvent trouver un marché. C'est aussi l'occasion, pour les détenteurs de bases de données de cartes bancaires, de recruter des équipes pour s'occuper des retraits d'espèces, cette opération critique qui consiste à aller d'un distributeur à un autre pour retirer de l'argent liquide sur les comptes. Les détails de la transaction sont presque toujours réglés dans des messages privés envoyés sur des réseaux icq cryptés. Une fois le marché conclu, le site envoie une requête au service de séquestre pour que les administrateurs garantissent le respect des règles du jeu.

Le forum attire de plus en plus de membres et les affaires prospèrent. Quelques individus clés font le lien entre les criminels russes et les carders occidentaux, mais dans le même temps JiLsi constate que la couverture géographique s'étend. La Turquie est en train de devenir une région importante dans le monde de la cybercriminalité. Les communautés en Espagne et en Allemagne se développent elles aussi rapidement, tandis que même ceux qui faisaient partie du groupe de France — dont les carders, comme la plupart des Français, se sentent plus à l'aise dans un environnement francophone, même sur le web — travaillent leur anglais pour pouvoir entrer dans l'arène.

L'âge d'or de DarkMarket s'annonce.

17

Le bureau

Le bureau de Renu Subramaniam, c'est un ordinateur dans un coin du café internet Java Bean. Pendant une bonne partie des dix-huit mois qui viennent de s'écouler, Renu a travaillé sur internet avec des bruits de ponçage et des crissements en fond sonore, le très modeste café se trouvant situé à l'ombre du stade de Wembley. Le stade fait l'objet d'un projet de reconstruction monumental qui, à la mi-2006, a déjà pris du retard et dépassé le budget prévu.

À bien des égards, le café ressemble à ceux que l'on trouve par milliers dans le monde entier. L'environnement immédiat est assez insalubre. Niché entre le Bowling Nail Bar et un bureau d'experts-comptables plutôt miteux, il offre quelques écrans massifs et décrépits équipés de claviers collants attachés à des ordinateurs peu fiables portant de faux noms de marques – à coup sûr des contrefaçons bon marché fabriquées en Extrême-Orient. Dieu seul sait quel genre d'activités se trame à l'abri des cloisons en bois délabrées qui séparent les consoles crasseuses.

Penchés sur les écrans, des adolescents jouent à des jeux en ligne pendant des heures avec souvent une concentration hors du commun ; des routards composent des e-mails amusants pour communiquer leurs impressions sur des terres nouvellement découvertes ; des adolescents curieux et des hommes d'âge mûr frustrés surfent sur des sites pornos étranges ; de jeunes idéalistes préparent des manifestations politiques, pensant échapper à Big Brother en se réfugiant dans ces lieux anonymes ; des dealers fixent les lieux où déposer la marchandise et se renseignent sur le blanchiment, et des cybercriminels se connectent pour connaître la valeur de la dernière prise.

Mis à part qu'il se trouve à côté du stade de Wembley, le Java Bean a une autre particularité. En général, les ordinateurs des cafés internet sont équipés de protections très limitées contre les attaques de l'extérieur. Les virus, chevaux de Troie et autres bactéries numériques prolifèrent dans ces endroits, de la même façon que leurs équivalents organiques infestent les hôpitaux à l'hygiène douteuse.

Renu, lui, ne plaisante pas avec sa sécurité et il a réussi à convaincre le gérant de Java Bean d'installer un programme spécial, Deep Freeze, sur les systèmes du café. Deep Freeze restaure les disques durs à leur configuration antérieure, ce qui garantit que le réseau ne sera plus en mesure de « voir » aucun des logiciels malveillants qu'il aurait pu télécharger dans la journée, rendant ainsi ces derniers inoffensifs et renforçant la protection de Renu.

Si le Java Bean sert de bureau au jeune homme, on peut dire que le classeur à tiroirs contenant les secrets de DarkMarket tient, lui, dans une minuscule carte mémoire. Renu garde généralement ce disque dur portable littéralement près de son cœur. Lorsqu'il arrive à son bureau, il met la carte dans l'un des ordinateurs et commence à travailler sur DarkMarket.

Il endosse alors son masque de pirate et se transforme en JiLsi, l'un des huit administrateurs qui vont gérer DarkMarket au cours des trois ans d'existence du site. L'équipe, qui ne comprend jamais plus de quatre personnes à la fois, est alors l'une des plus influentes sur la scène mondiale du carding. Ce poste à très hautes responsabilités ne procure pas beaucoup de revenus additionnels à ses membres, mais il s'agit d'une position privilégiée qui inspire un respect considérable parmi les hackers et les crackers. Les administrateurs ont en outre accès à des mines d'informations et détiennent un pouvoir de vie ou de mort virtuelle : la faculté d'exclure des membres pour sanctionner des transgressions réelles ou supposées.

Ce poste haut placé d'administrateur comporte pourtant deux inconvénients majeurs. D'abord, c'est un travail épuisant où l'on doit souvent passer quinze à dix-sept heures à pianoter sur son clavier d'ordinateur. Il n'y a pas de vacances pour ces gens-là : on attend d'eux qu'ils soient disponibles à tout moment, tous les jours de l'année. Master Splyntr, par exemple, a toujours sur lui un téléphone portable qui le prévient lorsque l'un de ses camarades de DarkMarket a besoin de lui, et il répond systématiquement. JiLsi se plaint de devoir se connecter dès neuf heures du matin et d'être toujours rivé à son écran à vingt-deux heures. La plus grande partie du travail est de la simple routine : surveiller les messages pour vérifier que les membres obéissent aux règles du forum et qu'ils postent les messages dans la section prévue à cet effet. La plupart du temps, c'est juste de la bureaucratie, généralement des choses triviales et abrutissantes.

Ensuite, les administrateurs accèdent pour toujours aux entrailles des sites criminels. Les traces numériques qu'ils laissent sur le web sont potentiellement beaucoup plus visibles que celles des membres ordinaires et font d'eux la cible privilégiée des cyberpoliciers.

C'est un peu paradoxal, car ce sont justement les membres « ordinaires » qui gagnent en général le plus d'argent grâce à DarkMarket ; les administrateurs, eux, prennent souvent le plus de risques pour les rétributions financières les moins élevées. En trois ans, JiLsi et Matrix auront gagné des sommes dérisoires et Master Splyntr, lui, facture uniquement la maintenance des serveurs, préférant se concentrer sur d'autres parties de son empire du spamming.

Il y a aussi Shtirlitz, un personnage intrigant, présent presque depuis le début. Son pseudo fait référence à Max Otto von Stirlitz, cet officier nazi haut gradé des romans de Julian Semionov qui espionnait au service de Moscou pendant la Seconde Guerre mondiale. Qualifié de James Bond soviétique, Stirlitz s'est ancré dans les consciences russes durant les années 1970 grâce à une série de films populaires inspirée des livres. Calme, mais le charme dévastateur, Stirlitz reste un symbole patriotique puissant dans la Russie postcommuniste par son courage et son intelligence immenses, et son attachement indéfectible à la mère patrie.

On connaît donc Stirlitz l'espion soviétique, mais qui est donc Shtirlitz le carder (qui a fait une translittération de son nom du russe vers l'anglais, d'où le « h » en plus) ? S'agit-il aussi d'un agent du FSB ? Ou peut-être d'un agent double travaillant pour le FBI ou le Secret Service ? Ou bien d'un maître en carding ? Un membre de CarderPlanet qui l'a rencontré l'a décrit comme un « homme de type aryen proche de la trentaine ». Il achète régulièrement des faux passeports et s'établit un temps à Prague, la capitale de la République tchèque. Sur CarderPlanet, on parle de lui comme d'un « brave type, fiable », mais par la suite d'autres carders commenceront à suspecter qu'il ait pu imiter son modèle littéraire en se transformant en l'un des policiers les plus expérimentés des États-Unis.

Quelles que soient ses véritables motivations en tant que membre de haut rang de DarkMarket, il demeure omniprésent mais silencieux, et assez peu actif. Comme Lord Cyric, qui a rejoint l'administration du forum assez tard et ne semble pas du tout impliqué dans la vente ou l'achat. L'un comme l'autre sont trop occupés à maintenir le site à flot, tout en savourant leur statut de légende au sein de la confrérie.

De même, chacun d'entre eux préserve ses propres secrets, dont certains sont bien éloignés des apparences.

Paradoxalement, celui qui prend sa sécurité personnelle le plus au sérieux est, à certains égards, le plus transparent. J'ai nommé Cha0. Le criminel turc est arrivé sur les forums de carding relativement tard. Contrairement aux autres, ce n'est pas un vétéran de Shadowcrew ou de la IAACA : il a surgi de nulle part au début 2006 en tant que propriétaire d'un forum appelé *crimeenforcers.com*, un site élégamment conçu qui offre toutes sortes de services aux cybercriminels en herbe. Le site est notamment connu pour ses cours sous forme de film d'animation où l'on voit un Cha0 de dessin animé initier le spectateur aux subtilités du carding.

Cha0 utilise DarkMarket pour promouvoir *crimeenforcers* (la publicité payante étant une source de revenus importante pour les forums), et son omniprésence, ajoutée à des transactions commerciales incessantes, ne va pas tarder à lui donner une influence réelle. Il rejoint DarkMarket en février 2006 et, sept mois plus tard, il intègre l'équipe de direction.

Contrairement à ses collègues, il fait partie de cette espèce rare, mélange de geek et d'esprit criminel brillant. La motivation qui l'a poussé à accepter un rôle de premier plan est très simple : il peut utiliser ce poste pour mettre en avant son entreprise et distribuer les accessoires nécessaires au crime économique, notamment les skimmers, ces machines qui peuvent lire, stocker et transmettre les données de la carte bancaire d'une victime.

À l'instar des autres figures de proue de DarkMarket, l'histoire de Cha0 se révélera beaucoup plus byzantine que cela — quoi de plus approprié s'agissant d'un résident d'Istanbul !

Mis à part l'anomalie de Cha0, les voleurs les plus doués sur DarkMarket n'aident pas à gérer le site. Ce sont des individus comme Freddybb et Recka, les carders de

Scunthorpe et de Suède, qui passent juste de temps en temps pour conclure une affaire et disparaissent ensuite pendant des jours ou des semaines, voire des mois. Les polices du monde entier arrêteront beaucoup plus de geeks que de criminels endurcis dans leurs opérations.

Les quatre gestionnaires principaux, qui triment devant leur PC, ont la responsabilité collective de quatre tâches. Master Splyntr et Matrix001 sont chargés de la protection des serveurs du site et de la maintenance générale. Les menaces quotidiennes ne viennent pas de la police, mais des rivaux et ennemis de DarkMarket dans le cyberespace criminel, comme Iceman par exemple. Splyntr, Matrix et JiLsi interviennent en cas de différend entre des membres. Splyntr s'est habitué au scénario récurrent, même s'il s'en lasse un peu : un carder accuse un autre de transgression, à tort ou à raison. L'accusé jette alors ses jouets par-dessus le landau et, peu de temps après, la personne lésée mobilise un zombie pour lancer une attaque par déni de service distribué.

Des dizaines de milliers d'ordinateurs placés sous une machine de commandement et de contrôle unique demandent l'accès à DarkMarket et le site s'effondre. Splyntr se dit souvent que, dans le monde réel, il suffirait d'aller mettre une raclée au salaud qui a fait cela. Mais dans le cyberespace, vous n'avez pas beaucoup de choix, à part de fermer le site, d'attendre que l'attaquant se calme ou de négocier un accord.

Les administrateurs doivent donc être à l'affût de tous les conflits qui couvent entre les membres et tenter de les désamorcer avant qu'ils n'éclatent. N'oublions pas que le cybercriminel lambda est à peu près aussi poli qu'un chimpanzé et sa langue aussi fleurie que celle d'une femme de poissonnier sicilienne. Sur internet, l'anonymat alimente un manque de confiance intrinsèque, et le monde de la criminalité y est particulièrement sujet en raison de la menace potentielle que constitue la police et du sentiment d'invulnérabilité que confère l'anonymat. Sur les forums comme DarkMarket, les insultes dégénèrent rapidement en guerre verbale ouverte. C'est d'ailleurs un atout pour la police chargée d'enquêter sur la cybercriminalité : dans une communauté minée par des suspicions de toutes sortes, un lecteur habile peut manipuler les disputes et les faire tourner à son avantage.

L'équipe d'administrateurs décide bien entendu du statut des membres au sein de la hiérarchie de DarkMarket. Les quatre compères se réunissent en conclave privé — un forum auquel eux seuls ont accès — pour savoir, par exemple, si un vendeur de cartes bancaires volées a un dossier suffisamment fiable pour recevoir le titre très convoité de Vendeur validé, qui lui permettra de vendre des cartes sans restriction en passant par DarkMarket.

Naturellement, les administrateurs traquent également en permanence les cyberpoliciers, sans compter les « malfrats et les arnaqueurs », ces criminels qui refusent d'obéir aux règles du milieu.

Débusquer les « arnaqueurs » constitue un élément clé de la troisième activité des administrateurs, la plus vitale : la gestion du service de séquestre, destiné à assurer des règles du jeu équitables au royaume de l'inéquitable. Comme pour le site de carding d'origine, CarderPlanet, la bonne gestion du séquestre va jouer un rôle déterminant pour faire de DarkMarket le site criminel prééminent de son époque. JiLsi s'occupe du séquestre mais l'arbitre le plus important du service, c'est Cha0.

Enfin, les administrateurs doivent rester attentifs à toute tentative d'utiliser le site pour distribuer de la pornographie enfantine ou acheter et vendre de la drogue et des armes. Non pas qu'ils soient guidés par quelque indignation morale, mais ils pensent que la police fera moins de zèle si le site s'en tient au carding et à l'usurpation d'identité.

La première partie de 2006 a été mitigée pour Renu. La malchance a commencé en février. Il est sorti un soir du café Java Bean après une journée de travail éreintante, s'apprêtant à passer une nuit entre cognac et pipe à crack. Le lendemain matin, au réveil, il s'est rendu compte que sa clé USB d'une valeur inestimable n'était plus à l'endroit habituel, nichée contre sa poitrine. Il avait laissé cette fichue clé au café !

Il a senti la panique le gagner. Il est retourné au café et est allé droit vers le gérant pour demander si quelqu'un l'avait trouvée. Le gérant a fait un signe négatif de la tête. «Vous venez de me faire perdre 250000 livres !» a hurlé Renu, oubliant pour un temps qu'il était le seul responsable de cette catastrophe. Il s'inquiétait moins pour sa propre fortune, limitée, que pour l'argent et les données qu'il détenait dans le séquestre.

Pendant les semaines qui ont suivi, JiLsi a monté une opération pour limiter les dégâts. Il devait rassurer les membres de DarkMarket qui lui avaient accordé leur confiance et les convaincre que leur sécurité n'avait pas été compromise. En attendant, dans le monde réel Renu avait du mal à rembourser les prêts qu'il avait contractés pour des appartements miteux au nord de Londres. DarkMarket prospérait mais JiLsi, lui, ne s'enrichissait pas. Au contraire, il sombrait dans l'endettement et il avait fini par demander un prêt à des «amis». Or le fait d'être un fugitif dans le cyberespace ne l'avait pas préparé à affronter ce «milieu» plus traditionnel.

Même après la perte de la clé USB, Renu va continuer à se dévouer corps et âme au développement de DarkMarket. Mais le stress lié à la gestion du site commence à l'accabler. Surtout, il se rend compte que DarkMarket et CardersMarket sont désormais engagés dans une lutte à mort. Le site est vulnérable, mais JiLsi encore plus, et parfois il se sent extrêmement las.

Iceman intensifie ses attaques, noyant DarkMarket

sous un déluge d'attaques par déni de service et lançant contre lui toutes les armes numériques qu'il peut trouver. Les carders du monde entier prennent parti pour un site ou l'autre, affirmant que le concurrent doit s'effacer pour permettre à un méga-site de dominer le marché. C'est en réalité l'argument principal d'Iceman : dans ce cas de figure, la concurrence n'améliore pas l'efficacité, elle ne fait qu'encourager l'acrimonie.

En septembre 2006, les attaques incessantes vont mettre Renu au désespoir. C'est aussi le moment où il commence à être sérieusement accro au crack, ce qui menace à la fois sa propre sécurité — sans parler de sa santé — et la sécurité de DarkMarket.

Il décide de discuter des attaques sur le site avec Master Splyntr, qui occupe à l'époque une fonction de modérateur, deux niveaux en dessous de JiLsi, l'administrateur principal. Ça fait longtemps que Master Splyntr demande à JiLsi de l'autoriser lui, Kaminski, à prendre le contrôle des serveurs. Kaminski affirme avoir un système de sécurité bien plus fiable et, s'il reprend les serveurs, il enlèvera un peu de pression des épaules de JiLsi.

Master Splyntr est le second choix de JiLsi. Celui-ci a d'abord demandé à Cha0 mais le Turc a décliné la proposition, à l'évidence peu enthousiasmé par le travail ingrat que constitue la maintenance des serveurs. Personne d'autre ne veut prendre le relais, et JiLsi n'a plus d'autre choix que d'inviter Master Splyntr.

Un soir du début octobre 2006, vers 23 h 30, Kaminski reçoit le coup de fil de JiLsi. « Mes serveurs sont prêts », répond-il. JiLsi n'hésite pas plus longtemps, trop heureux de pouvoir se décharger de la responsabilité de ses serveurs vulnérables. « OK, on y va ! »

Peut-être parce qu'il avait prévu leur irritation, JiLsi n'a pas consulté ses collègues administrateurs au moment de transférer le contrôle du serveur à Splyntr, même si en l'occurrence aucun d'entre eux ne semble y trouver à redire. Ils seront vite convaincus qu'il a pris la bonne décision : Splyntr va se révéler beaucoup plus efficace que JiLsi dans la gestion du service.

Kaminski a dit vrai : ses serveurs sont efficaces et sûrs. Et pas seulement : si quelqu'un essaie de savoir où les serveurs de DarkMarket se trouvent réellement (que ce soit d'autres hackers, la police, l'armée ou les services de renseignement), ils n'arrivent pas à aller plus loin qu'un serveur anonyme à Singapour.

Master Splyntr est nommé administrateur. La fréquentation du site recommence à augmenter. Chaque fois qu'Iceman pirate DarkMarket et détruit sa base de données, Master Splyntr restaure le système en vingt-quatre heures. Et même si Iceman est indiscutablement le technicien le plus doué de tous, il a fini par s'aliéner des centaines de carders avec son arrogance. DarkMarket ne cesse de grandir et il semble que rien ne puisse l'empêcher de se hisser au sommet. Mais Iceman a encore une dernière carte à jouer.

18

Des esprits soupçonneux

Malgré son calme apparent, Iceman ne décolère pas. Il a perdu la notion du temps : il pourrait être trois heures du matin comme trois heures de l'après-midi. Quand on est lancé dans une grosse opération de piratage qui peut prendre des heures, rien d'autre ne compte. Pour les hackers les plus obsessionnels, les notions de temps et de lieu s'évaporent. Lorsque la furie s'empare d'Iceman, le monde réel n'existe plus : seuls importent les ordres de Nemesis, la déesse de la vengeance.

Celle-ci apparaît alors sous plusieurs atours. D'abord sous les traits d'El Mariachi, un carder aigri dont Iceman a détruit le site, The Grifters. El Mariachi crie sur tous les toits numériques qu'il a des preuves irréfutables de l'identité réelle d'Iceman, qu'il soupçonne d'être un collaborateur du FBI. Accusation reprise par Lord Cyric, le petit toutou d'El Mariachi, qui passe son temps à japper et à grogner sur les forums. Comme beaucoup d'autres, Iceman déteste Lord Cyric.

Des accusations au vitriol fusent d'un site de carding à l'autre. C'est l'équivalent d'une guerre entre clans de la mafia, si ce n'est que personne ne sait vraiment qui appartient à quelle famille, qui est informateur et qui travaille pour le FBI. Bref, un véritable chaos.

Mais lorsque Iceman découvre ce qu'il pensera par la

suite être la vérité, il reste assis abasourdi dans son appartement confortable du centre de San Francisco, que lui fournissent Jeffrey Normington et un autre partenaire en échange d'un approvisionnement régulier en numéros de cartes bancaires volées. C'est de là, au milieu des croûtes de pizza rassises et des canettes de Coca, qu'Iceman administre CardersMarket et pirate les autres sites de carding de façon obsessionnelle. En octobre, il réussit à pirater le cœur même des serveurs de DarkMarket.

Il commence par examiner tout le trafic des administrateurs et, ce faisant, il remarque plusieurs adresses IP qui lui semblent étranges. N'importe qui peut vérifier une adresse IP et voir où elle est enregistrée, quelle société ou quelle personne y est associée et le nom du fournisseur d'accès à internet.

L'une d'entre elles est enregistrée au nom de la société Pembrooke Associates. Iceman cherche des informations sur cette société partout sur le web mais ne trouve rien, si ce n'est sur un site web qui répertorie des compagnies. Là il tombe sur le nom de la société, ainsi qu'un numéro de téléphone. Il fait ensuite l'enquête inverse à partir de ce numéro et découvre l'adresse correspondante : Technology Drive, Pittsburgh, Pennsylvanie.

Rien qu'à lire cette adresse, même Iceman en a des frissons. Il est tombé dessus quelques semaines plus tôt seulement, après que l'un de ses collègues de CardersMarket a trouvé sur un site un formulaire portant l'acronyme NCFTA et cette même adresse à Pittsburgh. Lorsque Iceman a regardé ce qu'était cette organisation, il a découvert qu'il s'agissait de la National Cyber Forensic Training Alliance, un organe quasi gouvernemental qui fédère diverses agences de maintien de l'ordre américaines pour toute une série de questions liées à la sécurité informatique.

Plongé dans son existence virtuelle, Iceman ressent soudainement le frisson du monde réel. Il a toujours soupçonné les forces de l'ordre d'être tapies dans tous les coins, mais cette fois-ci il n'y a pas la moindre ambiguïté : il est convaincu qu'il ne s'agit pas d'une erreur. Lui qui s'était cru intouchable pendant de nombreux mois et qui pensait contrôler la communauté du carding, il commence soudain à s'inquiéter.

Après de longues palabres, trois des collègues d'Iceman sur CardersMarket — silo, c0rrupted0ne et dystopia — décident de contacter Matrix001, de DarkMarket, pour partager leurs suspicions sur l'association de l'adresse IP et du FBI puis élaborer un plan d'attaque. S'il y a un administrateur que personne ne soupçonne d'être lié aux forces de l'ordre, c'est bien Matrix001. Ils lui envoient donc les preuves dont ils disposent sur la NCFTA et Technology Drive à Pittsburgh, accompagnées d'un message brut sur icq :

> *dystopia* : on le savait depuis longtemps, mais on en a finalement la preuve
> *dystopia* : matrix, DM est un site infiltré
> *dystopia* : 100 %
>
> *corruptedo* : on a fait beaucoup d'efforts pour essayer de faire la paix et si on rend ça public, la police va s'en prendre TRÈS DUREMENT à nous mais si on ne dit rien, on est responsables pour tous ceux qui se font avoir
>
> *siloadmin* : félicitations, tu fais l'admin pour un site infiltré !
> *siloadmin* : Pembrooke Associates 2000 Technology Dr, Pittsburgh, PA 15219. Ça te dit pas quelque chose, 2000 Technology Dr ?

Matrix sent qu'il y a anguille sous roche. En règle générale, il ne fait confiance à personne, mais il se méfie tout particulièrement de c0rrupted0ne et de silo. CardersMarket s'est comporté pendant longtemps avec une agressivité débridée à l'égard de DarkMarket, espérant détruire le site par tous les moyens possibles. Il examine le document et, bien que l'anglais ne soit pas sa langue maternelle, il constate immédiatement qu'il est truffé d'erreurs :

matrix001 : le document word est un faux
matrix001 : personne d'entre vous n'a remarqué les coquilles, les gars ?
matrix001 : ah oui, et puis il n'y a pas de société ni aucun nom sur l'en-tête
matrix001 : au nom de ncfta
matrix001 : juste l'adresse
matrix001 : au fait, juste pour mentionner une coquille : on écrit disponible, pas dipsonible
matrix001 : vous voulez que je continue, les gars ?

Siloadmin répond sur la défensive, comme s'il s'en voulait de ne pas avoir remarqué les coquilles :

siloadmin : écoute matrix
siloadmin : je sais que ce torchon a l'air d'un faux, les coquilles et tout le reste
siloadmin : mais c'est ce qui est sorti
siloadmin : j'ai pas inventé cette merde

matrix001 : aucune société au monde n'utiliserait jamais un document de ce genre
matrix001 : c'est complètement ridicule

Ç'aurait très bien pu être un piège, et c'est justement ce dont Matrix va être convaincu après l'échange sur icq. C'est une pratique répandue d'accuser les forums rivaux d'être des opérations d'infiltration organisées par les forces de l'ordre pour faire peur aux membres et les inciter à rejoindre la concurrence. Si ceux-ci viennent à déserter DarkMarket, Matrix est convaincu qu'Iceman et CardersMarket les recruteront immédiatement et que l'existence même de DarkMarket sera menacée.

De plus, silo, dystopia et c0rrupted0ne semblent tenir

absolument (peut-être trop ?) à ce que Matrix ouvre un nouveau document, un fichier compressé (un RAR). Or ces fichiers sont parmi les porteurs les plus notoires de chevaux de Troie, et il est persuadé que celui-ci a été conçu par l'équipe de CardersMarket pour aspirer tous les secrets de DarkMarket depuis son ordinateur à lui. Il commence à se demander si Iceman et son équipe ne sont pas déjà passés à la phase deux d'un plan ambitieux concocté par le FBI pour éliminer DarkMarket.

Il est environ neuf heures et quart, par une matinée de novembre glaciale en Allemagne, mais Matrix sait qu'il doit agir très vite. Il contacte immédiatement les autres administrateurs de DarkMarket et les prévient qu'Iceman et ses sbires s'apprêtent à dénoncer le site :

matrix001 : je n'ai pas téléchargé ni ouvert le dossier, j'ai dit que mon RAR ne marchait pas
matrix001 : je parie que c'était un cheval de Troie
matrix001 : et si vous vérifiez l'info qu'ils ont fait passer, c'est assez bidon…
matrix001 : mais regardez par vous-mêmes..

19

Donnie Brasco

Pittsburgh, octobre 2006

Keith J. Mularski, agent spécial à la division cybernétique du FBI, est effondré. Pas seulement parce que les Steelers font une saison médiocre après leur victoire sensationnelle de février au Super Bowl. Mularski, qui a un abonnement pour tous les matchs de la saison à Heinz Field, le stade des Steelers, a toujours reconnu que le football américain n'était pas une question de vie ou de mort : c'est beaucoup plus important que ça. Mais, pour une fois, ses problèmes à lui sont encore plus graves.

Il travaille depuis plusieurs mois déjà sous le pseudo de Donnie Brasco, s'immergeant dans le bain de la criminalité sur internet, alors en pleine expansion. Certes, sa vie n'a jamais été en danger, pas comme l'agent Joe Pistone lorsqu'il a revêtu l'identité de Brasco dans les tanières des familles mafieuses les plus redoutables de New York. Mais Mularski s'est donné une peine de chien pour arracher à ses chefs un accord pour cette opération inédite qui consiste à aller dans le cyberespace avec une couverture. Ça coûte beaucoup d'argent et l'opération risque d'être dénoncée comme un piège. Du coup, ses patrons au FBI scrutent ses moindres gestes, redoutant un faux pas. Or ce qui vient de se passer n'est pas un faux pas, c'est une collision frontale.

On ne pourrait trouver pire moment. Il a réussi à parcourir beaucoup de chemin sans dévoiler sa couverture et doit bientôt recevoir l'aide de plusieurs polices étrangères pour mettre en œuvre sa stratégie de long terme : lancer une série spectaculaire d'arrestations dans le monde entier. Il a créé puis alimenté un personnage, choisi un nom et une histoire, et cette invention est devenue réalité en un rien de temps pour de nombreux cyberescrocs partout dans le monde.

Et maintenant, à cause de la négligence d'un collègue qui a laissé un fichier avec une trace de l'en-tête de la National Cyber Forensics Training Alliance sur un ordinateur, il risque d'être dévoilé et cette opération immensément complexe menace de capoter.

Il s'agit de la première incursion majeure du FBI dans le monde de la cybercriminalité. Jusqu'alors, c'étaient les services de l'inspection postale des États-Unis et surtout l'US Secret Service qui avaient dominé les cyberenquêtes. En 2004, il était devenu évident que la cybercriminalité constituait l'un des secteurs de la criminalité organisée mondiale qui se développaient le plus rapidement. De plus en plus d'organisations, d'institutions et d'individus faisaient l'objet de piratage. Les cartes bancaires constituaient le problème le plus important en raison du volume de cartes utilisées frauduleusement ou volées. Quant aux grosses sociétés, elles étaient victimes d'espionnage industriel et leurs secrets commerciaux volés et revendus à leurs concurrents par certains des hackers impliqués dans les fraudes à la carte bancaire. Cisco Systems avait laissé un concurrent chinois voler et copier ses plans pour l'un de ses serveurs les plus avancés, donc même les entreprises les plus pointues en informatique n'étaient pas immunisées.

Pour le moins désordonnée vis-à-vis de la sécurité des réseaux, l'approche en vigueur à la fois au sein du gouvernement et dans l'industrie privée commençait à effrayer la Maison Blanche, le Congrès et le Pentagone. La plupart des agences gouvernementales et des ministères n'étaient même pas conscients de leur vulnérabilité, ou bien ils étaient tellement débordés par le nombre d'attaques lancées contre eux qu'ils mettaient la tête dans le sable en espérant que le problème disparaîtrait par miracle.

Le Pentagone ne pouvait pas se le permettre. Le département de la Défense se débattait avec les retombées de Titan Rain, une série d'attaques soutenues contre ses systèmes informatiques parties de Chine et qui visaient à arracher tous les secrets classifiés dormant dans des fichiers imprudemment exposés.

Les banques, elles, en étaient encore à se remettre de la fameuse vulnérabilité à la « pvv » (valeur de vérification du code PIN), qui avait coûté à la Citibank et à la Bank of America des dizaines de millions en argent liquide volés au temps de la période Shadowcrew. Bien qu'elles aient fini par régler le problème, des centaines d'autres banques continuaient à cracher du cash pour les carders depuis leurs distributeurs automatiques.

En un mot : le chaos.

Pas très difficile d'imaginer les conséquences de tout cela. Rapidement, des sommes importantes prises sur l'argent du contribuable ont été réorientées vers les questions de cybercriminalité, d'espionnage industriel informatique et de guerre cybernétique. Aucune agence de maintien de l'ordre qui se respecte n'aurait voulu renoncer à sa part du gâteau. Du point de vue du FBI, l'US Secret Service s'apprêtait à engloutir les trois quarts d'un gâteau budgétaire bien crémeux. Précurseur parmi les cyberpoliciers et encore auréolé de gloire après le démantèlement de Shadowcrew, l'US Secret Service tenait naturellement à asseoir sa primauté dans ce domaine encore embryonnaire.

Sauf que le FBI, l'organe de sécurité le plus important et

le plus puissant des États-Unis, voyait les choses autrement. Robert Mueller, son directeur, voulait entrer dans la course cybernétique non seulement pour avoir accès aux financements, mais aussi parce qu'il essayait de faire en sorte que ses services évoluent pour devenir davantage une agence de renseignement intérieur qu'une force de police. Or le plan de Mularski n'était pas seulement d'arrêter des criminels, c'était aussi de récolter de l'information. Ce changement d'orientation au plus haut sommet a eu raison des objections de certains supérieurs hiérarchiques, et Mularski, qui avait accompagné d'une brillante présentation sa demande de monter cette téméraire opération d'infiltration, a fini par recevoir l'autorisation. Au moment où Iceman le repère, ce n'est donc pas seulement l'Opération DarkMarket qui risque de capoter. Si le plan échoue, on pourra dire adieu aux dollars et à la capacité du FBI à diriger des cyberopérations. Un poids terrible pèse sur les épaules de Mularski.

Il va d'abord sombrer dans le désespoir. Il se dit que tout est fini, que son équipe, qui a tellement travaillé, va devoir préparer une explication humiliante pour la hiérarchie et que l'on n'échappera pas à ceux qui diront : « On vous avait prévenu ! » Mais si le FBI a sélectionné Mularski pour son programme de formation des agents, c'est notamment pour la vivacité d'esprit dont il fait preuve dans les moments difficiles. De fait, il ne lui faudra pas plus de quelques minutes pour décider qu'il ne jettera pas l'éponge sans se battre.

Le destin des ancêtres de Mularski a suivi de près celui de la ville de Pittsburgh au XXe siècle. En 1892, son arrière-arrière-grand-père a réussi à quitter Hambourg pour les États-Unis et il est arrivé à Baltimore avec tout juste un dollar en poche. Keith est un garçon tout ce qu'il y a de plus américain, mais les racines de beaucoup de communautés européennes de cette ville — en l'occurrence polonaise, dans le cas de Mularski — demeurent très fortes.

Nichés entre les maisons en bois modestes, les cinémas Art déco et les salles de danse du sud de Pittsburgh, un quartier aujourd'hui pittoresque, on trouve les centres communautaires et les églises des nombreuses communautés slaves (tchèque, polonaise, serbe, slovaque, ukrainienne et autres) qui ont convergé vers cette ville stratégiquement située à l'ouest de la Pennsylvanie. C'est là qu'Andrij et Julia Warhola, un couple de Ruthènes originaires du nord-est rural de la Slovaquie, ont émigré au début du XXe siècle avant d'abandonner le « a » final de leur nom de famille et de donner naissance à l'une des figures les plus influentes de l'art du siècle dernier.

Les ponts en acier imposants et les inscriptions à la gloire de la compagnie de chemins de fer Norfolk and Western Railway témoignent encore de la contribution décisive de Pittsburgh à la suprématie économique mondiale de l'Amérique au siècle dernier. L'acier sorti de ses usines servait à fabriquer les bateaux de guerre, les avions et les voitures qui inondaient le monde. Des décennies se sont désormais écoulées depuis l'époque où les nuages noirs crachés par l'hydre sidérurgique drapaient la ville dans l'obscurité et répandaient des particules toxiques qui ont un temps conféré à Pittsburgh le taux de maladies pulmonaires le plus élevé aux États-Unis.

Le smog ne recouvre plus les toits et Pittsburgh passe aujourd'hui pour l'une des villes les plus agréables à vivre de tout le pays. Le soleil brille généreusement et, après quinze ans de pauvreté et de déclin, la ville a tranquillement réussi sa reconversion dans les années 1990 pour devenir un centre de l'industrie high-tech sur la côte est.

Mularski est de ceux qui ont fui la ville dans les années 1980, après avoir décroché sa licence d'histoire à Duquesne University. À l'époque, il ne restait rien. Son père aurait pu être la réincarnation de Willy Loman. L'un des premiers à faire les frais du revers de fortune du géant vacillant, Mularski père avait été licencié de son poste de vendeur dans les années 1970 et n'avait pas réussi à retrouver un emploi. La famille vivait chichement sur le salaire de la mère de Keith, qui travaillait comme assistante de direction.

La population de Pittsburgh avait diminué d'un tiers du vivant du jeune homme. Comme il n'avait pas l'intention de la regarder dépérir encore un peu plus, il est parti vivre avec son épouse à Washington. Engagé chez un gros marchand de meubles qui travaillait dans l'ensemble du pays, il a fait preuve de réelles qualités de gestionnaire et de vendeur. À première vue, ce que l'on attend d'un responsable commercial ne semble pas avoir beaucoup en commun avec la cybercriminalité, et pourtant les techniques qu'il a apprises dans cette société lui ont donné des bases solides pour son poste de cyberpolicier au FBI.

L'« ingénierie sociale », c'est-à-dire l'art de persuader quelqu'un de faire quelque chose qui, objectivement, n'est pas dans son intérêt, se trouve au cœur de la cybercriminalité. Comment puis-je persuader ma cible de me donner son mot de passe ? se demande l'escroc. Ou d'ouvrir un e-mail comportant un cheval de Troie caché dans son code ? Ou même d'allumer un ordinateur ?

Le cybervoleur a plusieurs options évidentes à sa disposition. Le téléchargement gratuit de musique et la pornographie constituent deux méthodes éprouvées. Le désir sexuel est l'un des plus puissants qui soient et c'est logique car, en termes d'évolution, trouver un partenaire s'est souvent révélé une activité risquée. Nous sommes prêts à prendre des risques démesurés pour satisfaire nos désirs sexuels et les fabricants de virus informatiques l'ont vite compris. La promesse d'une paire de seins suffit souvent à inciter un utilisateur crédule à cliquer sur un hyperlien qui va télécharger un logiciel malveillant sur sa machine. S'il a de la chance, il sera vraiment renvoyé vers la photo en question, mais il s'agit d'une bien maigre compensation pour avoir livré tous les secrets de son ordinateur à un contrôleur sans visage qui manœuvre à distance. Ce n'est pas par hasard si l'un des virus qui ont eu le plus de succès s'est répandu par l'intermédiaire d'un e-mail intitulé « I Love You ».

En général, les responsables commerciaux ne propagent pas de virus mais, comme les cybervoleurs, ce sont des connaisseurs accomplis de l'âme humaine. Leur boulot consiste à convaincre des clients potentiels d'investir dans des biens qui ne sont pas désirés, ou dont ils n'auront pas l'utilité. « Vendre quelque chose que vous avez à quelqu'un qui le veut, ce n'est pas du business, avait un jour fait remarquer Meyer Lansky, le roi des truands. Mais vendre quelque chose que vous n'avez pas à quelqu'un qui n'en veut pas, ça c'est du business. » Au minimum, les responsables commerciaux peuvent convaincre les clients d'acheter des produits plus chers. Bref, quand l'agent Keith Mularski tout récemment recruté est accepté dans la nouvelle cyberdivision du FBI, il apporte avec lui un atout précieux : sa capacité à persuader, à plaisanter, à montrer de l'empathie, à exhorter, à convaincre et à appâter. Pour un policier, c'est un criminel très convaincant.

En 2000, Pittsburgh a changé de visage. La ville a toujours bénéficié d'énormes legs philanthropiques. On peut voir un peu partout encore les logos de Carnegie, Heinz et Mellon, ces colosses de l'expansion industrielle américaine au tournant du XXe siècle. Une partie de la réinvention de la ville après l'effondrement de l'industrie est due à l'investissement dans l'informatique à la Carnegie Mellon University, qui fait partie des vingt meilleurs établissements d'enseignement supérieur au monde.

Fondée par Andrew Carnegie, le grand industriel d'origine écossaise, l'université a commencé comme école technique avant de fusionner avec l'Institut Mellon pour la recherche industrielle, en 1967. Pendant les années 1980 et au début des années 1990, période la plus sombre pour la ville, la CMU a étudié le déclin de Pittsburgh et réfléchi à la façon dont on pourrait la ressusciter. L'université est également connue pour son travail dans le domaine de la sécurité informatique. En dehors du MIT et de la Silicon Valley, Pittsburgh s'est peu à peu imposée comme un véritable bastion pour les geeks américains, avec un penchant particulier pour les questions de sécurité.

L'expertise de la CMU explique pour beaucoup la nouvelle Pittsburgh, y compris l'émergence de la National Cyber Forensics Training Alliance, en 1997. Cette organisation à but non lucratif, qui bénéficie du soutien des banques et de diverses sociétés, vise à réunir des professionnels issus du monde universitaire, du secteur privé, des forces de l'ordre et des services de renseignement pour répondre à l'insécurité croissante des réseaux. C'est donc ce qui explique que Keith Mularski soit rentré dans sa ville natale pour travailler derrière les discrètes façades de verre des bureaux du 2000 Technology Drive.

Tout en regardant par la fenêtre du quatrième étage, il se rend bien compte qu'il est responsable presque à lui seul de toute cette opération du FBI. Il travaille avec une équipe formidable, mais c'est lui qui a persuadé ses chefs, en dépit de leur profond scepticisme, de lui donner le feu vert. Il ne s'agit donc pas seulement de la réputation du FBI et de problèmes de budget : c'est son boulot, bon sang !

C'est là qu'il se souvient qu'il y a une chose pour laquelle il est vraiment bon : la vente. Ou encore mieux, l'ingénierie sociale.

Lorsque la nouvelle se répand sur les forums criminels que DarkMarket appartient au FBI, il décide de se calmer, se rappelant que l'apitoiement sur soi n'a jamais aidé personne. Il doit lancer immédiatement une contre-attaque. Il approche Grendel, le DarkMarketaire peut-être le plus mystérieux de tous. Dans la vie réelle, Grendel travaille pour une société de sécurité haut de gamme tout ce qu'il y a de plus légale, mais il offre également ses services contre paiement à des cybercriminels majeurs. DarkMarket dépend de son réseau privé virtuel (VPN), ce qui lui confère une garantie d'anonymat presque parfaite, mais à part ça, Grendel a aussi construit quatre «coquilles», des logiciels qui peuvent rendre les utilisateurs invisibles.

Grendel réussira à produire les anciens logins à partir des coquilles, or aucun d'entre eux ne mentionne nulle part Pembrooke Associates. Mularski va se vanter auprès de tous les membres de CardersMarket et de DarkMarket de son service VPN et déclare que la seule personne à avoir parlé du login Pembrooke Associates est... Iceman. Utilisant ses techniques de vente, Mularski la Némésis éloigne le projecteur de lui et le brandit droit dans les yeux d'Iceman.

Les fautes de frappe sur le papier à en-tête que Matrix001 a repérées, c'est la cerise sur le gâteau. Iceman est connu comme quelqu'un qui lance des accusations sauvages contre les personnes qui l'irritent et, à l'époque où il officiait comme maître de CardersMarket, presque tout le monde l'avait irrité à un moment ou à un autre. Il a peu d'amis là-bas. Du coup, l'idée qu'Iceman a repris du service comme informateur pour le FBI s'ancre à nouveau dans les esprits. Inutile de dire que Mularski encouragera vivement cette thèse.

Loin de détruire DarkMarket, Iceman a abouti à l'effet inverse. Le site va en ressortir plus fort que jamais, reconnu unanimement comme le principal site de carding criminel en anglais au monde. Grâce à la vivacité d'esprit de Mularski, on a évité un véritable désastre.

20

Un plan astucieux

JiLsi jubile. CardersMarket et Iceman sont toujours sur pied, mais pas encore remis des contre-attaques qui ont suivi les révélations sur la supposée infiltration de Dark-Market. Une majorité de carders croit désormais (à tort) que CardersMarket est en réalité le site infiltré et que DarkMarket est tout à fait « casher ». Du coup, ce dernier va recommencer à prospérer, jusqu'à compter deux mille membres.

Bien entendu, on entend encore ici et là des rumeurs suggérant qu'il ne faut peut-être pas se fier aux apparences en ce qui concerne les administrateurs de DarkMarket, mais à ce moment-là il y a parmi les carders autant d'animaux en meute que de « loups solitaires » de l'époque pionnière de la cybercriminalité. Or la meute s'est retournée contre Iceman et court avec DarkMarket.

En décembre 2006, les DarkMarketaires font un travail remarquable. JiLsi peut être fier de lui : il est enfin devenu un membre de la famille, respecté et reconnu pour son travail dévoué et efficace. Il a mis sur pied une équipe de choc avec des administrateurs de première classe — Matrix, Master Splyntr et Cha0 — et tous les membres ont confiance dans le service de séquestre. Shtirlitz et Lord Cyric fournissent le backup et garantissent la crédibilité. Ils repèrent rapidement les voleurs et les scammers et règlent vite leur compte à ces profiteurs dès qu'ils émergent de leurs égouts cybernétiques. De plus en plus d'affaires se concluent entre membres et les revenus du site commencent à s'envoler vers les cimes de l'âge d'or de Shadowcrew et CarderPlanet.

Cela fait plus de deux ans que Shadowcrew a été démantelé et une certaine confiance s'est installée. Les « loups solitaires », désormais en minorité sur les forums, ne baissent jamais la garde. Ils veillent à ne pas se mouiller. Recka, le roi de la fraude suédois, évite scrupuleusement le trafic de cartes américaines pour ne pas se retrouver sur les sites de la police américaine ; les Suédois et les Européens ne lui font pas peur, mais il fait très attention à ne pas ennuyer les Américains.

En revanche, beaucoup de carders, surtout les plus jeunes, font preuve d'un certain laxisme en matière de sécurité. Ils ne cryptent pas leurs chats sur icq et n'ont pas le VPN ni les systèmes de tunnel requis pour masquer leurs adresses IP. À Pittsburgh, Mularski s'applique à mettre sur pied une base de données avec un programme qu'il a créé lui-même, capable de recouper les activités des différents carders : il peut lire leurs messages, enregistrer leurs adresses icq et IP et, partout où c'est possible, lier celles-ci à des comptes E-Gold.

Ce que les utilisateurs de cette monnaie numérique ignorent, c'est que les agences gouvernementales disposent, depuis février 2006 et l'arrestation en Floride de son fondateur Douglas Jackson, d'un accès total aux fichiers d'E-Gold, la méthode privilégiée par les carders pour transférer de l'argent entre eux. Les autorités soupçonnent en effet le service d'être utilisé pour blanchir de l'argent. Pourtant, peu de cybercriminels (peut-être même aucun) ont fait le rapprochement avec E-Gold. Les Russes évitent ce genre de sociétés occidentales enregistrées à Belize, leur préférant la « webmancie », basée à Moscou et donc hors de portée des forces de l'ordre occidentales.

Au début de l'hiver 2006, Mularski, armé de toutes ces preuves, prend contact avec les polices de plusieurs pays européens. Il s'entretient avec la SOCA (l'agence de lutte contre la grande criminalité organisée) au Royaume-Uni, avec la Police fédérale en Allemagne et, plus tard, avec la police régionale du Bade-Wurtemberg.

Il approche également à Paris le tout nouveau OCLC-TIC, l'Office central de lutte contre la criminalité liée aux technologies de l'information et de la communication. Il reçoit un accueil plutôt frais. La police française est en général désireuse de coopérer avec les États-Unis, en particulier dans le domaine du terrorisme et de la cyber-criminalité, mais la suspicion traditionnelle à l'égard de l'Amérique et de ses intentions supposées en Europe est encore bien ancrée dans la société française.

Christian Aghroum, le directeur de l'OCLCTIC, trouve ridicule que, chaque fois que lui et ses officiers demandent l'aide d'une société comme Microsoft, ils risquent de déclencher un tollé et de voir la police accusée d'être à la botte des grandes entreprises américaines. Il sait bien que l'on ne peut pas commencer véritablement à lutter contre la cybercriminalité sans coopérer un minimum avec des sociétés comme Microsoft. Homme éloquent et fin analyste du champ de mine politique qui entoure le maintien de l'ordre à l'échelle internationale, Aghroum s'est fait à l'idée que ni les politiciens ni le public français n'ont la moindre idée de ce qu'est la cybercriminalité, ni de ce qu'il convient de faire pour s'y attaquer.

Mularski va toutefois faire une découverte encore plus surprenante que la question bien connue de l'anti-américanisme gaulois. L'OCLCTIC, lui a-t-on dit, travaille depuis plusieurs mois déjà avec l'US Secret Service sur un cas lié à… DarkMarket. Une enquête parallèle est en cours et il n'en a rien su. De plus, l'US Secret Service n'a visiblement aucune envie de livrer des informations à ce sujet. Quelques mois plus tôt, le chef du département des enquêtes criminelles du Secret Service a expliqué au Congrès que, grâce à sa coopération étroite avec « d'autres forces de police à l'échelon fédéral et local et au niveau des États, nous sommes à même de fournir un réseau étendu de partage d'informations et de ressources et d'expertise technique ». Sauf qu'il a oublié de dire cela à l'équipe qui enquête sur DarkMarket, parce que le Secret Service refuse même de révéler au FBI qui ils recherchent. Les choses vont se compliquer, pour les cyberpoliciers comme pour les cybervoleurs.

À l'époque, la plupart des DarkMarketaires ne se préoccupent pas de la police (mis à part ceux qui collaborent avec Mularski). Ils cherchent juste à consacrer la suprématie de leur site en achevant Iceman. JiLsi s'est donné pour mission de porter le coup de grâce. S'il y parvient, il aura son heure de gloire et sa réputation s'en trouvera considérablement renforcée. De plus, il en a assez des incursions répétées d'Iceman, qui lui donnent trop de travail, et de la rhétorique bilieuse qui est sa marque de fabrique.

Il va élaborer un plan très simple. Après avoir créé un compte e-mail anonyme pour envoyer des messages au fournisseur d'accès à internet d'Iceman, il avertit ce dernier que CardersMarket, qu'il abrite, est un site criminel et que ses propriétaires trempent dans une gigantesque affaire de fraude à la carte bancaire. Lorsque Iceman découvre le compte à partir duquel les messages dénonciateurs sont envoyés, il utilise le mot de passe de JiLsi, MSR206 (du nom de la légendaire machine à cloner les cartes bancaires, utilisée par tous les bons cardeurs), et bingo ! – ça marche. Iceman voit que JiLsi dit du mal de lui à son fournisseur d'accès. C'est impardonnable. De fait, JiLsi a franchi une ligne rouge qu'aucun cardeur (mal) honnête ne devrait jamais dépasser, même si les relations se détériorent : il a dénoncé un membre de la confrérie. Pire, il a été pris la main dans le sac.

Iceman le fait savoir *urbi et orbi*, et l'affaire attire rapidement l'attention de Cha0.

Après les accusations portées par Iceman, la nervosité est palpable. Le FBI serait-il sur l'affaire ? Mais surtout, si c'est le cas, « qui travaillait avec eux, bon Dieu ? », comme se demanderait plus tard l'un des administrateurs de DarkMarket. Iceman, Splyntr, C0rrupted0ne ou Silo, de CardersMarket ? Shtirlitz, ce Russe énigmatique ? Ou peut-être Lord Cyric, le nouveau modérateur de DarkMarket ? Ou quelqu'un d'autre encore ?

Il y a deux personnes qui n'ont jamais été accusées de travailler pour la police : Matrix001 et JiLsi. On a pu à l'occasion reprocher à ce dernier une certaine incompétence (non sans raison, d'ailleurs). Mais de travailler avec la police ? Jamais. Iceman connaît depuis longtemps le mot de passe de JiLsi du fait de ses tentatives de piratage. Mais maintenant, il semble que tout le monde le connaisse. On soupçonne un tiers d'avoir réussi à infiltrer un cheval de Troie dans la carte-mémoire bien-aimée de JiLsi et de pouvoir observer chacune de ses frappes sur le clavier, découvrant ainsi les secrets les mieux gardés de DarkMarket. Ou après tout, peut-être que JiLsi n'est pas celui qu'il dit être… peut-être qu'il a quelque chose à voir avec la mystérieuse société de 2000, Technology Drive, la Pembrooke Associates ?

En 2006, quelques jours avant Noël, JiLsi se connecte à DarkMarket pour voir ce qui se passe, comme d'habitude. Il y reste peu de temps, puis repart s'occuper de sa vraie vie. Il revient dans l'après-midi devant son écran et veut se reconnecter. « Nom d'utilisateur : JiLsi. » « Mot de passe : MSR206. » La machine lui renvoie le message suivant : « Nom d'utilisateur ou mot de passe incorrect. » Automatiquement, JiLsi réessaie, croyant avoir fait une faute de frappe. Même résultat. Il réessaie plusieurs fois.

Il n'y a pas de doute possible : JiLsi, propriétaire spirituel et administrateur en chef de DarkMarket, a été exclu de son propre site. Pris de panique, il tente de se connecter à *www.mazafaka.ru*. Peine perdue. The Vouched – un autre de ses sites : entrée refusée.

Il se sent vite en manque. JiLsi n'a jamais connu une spirale descendante aussi douloureuse. Sa vie entière vient de lui être retirée, ou tout au moins la seule chose qui comptait réellement pour lui. Il est en colère, blessé et contrarié. Qui a fait cela, et pourquoi ? Faute de réponse, il va se perdre dans les qualités anesthésiantes d'un cognac accompagné d'une pipe de crack. La douleur s'estompe le temps d'un soir et d'une nuit mais lorsqu'il se réveille, le lendemain, il se sent encore plus misérable que la veille.

JiLsi réussit finalement à établir un contact icq avec Cha0. Après le chat, il est sonné. « On sait que tu travailles pour Scotland Yard et pour l'unité de lutte contre la criminalité hi-tech, lui a assené Cha0. On en a eu la preuve décisive avec ta décision de balancer Iceman. On sait que tu travailles avec la police. Tu as été exclu de tous les sites. »

JiLsi reste sans voix. Tout ce pour quoi il a travaillé vient de s'effondrer en un instant et, maintenant, c'est lui le bouc émissaire. Que va-t-il se passer ? Vers où se tourner ? Désespoir et dérive, JiLsi, désespoir et dérive.

Cinquième partie

21

L'héritage de Dron

Calgary, Alberta, 2006

Depuis ses débuts, lorsqu'il faisait de la publicité sur Shadowcrew, Dron avait toujours reçu des compliments chaleureux pour son travail. « J'ai reçu le skimmer de Dron hier après-midi, écrivait un client satisfait sur DarkMarket. Ai passé la soirée à l'essayer et suis très, très impressionné. Dron a un produit de premier choix, un produit qui mérite que vous y consacriez de l'argent et du temps. »

Dron avait tenu parole. « L'envoi a été rapide. L'emballage était discret », poursuivait le message. Ce n'était pas tant l'efficacité de son système d'expédition qui rendait l'homme si populaire, mais le service après-vente qu'il offrait et qui faisait revenir les clients. « Le service après-vente, pour moi, c'est vraiment là que Dron faisait la différence. Il envoyait régulièrement des mises à jour à ses clients et, quand je lui adressais des questions par mail, il me répondait toujours dans les vingt-quatre heures. Vraiment impressionnant. »

Grâce en grande partie à internet, la culture des droits et des attentes des consommateurs a fini par imprégner le monde de la criminalité. Si un malfaiteur se fait rouler par un cybermarchand, il sera difficile de poursuivre l'arnaqueur en justice ou d'user des méthodes traditionnelles pour signifier son mécontentement quant à la qualité du service — en d'autres termes, de violence physique. Les criminels qui vendent des produits illégaux sur le web doivent donc rester compétitifs en offrant le meilleur service.

À une autre époque, Dron se serait facilement hissé tout en haut de l'échelle. Il avait beau avoir quitté l'école à quinze ans, il faisait preuve d'un mélange de sens des affaires et de créativité étonnant. Après avoir appris à jouer en Bourse sur internet avec son père, il était tombé sur les forums criminels. Au printemps 2004, à l'âge de vingt-quatre ans, il s'était inscrit sur Shadowcrew, l'ancêtre le plus illustre de DarkMarket.

Sa grande force, c'étaient ses compétences techniques innées. Il avait appris tout seul, à partir de zéro, à concevoir et à fabriquer des skimmers qui fonctionnaient avec les deux types de distributeurs automatiques les plus répandus dans le monde. C'étaient des machines compliquées, qui valaient largement les 5000 dollars qu'il en demandait (avec des réductions pour les achats en gros, naturellement). Non seulement il répondait aux questions des clients, mais il envoyait avec chaque produit un manuel d'instructions, le logiciel approprié et un câble USB gratuit.

Le contenu de sa bibliothèque témoignait du sérieux dont il faisait preuve dans son travail. À côté de titres comme *La Fraude aux documents et autres crimes d'escroquerie*, on trouvait *Les Hologrammes et l'holographie* et *Secrets d'un fabricant de cartes d'identité clandestin*. Mais son livre le plus important était peut-être *Méthodes de camouflage*. Lorsqu'il allait dans l'un des cafés internet de la ville pour gérer ses ventes et son marketing sur le web, Dron portait généralement une veste et une casquette de base-ball noires. En revanche, lorsqu'il devait se rendre à la poste ou aller retirer de l'argent avec un numéro de carte bancaire qu'on lui avait fourni en guise de paiement de l'un de ses skimmers, il préférait un coupe-vent bleu et une casquette rouge.

C'est l'US Secret Service qui a repéré en premier qu'il passait beaucoup de temps sur Shadowcrew. Bien sûr, l'administrateur du site, Cumbajohnny, servait aussi d'informateur au Secret Service. Mais Dron ne faisait pas partie du réseau privé virtuel de Cumbajohnny, or c'était essentiellement par ce biais que le Secret Service surveillait l'activité des membres de Shadowcrew. L'homme ne résidait pas aux États-Unis et ce n'était pas une proie facile, donc pas une priorité. Le Secret Service ne l'avait pas oublié pour autant, décidant plutôt de nouer une relation avec lui.

Bien que beaucoup plus récent que les Services de l'inspection postale, le Secret Service détient la plus longue expérience en matière de lutte contre la cybercriminalité. Il a été créé en 1865, mais pas pour se charger de la protection du président (l'une des principales réponses du Congrès à l'assassinat du président McKinley, en 1901) : il avait pour mission principale de repérer les fabricants ou les vendeurs de fausse monnaie, d'enquêter sur eux et de les poursuivre en justice. Peu de temps après sa création, le Congrès a également chargé l'agence d'enquêter sur les fraudes financières.

Au lendemain de la Seconde Guerre mondiale, les accords de Bretton Woods ont consacré les États-Unis comme leader incontesté des économies occidentales et le dollar est devenu la monnaie de réserve du monde capitaliste. Même si l'Union soviétique et la Chine rejetaient la suprématie du dollar, les deux superpuissances communistes ont tout fait pour accumuler autant de billets verts que possible. Dans un monde où la plupart des gouvernements contrôlaient étroitement les changes, le fait que le dollar serve de moyen de paiement universel renforçait la tentation de fabriquer de la fausse monnaie américaine.

Par conséquent, les opérations du Secret Service se sont

internationalisées au fur et à mesure que les escrocs et les gouvernements du monde entier cherchaient soit à s'enrichir, soit à affaiblir la puissance américaine en imprimant leurs propres dollars. Cher lecteur, où que vous vous trouviez, vous pouvez être à peu près sûr de trouver un agent du Secret Service pas loin de chez vous. Cela dit, l'agence a beau avoir le bras long, il y a des coins et des recoins que même elle n'arrive pas à atteindre : dans les années 1990, par exemple, le *superdollar* s'est répandu dans le monde. Le gouvernement américain pense que ces liasses de billets de cent dollars incroyablement bien faits, mais bel et bien faux, sortaient des presses à imprimer de la Corée du Nord, l'un des rares pays hors d'atteinte pour les Men in Black.

En 1984, comme si ça ne suffisait pas de se prendre des balles à la place du président et de traquer les faux dollars, le Congrès a demandé une nouvelle extension des compétences du Secret Service pour lui permettre d'enquêter sur les fraudes à la carte bancaire, la contrefaçon de documents d'identité et la fraude informatique.

Au cours des deux décennies qui ont suivi, cette organisation — à certains égards l'agence de maintien de l'ordre américaine la plus secrète — a développé une spécialisation dans la cybercriminalité qui lui a donné une capacité opérationnelle inégalée. Si ce n'est que le Secret Service n'emploie que six mille cinq cents personnes contre près de trente mille pour le FBI. Plus récemment, l'US SS a été absorbé par le département américain de la Sécurité intérieure, un coup dur pour son orgueil. On ne peut pas dire que le FBI et le Secret Service s'apprécient beaucoup. Est-ce dû au complexe d'infériorité du Secret Service ou au complexe de supériorité du FBI ? Difficile à dire — probablement un peu des deux. Quoi qu'il en soit, on ne compte plus leurs disputes et chicaneries, ce qui n'est pas sans impact sur les questions opérationnelles majeures.

Après le démantèlement de Shadowcrew, le Secret

Service a décidé de nouer une relation avec Dron, qui avait rejoint DarkMarket fin 2005 et dont la réputation de vendeur de skimmers s'était établie si rapidement qu'il avait bientôt créé son propre site web, *www.atmskimmers.com*. Pendant de longs mois, le bureau du Secret Service de Buffalo a travaillé d'arrache-pied pour essayer de le localiser. Le vendeur utilisait Safemail, le service de messagerie électronique israélien, parce qu'il savait que cette société masquait l'adresse IP de l'expéditeur, ce qui veut dire que le destinataire des messages ne pouvait pas retrouver sa trace. C'est en janvier 2006 que le Secret Service a finalement eu sa chance, lorsque Safemail a accepté de dévoiler les adresses IP de Dron: la demande des Américains avait réussi à se frayer un chemin à travers les méandres du système judiciaire israélien, connu pour sa lenteur. Il s'est trouvé que Dron utilisait plusieurs ordinateurs situés autour de Calgary, dans la province canadienne de l'Alberta, alors en plein boom pétrolier.

Les dix-huit mois qui ont suivi allaient se révéler une période éreintante pour Spencer Frizzell, détective à la police de Calgary. Les bureaux du Secret Service à Buffalo et à Vancouver lui fournissaient l'adresse IP qu'ils recevaient de Safemail chaque fois que l'agent secret échangeait un message électronique avec Dron. Ces adresses appartenaient toujours à l'un des cafés internet de la ville. Bien entendu, le temps que le détective parvienne à localiser l'endroit, l'oiseau s'était envolé. Avant de commencer à travailler sur ce dossier, Frizzell était loin d'imaginer qu'il y avait autant de cafés internet à Calgary, ni qu'ils étaient si populaires. Il avait de plus en plus l'impression qu'il était en train de chercher une aiguille dans une botte de foin.

Pendant des mois, Dron a donné l'impression d'utiliser les cafés internet au hasard. Il apparaissait un jour ici, le lendemain à cinq kilomètres de là. Parfois il disparaissait carrément de Calgary et le détective craignait qu'il ne soit parti pour de bon. Mais il revenait toujours, et au bout de quelques mois Frizzell a fait une percée décisive. En épinglant des petits drapeaux sur une carte, il a constaté que tous les cafés internet de Dron se trouvaient à proximité d'une ligne de trains de banlieue qui relie Somerset à Crowfoot. Il a aussi noté deux ou trois enseignes que Dron semblait affectionner tout particulièrement.

Il avait désormais assez d'informations pour pouvoir demander une équipe de surveillance. Bien entendu, il s'est heurté aux objections habituelles que les cyberpoliciers rencontrent dans le monde entier. Qui étaient les victimes à Calgary ? Pouvait-il prouver l'existence d'un chiffre d'affaires lié à cette activité criminelle ?

Frizzell a finalement obtenu son autorisation, mais pour une période limitée et avec très peu de moyens humains. La plupart du temps, lorsqu'il recevait un tuyau du Secret Service pour l'avertir que Dron était connecté, il prenait le premier collègue qu'il avait sous la main et partait avec lui en direction de la ligne de trains de banlieue.

Pendant plus d'un an, le détective de Calgary a fait un travail héroïque, éliminant peu à peu les suspects jusqu'à ce qu'il ait la conviction qu'il tenait son homme. Ce qu'il ne savait pas, c'est qu'il se trouvait juste à l'un des bouts d'une opération plus large du Secret Service qui incluait non seulement Dron, mais aussi toute une série de cibles en Europe. L'US Secret Service avait contacté la SOCA à Londres et l'OCLCTIC à Paris. « C'est comme cela que l'on fonctionne, expliquait Edwin Donovan, le porte-parole de l'agence. On essaie vraiment de travailler en collaboration avec les polices du monde entier. On va voir l'agence qui travaille sur ce type de crimes et on lui dit que l'on a telle ou telle cible, et bien sûr dans ce genre de cas le partage d'information est crucial. »

Le Secret Service partageait donc l'information avec les polices britannique, canadienne et française, mais il y avait un groupe d'agents avec lesquels il ne collaborait pas encore : le FBI. Cette rancœur évidente entre les deux organismes américains semait la confusion parmi les Européens – à la fin, les Français travaillaient avec l'US SS, les Allemands avec le FBI et les Britanniques alternaient poliment entre les deux. Il en est résulté un moment d'ironie profonde, puisque les seules personnes au monde à savoir que le FBI et le Secret Service traquaient la même personne, à savoir JiLsi, travaillaient pour une force de police étrangère, l'agence de lutte contre la grande criminalité organisée, basée à Londres. Pire encore : les officiers de la SOCA ont découvert que les deux services américains concurrents enquêtaient en fait sur leurs agents respectifs qu'ils soupçonnaient d'être des criminels ! Finalement, un haut fonctionnaire britannique a gentiment fait passer le message au sommet de la hiérarchie à Washington qu'il serait peut-être bon que le FBI et le Secret Service mettent de côté leurs différends, du moins pendant la durée de l'enquête.

22

T'as merdé, mon gars !

Bade-Wurtemberg, 2007

C'est une soirée agréable du début du mois de mai, même si pour Matrix001 l'atmosphère n'est guère printanière. Le monde extérieur s'estompe peu à peu tandis qu'il relit le mail une nouvelle fois, la bouche sèche.

> Ta ligne téléphonique est sur écoute.
>
> Les flics anglais, allemands et français sont sur ta piste… Cache les preuves.
>
> Préviens les autres… Les flics savent que matrix001, c'est detlef hartmann d'eislingen…
>
> T'as juste quelques semaines avant que les flics passent à l'attaque en Angleterre et en France…
>
> Préviens autant de carders que possible.

Qu'est-ce que ça veut dire ? De qui vient le message ? Il regarde à nouveau l'adresse de l'expéditeur : *auto432221@hushmail.com*. Probablement une adresse générée automatiquement. Impossible d'identifier quoi que ce soit sur l'auteur, si ce n'est qu'il semble parler anglais couramment.

Matrix décide qu'il doit consulter les autres administrateurs de DarkMarket ainsi que quelques autres personnes de confiance. Il leur demande ce qu'ils comprennent à tout cela. Bizarrement, il reçoit des réponses vagues, quelquefois même presque indifférentes, juste des avertissements lui conseillant de faire attention.

À Pittsburgh, Keith Mularski, lui, est tout sauf indifférent. Les extraits de mails que lui et les autres ont reçus de Matrix signifient une seule chose : il y a eu des fuites. Et si Matrix a été mis au courant de l'opération, qui d'autre l'est ? Le timing peut difficilement être pire : le FBI prépare depuis plusieurs mois la première vague d'arrestations visant DarkMarket. C'est déjà suffisamment ennuyeux de devoir travailler avec un Secret Service aussi peu coopératif. Les policiers du Land de Bade-Wurtemberg ont entendu dire que leurs collègues français préparaient des arrestations en lien avec DarkMarket, mais la police française les a snobés, déclarant que leur présence à une réunion de planification organisée à Paris avec la SOCA et le Secret Service n'était pas nécessaire.

Le mail crypté et anonyme envoyé à Matrix001 va susciter chez les policiers qui travaillent sur l'enquête une inquiétude qui les hantera plusieurs mois. Ils ont besoin de savoir si la fuite est due à une négligence ou à une trahison de l'intérieur, ou bien si un hacker a réussi à pénétrer les réseaux informatiques de l'une des équipes d'enquêteurs. Chaque fois que quelque chose déraille, on soupçonne la présence d'un traître dans la maison et le moral des troupes en pâtit.

Mularski a déjà du mal à coordonner les premières arrestations. La grande crainte de n'importe quel cyberpolicier, c'est que, au cas où un fraudeur serait pris sans les autres, la nouvelle ne se répande comme une traînée de poudre sur les forums et que les cibles ne s'évaporent. D'où l'obsession du Secret Service pour le… secret.

Attends un peu, se dit Mularski, c'est de là que la fuite doit venir, du Secret Service ! Il passe méthodiquement en revue les coupables possibles : a) le Secret Service ; b) un de ses collaborateurs — ce dont il doute, vu que la sécurité a été renforcée depuis qu'Iceman a révélé l'implication de l'agence ; c) la SOCA connaît l'existence de Matrix, mais les Britanniques sont toujours ceux qui parlent le moins ; d) et bien sûr les Allemands — là, il n'a pas assez d'expérience pour les juger, même s'il a cru percevoir une relation légèrement rugueuse entre la police régionale de Stuttgart et le bureau de la police fédérale de Wiesbaden, à quelques heures de route au nord. Or les deux ont été mis au courant de l'affaire DarkMarket. Cela dit, il n'en mettrait pas sa main au feu.

Quoi qu'il en soit, ce n'est pas le moment de faire des spéculations. La priorité de Mularski est de contacter Frank Eissmann, de la police régionale de Stuttgart, et de discuter de l'enquête Matrix avant que le jeune Allemand ne leur file entre les doigts. Stuttgart décide qu'il est temps de mettre un coup d'accélérateur et Eissmann avance la date prévue pour l'arrestation de Matrix. Cette initiative crée à son tour des problèmes pour les polices de Londres, de Calgary et de Paris, qui ont finalement accepté lors de leur réunion du début avril à Londres d'appréhender leurs suspects à la même date, le 12 juin. La SOCA continue à se sentir un peu mal à l'aise, car le Secret Service surveille JiLsi depuis l'époque de Shadowcrew. Le FBI et le Secret Service veulent tous deux l'arrêter.

Matrix, lui, ne va pas s'échapper. Au contraire, les conversations et les e-mails que la police allemande intercepte indiquent qu'il n'est pas du tout perturbé par le fameux hushmail. Peut-être que la décision d'accélérer son arrestation a été prématurée ?

Le 10 mai, une semaine jour pour jour après le premier mail, il en reçoit un second. Cette fois, ça vient de l'adresse *auto496064@hushmail.com* et cet auto496064 a l'air passablement furieux :

> T'as merdé, mec.
>
> Notre réseau a eu l'élégance de vous mettre en garde, vous les carders allemands, et qu'est-ce que tu t'empresses de faire ? De parler aux enfoirés du FBI !
>
> T'es tellement débile que tu mériterais d'aller en prison.
>
> Enfin bon, on a intercepté des communications entre le FBI et un Allemand qui se fait appeler « iceman ». Ils ont un flic undercover qui est en train de t'appâter, il attend que tu achètes ou que tu vendes quelque chose. On n'a pas encore le nom. Mais tu peux peut-être nous aider à le démasquer.
>
> En attendant, rends-toi un putain de service : jusqu'à ce qu'on sache qui est ce flic infiltré, n'achète rien à ces gars.
>
> Vu que t'as été assez malin pour dire au FBI que l'on était sur leurs traces, ils vont peut-être attaquer plus tôt ! Détruis toutes les infos qui sont sur ton ordinateur perso, même si elles sont cryptées, et utilise *uniquement* des cafés internet.

Matrix choisit d'ignorer le message. Il se dit que c'est encore un jeu, comme ceux dont il se souvient à propos de l'affaire Iceman. Les policiers, eux, deviennent fous. Cette fois, l'agent de surveillance placé sur la connexion informatique de Detlef Hartmann a récupéré le mail lorsque celui-ci l'a ouvert. Franck Eissmann (dont le mystérieux auto496064 pense à tort qu'il s'agit d'« iceman ») n'arrive pas à croire qu'il y a apparemment quelqu'un qui surveille toutes les communications de DarkMarket. Les policiers sont pris de panique à l'idée que toute l'enquête ait pu être espionnée et que les escrocs soient au courant de tout ce que la police fait.

Mularski est en état de choc, lui aussi. Il a toutefois repéré une anomalie importante : l'expéditeur du mail anonyme parle peut-être parfaitement anglais mais il n'est pas américain, puisqu'il écrit le mot *favour* avec un *u*[1]. De qui s'agit-il donc ?

1. Dans « rends-toi un putain de service », *do yourself a fucking favour* (*N.d.T.*).

23

Matrix se fait serrer

29 mai 2007. À Eislingen, la journée commence. Dans cette petite ville, l'une des innombrables communautés impersonnelles que compte l'Allemagne, où un feu rouge déréglé ou une vache égarée font parfois la seule actualité pendant des mois, la routine est rarement perturbée. En Allemagne, la vie démarre une ou deux heures plus tôt qu'en Angleterre ou aux États-Unis. À six heures et demie du matin, il y a déjà un flot de gens qui se rendent à leur travail et s'arrêtent au café Tchibo du coin. Là, ils échangent les derniers ragots, pour autant qu'il y en ait, autour de leur café allongé peu appétissant avec du lait condensé mais accompagné de gâteaux à la crème ou d'un *weggle* au jambon fumé (c'est-à-dire un petit pain, dans ce dialecte souabe assez incompréhensible).

La journée sera pourtant différente des autres, car le XXIe siècle est sur le point de faire irruption à Eislingen. Quelque part rue H., Detlef Hartmann s'est tiré de son lit, vaguement conscient qu'il avait quelque chose d'important à l'esprit. Tandis que le brouillard commence à s'éclaircir dans sa tête, il vérifie son compte mail pour voir s'il a reçu des messages cryptés et examine son site pour savoir s'il a besoin de maintenance. Il ne trouve aucun problème particulier.

Puis il se souvient. Ses parents doivent rentrer de leurs

vacances en Autriche. Branle-bas de combat. Il a juste une journée pour tout nettoyer avec son frère. Des spaghettis desséchés collent comme du ciment industriel aux assiettes ; des cendriers avec des petites montagnes de mégots traînent un peu partout entre les canettes de bière, les bouteilles et des vêtements indéterminés : bref, le tableau typique d'adolescents laissés à eux-mêmes. Detlef décide de prendre un bain rapide avant de ranger. Il est juste en train de se sécher lorsqu'il entend sonner à la porte. Il crie à son frère d'aller ouvrir.

Detlef est déjà énervé d'être dérangé à neuf heures et demie du matin, mais son irritation augmente d'un cran lorsque son frère lui crie quelque chose sur une livraison pour laquelle il doit signer. Il dévale l'escalier, prêt à reprocher au postier de s'être trompé d'adresse. « Dépêche-toi », lui dit son frère avec impatience en frissonnant un peu dans le courant d'air tandis que Detlef descend.

« Ce véhicule est garé en infraction », remarque Detlef avec son sens de l'observation caractéristique en apercevant une camionnette noire dans la rue. Une postière se tient devant. Elle porte un uniforme que Detlef ne peut qualifier autrement que de cérémoniel : une cravate avec un petit nœud bien serré et une casquette à visière rigide. Elle a l'air très sérieuse.

La postière s'incline presque en tendant à Detlef une enveloppe A4 dans une main et un stylo dans l'autre. Lorsqu'il veut prendre le stylo, elle se recule de façon théâtrale. « Qu'est-ce qui se passe, bon sang… ? » Mais avant qu'il n'ait pu terminer, quatre hommes lui ont sauté dessus et il gît à terre, les mains derrière le dos. « Vous êtes en état d'arrestation », hurle l'un d'entre eux tandis que plusieurs autres policiers surgissent de nulle part et entrent dans la maison. Detlef est là, en pantalon de pyjama. Il pleut et il fait froid. Une botte maintient son nez contre le sol gelé et le câble qui lie ses mains s'enfonce dans sa peau. Il n'arrête pas de bredouiller « Mais qu'est-ce qui se passe ici ? », avec l'impression d'avoir échoué sur le tournage d'un mauvais film.

Dix minutes plus tard, il est assis face à Franck Eissmann, le policier de la LKA du Bade-Wurtemberg. Celui-ci regarde avec dégoût les détritus dans la cuisine, le centre de l'univers de ce chaos adolescent. « Mon Dieu, c'est vraiment le souk ici », fait remarquer le détective.

En guise d'explication, Detlef répond que ses parents sont en vacances. « Oui, je vois ça », marmonne Eissmann.

Le policier et son suspect restent silencieux quelques minutes. Le seul bruit que l'on entend, c'est Detlef qui claque des dents. La porte d'entrée est restée ouverte et, après quelques minutes passées sous la pluie, la température de son corps est en train de baisser. Tout à coup, on entend crier d'en haut : « Les ordinateurs tournent encore ! »

Detlef a finalement compris ce qui se passe. Malgré le froid et la confusion, il réfléchit rapidement et demande au policier s'il peut mettre quelque chose sur son dos. Ce n'est pas entièrement par sournoiserie : il est vraiment gelé. Eissmann hésite. D'accord, il accepte, tout en faisant savoir que c'est strictement contre les règles, mais il permettra au garçon de s'habiller.

Alors qu'il monte à l'étage, Detlef n'a qu'une idée à l'esprit : « Arrête l'ordinateur ! Arrête-le ! Éteins-le ! Éteins-le ! » se dit-il. Detlef sait que la police n'a pas son mot de passe, donc s'il peut arriver à désactiver l'ordinateur, il n'y aura aucune preuve. Il se dit que, tant qu'ils n'ont pas son mot de passe, ils n'ont rien.

Dans la chambre, le collègue d'Eissmann se tient devant l'ordinateur, les mains en position de goal, prêtes à protéger la machine de toute interférence. Tandis que Detlef essaie d'enfiler un tee-shirt, il trébuche et réussit à attraper le câble qui mène à la prise et à le débrancher. Le ronronnement cesse. « Merde, merde ! crie le policier. L'ordinateur a planté. » Eissmann déboule dans la pièce.

« OK, c'est bon. Tu en as assez fait – ce sera la dernière chose que tu auras pu faire avant un bon moment. » Il traîne Detlef en bas, dans la cuisine. Eissmann jette un papier devant lui, truffé de jargon administratif, mais la seule chose dont Detlef se souvient, c'est de la mention gribouillée à la main : « … soupçonné de crime en bande organisée. »

Malgré sa fureur, Eissmann laisse Detlef s'entretenir brièvement avec son frère. Detlef lui dit de ne pas s'inquiéter, que tout ira bien. Son frère ne répond rien mais le regarde comme s'il était complètement dingue. Finalement, avant de le pousser dehors, Eissmann demande à Detlef s'il souhaite emporter quelque chose. « Pouvez-vous me dire ce dont je vais avoir besoin ? demande Detlef, un rien perplexe. Je ne me suis encore jamais trouvé dans ce genre de situation. »

Tout en regardant par la fenêtre, en route pour le commissariat, il repense aux deux mails anonymes qu'il a reçus quelques semaines auparavant. Où avait-il la tête ? Pourquoi n'avait-il pas réagi ? Cela dit, il a beau réfléchir, Detlef ne sait pas exactement ce qu'il aurait pu faire. Ce n'est pas un criminel endurci, avec des planques et un réseau mafieux à sa disposition. Juste un jeune étudiant plutôt naïf. Il sait à peine ce qu'est une bande organisée, et encore moins qu'il pourrait en être partie prenante.

Detlef est encore en train de réfléchir à tout cela lorsque la voiture de police arrive à Stammheim, un quartier de Stuttgart, la capitale du Bade-Wurtemberg. Elle se gare devant un grand bâtiment blanc au bout de la bien nommée rue Asperger. S'il avait jeté un coup d'œil à l'une des fenêtres du dernier étage, il aurait pu apercevoir la cellule dans laquelle s'était pendue Ulrike Meinhof, la dirigeante charismatique de la Fraction Armée rouge, le groupe terroriste allemand d'extrême gauche des années 1970.

Depuis cette époque, la prison de Stammheim est devenue une prison pour hommes. Mais c'est une femme policier qui y emmène Detlef. Or, dès que les détenus voient une femme, ils deviennent fous et se mettent à crier des obscénités depuis leurs cellules sur ce qu'ils aimeraient faire avec elle.

À chaque pas, Detlef est un peu plus effrayé par sa nouvelle situation. Comment un garçon respectable issu d'une famille de la classe moyenne a-t-il pu se retrouver en si mauvaise posture ? Il a terminé le lycée avec d'excellentes notes et se préparait à aller à l'université. Ses parents l'adorent et lui sont reconnaissants de les aider autant avec ses trois petits frères et sœurs. Et maintenant, le garçon inoffensif d'Eislingen se retrouve à Stammheim, le centre de détention le plus tristement célèbre de toute l'Allemagne. Après l'avoir déshabillé et fouillé, les gardiens lui donnent des vêtements de détenu trop grands pour lui, mais pas de chaussures. Son nouveau pyjama a l'air si large qu'il lui fait penser à des pantalons de trappeur. Le repas arrive, mais il n'a pas encore vraiment compris qu'il est là pour un moment. Il est en état de choc. Il se rend compte peu à peu qu'il est arrivé au terme du petit voyage entamé cinq ans plus tôt, et cela, un jour seulement après son vingtième anniversaire.

24

La French Connection

Marseille, juin 2007

Parce qu'ils ont effectivement cessé de se parler, les deux services américains vont lancer leur raid sur DarkMarket en parallèle. En présence du Secret Service, le détective Spencer Frizzell arrête Dron à Calgary quatre jours avant l'opération Matrix dans le sud de l'Allemagne, soutenue par le FBI.

Pendant des semaines, Frizzell a cherché à établir une liste des suspects probables, visitant les innombrables cafés internet d'où Dron a travaillé. Il a fini par repérer ce jeune homme de vingt-six ans à l'allure ordinaire qui alterne ses trois uniformes décontractés en fonction des affaires qui l'occupent. La cible habite dans un appartement correct du bas de Calgary, pas loin de la ligne de trains de banlieue, bien entendu.

En revanche, ni Frizzell ni l'agent du Secret Service ne se sont préparés à ce qui les attend. Le suspect, Nicholas Joehle, a environ cent machines de skimming en production. S'il les avait toutes vendues, il aurait empoché 500000 dollars, sans compter les centaines de cartes bancaires vierges qui attendent d'être clonées et les hologrammes prêts à être contrefaits. Certes, le simple fait de posséder ces machines ne constitue pas un délit en soi, mais Frizzell a pu établir qu'au cours de la période concernée par l'enquête, soit en un peu moins d'un an, Joehle a gagné autour de 100000 dollars en vendant ses skimmers.

Pour la police, une chose est d'arrêter quelqu'un que l'on soupçonne d'activités criminelles sur internet, une autre de rassembler des preuves pour pouvoir procéder à une inculpation. La nature virtuelle et transnationale de ce type de crimes fait qu'il est extrêmement difficile de convaincre un procureur de se saisir de l'affaire et de prouver quoi que ce soit devant le tribunal. Hormis aux États-Unis, les inculpations prononcées dans ce champ juridique encore embryonnaire débouchent en général sur des peines plus courtes que les crimes conventionnels, ce qui signifie que la police doit investir des ressources importantes pour des résultats peu spectaculaires. Le problème avec quelqu'un comme Dron, c'est que plus il prospère, plus sa production va drainer les économies locales et mondiale. Avec un opérateur aussi doué que lui, les pertes potentielles sont énormes. Et pourtant, il y a des dizaines de milliers de cybercriminels à l'œuvre dans le monde, et seule une infime partie d'entre eux risquent un jour d'être appréhendés.

Bien que taciturne et autodidacte, Joehle a clairement du talent. Ses qualités à la fois techniques et entrepreneuriales l'aideront probablement à rebondir après un procès et un séjour en prison. Il a déjà transmis son savoir-faire à d'autres membres de DarkMarket, dont l'un est en train de construire une immense usine de skimmers à l'autre bout du monde. Mais finalement, ce n'est pas de la responsabilité de Dron ni du détective Frizzell: la vitesse à laquelle les compétences se transmettent sur la face sombre d'internet constitue une raison de plus pour obliger les forces de police nationales à améliorer leur communication avec leurs homologues à l'étranger.

Une fois Dron et Matrix éliminés du paysage, il faudra que la police agisse vite contre ses prochaines cibles, avant que les DarkMarketaires ne remarquent la disparition soudaine et largement inexplicable de leurs contacts réguliers. Le Secret Service est mieux placé pour cela car Cha0, en sa qualité d'administrateur de DarkMarket, a déjà exclu Dron du site.

Pendant que Dron continuait à poster des messages sur le site, Cha0 a en effet usé de son autorité pour percer les secrets des activités du jeune ingénieur. Dès que lui et son équipe (car Cha0 a plusieurs complices) ont attrapé le tour de main, il a résilié l'adhésion de Dron, exactement comme il l'avait fait avec JiLsi en décembre 2006. Désormais, Dron ne pourrait plus faire de la publicité sur DarkMarket, et comme la plupart des autres sites ont été liquidés dans le combat de titans que se sont livré DarkMarket et CardersMarket, la stratégie marketing du jeune Canadien en a pris un sérieux coup. Une fois Dron écarté, Cha0 a entrepris d'établir pour son compte un quasi-monopole sur la vente de skimmers.

Étant donné que Dron a été banni de DarkMarket, ses trois partenaires français ne remarqueront pas que Spencer Frizzell l'a mis hors de circulation. Cela dit, le Secret Service ignore à quel moment Matrix, l'administrateur de DarkMarket le plus prolifique, sera arrêté par la police allemande, avec le soutien du FBI. Et sa disparition surprise du site fera probablement paniquer les membres de DarkMarket.

En Suède, Recka a su tout de suite que la police était sur le coup. Il échangeait tous les jours des messages amicaux avec Matrix et il n'a pas été dupe de ce curieux message apparu au début juin 2007: ma mère, expliquait Matrix, a eu un accident grave et je serai absent pendant un moment. N'importe quel cyberescroc un peu expérimenté en aurait immédiatement conclu que la police avait utilisé son pseudo (ce qui était le cas) et que c'était juste une ruse.

La France apporte une contribution un peu particulière

à la cybercriminalité. Les criminels français se montrent aussi farouchement francophones que leurs compatriotes. L'Académie française, la police de la langue française, a constaté avec déplaisir l'usage exponentiel de l'anglais comme lingua franca mondiale dans les années 1990. Mais elle note avec satisfaction que, dans le monde numérique, la plupart des hackers et des geeks français semblent déterminés à lutter contre l'anglais, la principale source d'impuretés linguistiques.

Cela signifie deux choses : au départ, la cybercriminalité française était réellement nationale — rien de transfrontalier, contrairement au reste du monde. En 1982, le pays avait anticipé l'internet avec le lancement du Minitel. En conséquence de quoi, les Français étaient beaucoup plus avancés dans la compréhension des technologies de l'information que la plupart des autres pays. De plus le Minitel était beaucoup mieux protégé qu'internet contre les hackers. Les Français étaient donc moins vulnérables aux premières infections par des virus sur internet. En outre, relativement peu de hackers français passaient du temps sur des sites comme CarderPlanet, Shadowcrew ou DarkMarket.

Deuxièmement, la progression des spams en France s'est faite lentement. Les rendements sont beaucoup moins tentants que ceux que génèrent les envois massifs de spams en anglais, en espagnol et dernièrement en chinois. Le marché est trop petit, tout simplement. Et jusqu'à récemment encore, les quatre-vingts policiers de l'OCLCTIC ne prenaient pas la peine de surveiller les cybermenaces émanant d'autres pays (contrairement à l'armée et aux services de renseignement, qui disposaient de capacités très avancées en la matière). DarkMarket a aidé les agents de l'OCLCTIC à expliquer aux responsables politiques pourquoi la police française devait collaborer plus efficacement avec les forces de l'ordre dans le monde. Encore plus incroyable : lorsque l'OCLCTIC a procédé à ses arrestations, avec des dizaines de policiers armés qui ont fait des descentes à Marseille et en banlieue parisienne, la presse française n'en a pas touché mot : pas un seul article.

Les policiers ont été un peu surpris de découvrir qu'un des pirates n'avait que dix-huit ans — il était le Dark-Marketaire le plus jeune à avoir été arrêté dans le monde entier. Il s'était mis au carding pour aider à financer ses études. Si des jeunes femmes pensent que la seule façon pour elles de payer leurs études est de vendre leur corps de temps en temps, on ne s'étonnera pas que de jeunes geeks soient eux aussi tentés d'arrondir leurs fins de mois. Et une fois que l'argent commence à arriver, il est difficile de s'en passer.

Les policiers français ont d'abord pensé que l'un des pirates faisait partie de l'un des nombreux gangs de petits criminels que compte Marseille, l'Odessa de la France : là encore, un port palpitant à la culture inimitable (et dans le cas de Marseille, il faut y ajouter une cuisine fabuleuse).

Lorsque les policiers de l'OCLCTIC, accompagnés par leurs collègues marseillais, ont fait une descente dans son appartement du centre de la cité phocéenne, ils ont compris qu'il ne jouait pas dans la même catégorie. Outre le vaste choix de matériel informatique, l'appartement était meublé avec goût et élégance. À l'évidence, ce n'était pas un voleur à la petite semaine. C'était un hacker doué et il se trouve qu'un de ses proches travaillait pour un service de messagerie internationale. Pour les cybercriminels, il y a peu d'activités commerciales plus précieuses que ces services. Ainsi, le pirate avait toute latitude pour expédier des marchandises et du cash vers et depuis Marseille sans attirer l'attention. C'était important, car il était l'un des plus gros revendeurs de *dumps* achetés à Maksik, le roi ukrainien du carding.

En deux ans, Maksik lui avait vendu les données de 28000 cartes bancaires, soit un potentiel d'environ

10 millions de dollars. Avec son équipe, le pirate Hakim envoyait les cartes vers des distributeurs automatiques dans tout le sud de la France. Il veillait à ne jamais utiliser de cartes françaises, toujours des américaines.

25

L'homme invisible

Renukanth croit pouvoir commencer une nouvelle vie. Son exclusion de DarkMarket l'a plongé dans la dépression pendant trois semaines. Ce site qu'il a construit à partir de rien, c'est la seule chose qui lui importait, et on vient de le lui retirer. Pourtant, alors que l'hiver 2006 fait place au printemps 2007 et que le choc initial s'estompe, il est envahi peu à peu par un sentiment de libération étrange. Il se rend compte qu'il est capable de décrocher du crack et de l'alcool. Le brouillard qui embrumait son cerveau a commencé à s'éclaircir et il a décidé de retourner à la gym pour essayer de perdre une partie des kilos qu'il a pris lorsqu'il officiait de façon obsessionnelle comme administrateur de DarkMarket. JiLsi est petit, et il est vite passé d'une silhouette mince à un corps gras et bulbeux.

Quelques semaines plus tard, il s'adresse aux administrateurs de DarkMarket pour être réadmis sur le site. Ils acceptent, tout en rejetant sa demande de revenir comme administrateur. À la place, ils lui attribuent le titre unique et honorifique (mais dénué de toute signification) de membre respecté.

Il n'a plus de pouvoir de vie et de mort sur les autres utilisateurs, mais il continue à contribuer au bon fonctionnement du site. L'un des membres a monté une arnaque à la carte bancaire dans un garage Texaco à

Portsmouth, sur la côte sud de l'Angleterre. Quelqu'un a fixé une mini-caméra au plafond juste au-dessus de la caisse. Non seulement les cartes sont « skimmées », mais leurs propriétaires sont filmés en train de rentrer leur code. Malheureusement pour lui, JiLsi va accepter de jouer le rôle de responsable d'escompte juste pour rendre service à cet autre membre. Pire encore, il demande à Sockaddr, un troisième larron, d'encaisser l'argent avec les cartes en question aux États-Unis. Or Sockaddr se trouve être le principal agent sous couverture du Secret Service sur DarkMarket.

La présence de JiLsi sur le site se fait toutefois plus rare : ses jours de carder sont désormais comptés. Même s'il doit encore décider ce qu'il va faire, il est convaincu que le moment est venu de s'acheter une conduite. Il faut qu'il arrive à s'extraire du bourbier dans lequel il est empêtré.

Son sixième sens lui dit qu'il y a quelque chose d'étrange. Il est à l'affût du moindre bruit, tel un cerf flairant le danger. Il lui semble avoir remarqué deux animaux qui le pistent. Il est persuadé d'avoir aperçu du coin de l'œil une meute de lions traîner autour du café Java Bean. Il scrute également le ciel, à la recherche d'un éventuel vol de vautours.

Est-ce de la paranoïa, ou bien ses deux vies parallèles, celle de Renu et celle de JiLsi, risquent-elles d'entrer en collision ? Quoi qu'il en soit, il vaut mieux anticiper tous les scénarios possibles. Il ne peut plus se permettre d'ignorer allégrement tous ces signes évidents : une voiture garée depuis trop longtemps au même endroit ; des étrangers de passage au café qui tranchent avec la clientèle habituelle : pas le bon âge, pas les bons vêtements. Au bout de deux semaines, Renu commence à varier ses itinéraires pour se rendre au Java Bean. À l'évidence, il a de la compagnie. Ce sont eux, les lions.

Les vautours sont membres d'une équipe moins organisée mais tout aussi menaçante. Ils ont lancé des avertissements sur certaines obligations financières que Renu a contractées après l'épisode désastreux de la carte-mémoire, plus d'un an auparavant. Ils réclament maintenant leur dû. L'un des groupes serait-il prêt à négocier ? Ou est-ce qu'il va devoir les fuir tous les deux ?

En mars, quelques mois plus tôt, Mick Jameson a pris la direction de l'enquête JiLsi. Cela fait plus de six mois que son employeur, l'agence de lutte contre la grande criminalité organisée (la SOCA), piste JiLsi, sur un tuyau de Keith Mularski. L'US Secret Service et le FBI ont JiLsi en ligne de mire depuis longtemps, du fait de son hyperactivité sur presque tous les sites criminels (à tel point, pratiquement, que si JiLsi ne poste pas de messages sur votre site, vous n'êtes pas vraiment « casher »). Son avatar distinctif et guilleret, le pirate à la cocarde et au tricorne, est infatigable.

La SOCA est la seule agence de police à être dans le secret à la fois de l'opération DarkMarket du FBI et de celle du Secret Service. Dans une certaine mesure, l'agence britannique de lutte contre le crime organisé a joué le rôle d'un pacificateur passif, faisant au moins en sorte que la date des arrestations en France coïncide avec celle de Matrix en Allemagne et de JiLsi en Angleterre.

Depuis février, une équipe de surveillance a concentré ses caméras et ses dispositifs d'écoute sur le café Java Bean. Des policiers ont pris Renu en filature. Ils l'ont observé parler avec plusieurs interlocuteurs, souvent en tamoul, l'ont vu transmettre de l'argent et des cartes-mémoire à d'autres contacts, qui s'arrêtent en voiture avant de repartir. Ils sont même tombés sur un autre utilisateur de DarkMarket qui fréquente lui aussi le Java Bean. Mais c'est Renu qu'ils veulent. Ils ont pris des photos de son écran avec un téléobjectif. L'un des collègues de Jameson a infiltré DarkMarket en se faisant passer pour un membre ordinaire, ce qui leur a permis de surveiller une bonne partie des messages de JiLsi. De plus, Mularski leur fournit des informations précieuses. Il leur manque toutefois la preuve irréfutable que Renukanth Subramaniam est bien JiLsi. Et pour cela, ils vont devoir l'arrêter.

Les différentes forces de police ont décidé de passer à l'action la deuxième semaine de juin. Le Secret Service et le FBI ont finalement trouvé un terrain d'accord minimal : le 12 juin doit être le jour J. Ce plan va par la suite tomber à l'eau à cause des e-mails anonymes envoyés à Matrix001. Si l'arrestation de JiLsi échoue, il y a de bonnes chances pour que la nouvelle se répande sur DarkMarket en quelques minutes : toutes ces années de préparation minutieuse auront été vaines.

Et c'est là que le cauchemar de Jameson devient réalité : quelques jours après l'arrestation de Matrix, JiLsi disparaît. Un matin, au lieu d'aller au Java Bean, il marche jusqu'à Wembley Park, la station la plus proche, et prend la direction du centre de Londres. En passant devant IKEA sur la North Circular, le périphérique intérieur embouteillé de Londres, il remarque un homme à l'allure étrange. Ou bien est-ce une femme ? Il ne saurait pas dire. Androgyne serait peut-être la description la plus exacte. Il continue jusqu'à Wembley Park et là, au moment où il se dirige vers le passage souterrain, à côté de la station de métro, il aperçoit sur le pont au-dessus de lui un homme aux cheveux longs qui l'observe en parlant sur son portable.

JiLsi prend la Jubilee Line, change à Green Park pour récupérer la Piccadilly Line et sort finalement à Leicester Square, mais comme c'est le cas pour beaucoup de voyageurs qui descendent à cette station, il se trompe de sortie et doit revenir en arrière vers la place.

Là, son cœur se glace : M. Androgyne est juste là. Et en traversant Leicester Square, avec tous les touristes et les artistes de rue, Renu manque de se cogner contre

M. Cheveux Longs. Il n'y a plus de doute possible : il est placé sous étroite surveillance.

Il s'engouffre dans un restaurant chinois et engloutit un déjeuner tout en réfléchissant aux différentes options possibles. Il réémerge à la lumière du jour avant de descendre St Martin's Street, la rue qui se rétrécit pour se transformer en passage le long de la National Gallery, puis débouche sur Trafalgar Square.

Les visiteurs se pressent autour de la colonne de Nelson pour admirer l'extraordinaire statue de près de quatre mètres qui occupe la quatrième plinthe de la place, où une œuvre nouvelle est exposée tous les dix-huit mois environ. *Alison Lapper enceinte* dépeint l'artiste nue avec un enfant. Mme Lapper est née sans bras et la décision d'exposer la statue a suscité beaucoup de controverses. Elle attire en tout cas les foules, et tandis que Renu se fraie un chemin à travers un raz-de-marée de touristes, ses gardes sont ballottés derrière lui. Il saute dans le premier bus et monte à l'étage. Alors que le bus tourne à gauche pour s'engager dans St Martin's Lane, il regarde dans la rue et a juste le temps d'apercevoir M. Androgyne et M. Cheveux Longs qui cherchent désespérément leur proie désormais envolée.

Renu a disparu. Mais ce n'est pas le seul : JiLsi a également envoyé son dernier message sur le net.

Deux semaines plus tard, Renukanth se dirige vers l'une des propriétés sur lesquelles il a pris un crédit immobilier. Il est presque arrivé devant la maison, qui se trouve juste dans l'axe de l'une des pistes d'atterrissage de l'aéroport d'Heathrow, lorsque son téléphone sonne. C'est son ami, qui habite là-bas et qui le prévient de se tenir éloigné. La police vient juste de faire une descente dans la maison et brandissait un mandat d'arrêt à son encontre.

Mick Jameson, le policier de la SOCA qui dirige l'enquête sur JiLsi, a déjà visité le domicile principal de Renu à Coniston Gardens, ainsi que quelques autres de ses adresses. En dehors de son travail pour DarkMarket sous l'identité de JiLsi, le Sri-Lankais est un fraudeur en série au crédit immobilier. Il a régulièrement menti sur sa situation professionnelle et financière afin d'obtenir des crédits sur toute une série de biens dans le nord, l'ouest et le sud de Londres. L'Angleterre n'est pas touchée par la frénésie des subprimes qui a saisi l'industrie financière aux États-Unis. Cela dit, le fameux système de l'autocertification, où votre parole est considérée comme une preuve suffisante de votre revenu, combiné à la pratique consistant à prêter jusqu'à cinq fois le salaire de la personne (en des temps plus sobres, on n'avait jamais dépassé trois), signifie que la fraude au crédit immobilier est relativement aisée au Royaume-Uni. Le marché est tellement compétitif que l'industrie bancaire a pris l'habitude de fermer les yeux.

Lorsqu'il reçoit l'appel, néanmoins, la priorité de Renu est de s'extraire du bourbier dans lequel il s'est enferré plutôt que de réfléchir aux détails de ses diverses escroqueries. Il décide illico de disparaître du paysage. Pendant trois semaines, il va dormir dans la rue, évitant les adresses dont il pense qu'elles sont désormais surveillées. Quand il a reçu le tuyau sur le raid de la police, il avait environ 500 livres sterling sur lui.

Sa vie d'avant a été frénétique et risquée, mais Renu a toujours aimé cette existence qui était presque celle d'un agent secret : ne jamais rester longtemps à la même adresse, passer furtivement des cartes-mémoire à des contacts à la mine patibulaire et, bien sûr, être considéré comme un maître des sites de carding sans que personne ne connaisse sa véritable identité. Au début, il se dit que dormir dans des boîtes en carton sous les ponts avec un groupe d'alcooliques ferait bien dans le tableau. Mais il n'a presque plus d'argent et son style de vie s'est dégradé à tel point qu'il vit presque au jour le jour. Renukanth Subramaniam, négligé et en mauvaise santé, finit par décider qu'il ne sert plus à rien de fuir et de se cacher.

Le 3 juillet 2007, il entre dans le poste de police de Wembley Park et se rend. La partie la plus aisée de l'opération DarkMarket vient de s'achever.

INTERLUDE

Le pays du je-ne-sais-quoi et du je-ne-sais-où

Tallinn, Estonie

Au printemps 2007, quatre jours avant les élections législatives, l'Estonie, ce petit pays balte dont la population ne dépasse pas 1,25 million d'habitants, offre à ses citoyens une première mondiale : ils pourront participer au scrutin depuis leur ordinateur. Si l'expérience se révèle concluante, l'objectif ultime sera d'organiser une élection totalement « virtuelle » en 2011, quatre ans plus tard.

L'enjeu est considérable si l'Estonie veut faire ce pas de géant vers un futur numérique : il faut que les systèmes fonctionnent, mais aussi qu'ils soient protégés contre des attaques de l'extérieur. Un an plus tôt, le pays a inauguré officiellement son équipe d'intervention en cas d'urgence informatique (CERT), qui a pour mission de réagir aux atteintes, accidentelles ou malintentionnées, au domaine internet portant le suffixe .ee. Cela implique de surveiller constamment le trafic internet en Estonie et autour pour repérer d'éventuelles anomalies.

Hillar Aarelaid, un homme qui parle doucement et donne l'impression qu'il vient juste de sortir de son lit (contre son gré), est alors responsable de la sécurité informatique pour tout le pays. Il semble peut-être distrait, mais il possède une détermination qui lui a permis de gravir tous les échelons de la police estonienne, où il a commencé comme simple agent de la circulation dans un village. « J'aimais les ordinateurs, alors j'ai d'abord obtenu une mutation ici, à Tallinn, et j'ai fini par être nommé directeur informatique pour les forces de l'ordre de tout le pays. » Tant mieux : il a vraiment l'air d'un geek et certainement pas d'un policier (sauf, à la rigueur, d'un agent sous couverture de la brigade des stupéfiants dans les années 1980). C'est finalement peut-être avant tout pour des raisons vestimentaires qu'il a quitté son poste, en 2006, pour s'occuper du CERT.

En 2007, le jour de l'élection virtuelle, le CERT et les anciens collègues de Hillar dans la police sont placés en état d'alerte maximale. « Et bien entendu, me racontera-t-il, nous avons repéré quelqu'un qui avait lancé un botscan sur le système électoral. » Apparemment, quelqu'un a envoyé une sonde automatique avec pour instruction de chercher des ports qui auraient pu être laissés ouverts par erreur sur les serveurs électoraux. « Ce n'était pas très grave, car les botscans sont assez faciles à détecter, poursuit Hillar, mais c'était tout de même une véritable menace en termes de sécurité.

« Quinze minutes après que nous avions détecté le botscan, un policier frappait à la porte d'une maison à Rapla, à cinquante kilomètres au sud de Tallinn, et demandait à la personne qui habitait là pourquoi elle avait lancé un botscan contre les ordinateurs électoraux », raconte-t-il dans une bouffée d'orgueil — pour autant que quelqu'un d'aussi décontracté que lui en soit capable.

Dans le monde de la cybersécurité, quinze minutes entre la détection d'une malveillance et l'arrivée d'un policier devant l'ordinateur responsable, c'est plus qu'impressionnant : c'est brillant. « On a eu de la chance d'avoir fait un aussi bon travail, ajoute Hillar, car lorsque la première grande attaque s'est produite à la fin avril, nous étions bien préparés. »

Cette « grande attaque », deux mois après l'élection, constituera une autre cyber-« première » d'importance pour l'Estonie, soumise à des assauts répétés contre ses réseaux, qui vont finalement la contraindre à couper tous les liens internet avec le reste du monde. Certains y verront d'ailleurs le premier cas de guerre cybernétique de l'histoire.

J'ai cherché à rencontrer Hillar un mois après ma visite chez Google, dans la Silicon Valley. Mon expédition vers l'Est m'a ainsi mené à Tallinn, la jolie capitale du plus septentrional des États baltes. Le mur de la vieille ville protège un riche mélange de styles architecturaux scandinave, germanique et slave. On y retrouve les traces des aspirations impériales passées des voisins de l'Estonie au nord, à l'est et à l'ouest, qui ont finalement laissé place à la culture locale il y a à peine plus de vingt ans, après l'effondrement du communisme (même si les Russes constituent encore aujourd'hui près du quart de la population).

Des restaurants pour touristes faussement bucoliques côtoient les églises orthodoxes, luthériennes et catholiques ainsi que des boîtes de nuit accrocheuses où l'on peut terminer la nuit en dansant après un repas bien copieux. L'Estonie accueille moins de beuveries de jeunes Anglais avinés que sa voisine lettone, mais le pays a lui aussi un côté un peu scabreux. Parmi les clubs, on trouve le Depeche Mode Baar, au nom évocateur, qui passe uniquement des tubes du groupe du même nom, véritable temple consacré à l'héritage culturel de l'Angleterre du début de l'ère Thatcher.

L'atmosphère étrange mais accueillante de Tallinn est alors à son comble : je suis arrivé une semaine seulement avant la nuit de la Saint-Jean et les fameuses nuits blanches. La nuit ne tombe qu'après minuit et la lumière revient une heure et demie plus tard. Une semaine plus tard, il fera jour pendant vingt-quatre heures.

Ce carrefour désordonné d'ambitions impériales et

d'icônes culturelles modernes un peu étranges, à quoi s'ajoute une lumière rêveuse, forme un cadre idéal pour la réunion annuelle du Cooperative Cyber Defence Centre of Excellence (CCDOE), le complexe appuyé par l'Otan qui mène des recherches sur tous les aspects de la guerre cybernétique. Les participants à cette conférence vivent dans un pays des merveilles contemporain où l'on a tendance à faire fi des conventions : les queues-de-cheval et les lunettes à montures d'acier échangent le plus sérieusement du monde des informations sur les « vulnérabilités aux injections SQL » avec des uniformes militaires empesés. On croise aussi des fonctionnaires en costume en pleine conversation avec des jeunes gens en jeans et en tee-shirts qui s'étendent sur l'immoralité des « attaques de l'homme du milieu ».

Si l'on veut arriver à comprendre ne serait-ce que les bases de la cybersécurité, dans toute sa variété, il faut être prêt à apprendre quantité de nouveaux idiomes qui sont constamment ajoutés ou modifiés. Sans cela, vous pourrez écouter une conversation dont le vocabulaire de base et la structure syntaxique sont à l'évidence anglais, et pourtant totalement inintelligibles à celui qui n'est pas versé dans ce langage obscur. Bien sûr, c'est embarrassant de devoir constamment demander à des individus qui parlent couramment la langue pourquoi une « surcharge de la mémoire » peut avoir des conséquences alarmantes sur la sécurité de votre réseau, mais les geeks ne sont pas condescendants et en général ils aiment rendre service.

L'Estonie a beau être un petit pays, c'est le plus câblé en Europe et l'une des premières puissances numériques au monde. C'est de là, entre autres inventions, qu'est venu Skype. On trouve du wi-fi gratuit presque partout, car la possibilité de se connecter est considérée comme un droit fondamental et non comme un privilège. Là-bas, vous ne trouverez pas d'hôtel qui vous extorque de l'argent contre un accès à internet.

Cela dit, je n'étais pas venu pour parler avec Hillar Aarelaid de l'approche dynamique de l'Estonie, mais plutôt de son rôle légendaire dans l'histoire de la guerre numérique internationale, qui prenait alors un essor très rapide.

Début 2007, le gouvernement estonien a annoncé son intention de déplacer le mémorial aux soldats de l'Armée rouge tombés pendant la Grande Guerre patriotique (c'est ainsi que les Russes appellent la Seconde Guerre mondiale) du centre de Tallinn vers le principal cimetière de la ville — donc, franchement, pas très loin. La Russie et ses dirigeants ont vu dans ce geste une insulte intolérable, la preuve d'une résurgence du nationalisme fasciste estonien (cela vaut pour l'ensemble des sept cent cinquante mille Estoniens) et un affront pour ces soldats de l'Armée rouge qui ont sacrifié leur vie pour libérer le pays du joug nazi.

La dispute autour du soldat de bronze s'est envenimée. Les médias russes, en Estonie comme dans la Russie voisine, ont attisé les inquiétudes sincères de la minorité russe et on est arrivé très rapidement au point de rupture. L'après-midi du 27 avril, des centaines de jeunes citoyens estoniens de la minorité russe se sont retrouvés dans le centre de Tallinn. La manifestation contre le déplacement du mémorial s'est déroulée dans le calme et la bonne humeur, jusqu'au moment où un groupe a essayé de percer un cordon de police qui protégeait la statue. Des affrontements violents se sont ensuivis et ont vite dégénéré : le soir, la vieille ville, classée au patrimoine de l'Unesco, était en flammes, les voitures incendiées, les vitrines des magasins brisées et leur contenu pillé.

Alors que les troubles menaçaient de se propager, Moscou a rendu publiques des mises en garde, citant la brutalité de la police estonienne, et le pays qui avait conquis son indépendance de l'Union soviétique moins de deux décennies plus tôt a été saisi d'un sentiment de peur et d'incertitude. Il était très peu probable que la Russie offre son « assistance fraternelle » à l'Estonie, pour reprendre l'euphémisme soviétique pour l'envoi de chars. Après tout, l'Estonie était désormais membre de l'Otan et il semblait inconcevable que la Russie veuille déclencher la garantie de défense de l'Organisation — un pour tous, tous pour un — à cause d'une fichue statue !

De fait, heureusement pour nous tous, le Kremlin n'a montré aucun désir d'offrir son assistance fraternelle, mais pendant que le centre de Tallinn crépitait, en proie aux émeutiers et aux brûleurs de drapeaux, des hackers ouvraient un nouveau front dans ce conflit un peu particulier.

Le même soir, les sites web de la présidence estonienne et de plusieurs ministères ont commencé à recevoir d'énormes quantités de spams, tandis que la photo du Premier ministre exposée sur le site de son parti était défigurée. Les forums de discussion en russe se sont mis à exhorter les hackers à lancer des attaques contre les sites estoniens et à distribuer les logiciels nécessaires. Selon des sources citées dans un télégramme envoyé à Washington par l'ambassade américaine et dévoilé par WikiLeaks, les premières attaques n'étaient pas très sophistiquées d'un point de vue technique et « ressemblaient davantage à une cyberémeute qu'à une cyberguerre ».

Les attaques se sont toutefois intensifiées pendant le week-end : on est passé d'une avalanche de spams à des attaques en déni de service distribué. Les hackers avaient créé des dizaines de ces très agaçants botnets, subornant des ordinateurs zombies infectés dans le monde entier et les forçant à solliciter des sites estoniens. On avait affaire à des assauts puissants : le site de la présidence, « qui en temps normal possède une capacité de deux millions de mégabits par seconde, était submergé par un trafic de près de deux cents millions de mégabits », toujours selon le câble de l'ambassade américaine. C'était encore gérable mais, le 3 mai, « les cyberattaques ont dépassé le cadre des sites et serveurs gouvernementaux pour s'en prendre également aux sites privés ».

Vers vingt-deux heures, Jaan Priisalu a reçu un appel à son domicile, dans la banlieue de Tallinn. « Ils m'ont appris qu'au bureau tous les canaux étaient en train de tomber en panne », se souvient-il. Priisalu, le chef de la sécurité informatique chez Hansabank, la plus grosse banque du pays, a commencé à s'activer. « Puis j'ai reçu un SMS m'informant que notre service de banque en ligne avait planté. »

C'était le branle-bas de combat général : des dizaines de milliers d'ordinateurs inondaient les systèmes de Hansabank avec des demandes d'information. Priisalu a tout de suite entrepris d'examiner cette activité électronique frénétique, pour découvrir très vite que Hansabank faisait l'objet d'une attaque d'un botnet qui impliquait près de quatre-vingt mille ordinateurs. En remontant à la source des attaques, Priisalu a découvert qu'elles venaient d'un serveur en Malaisie. Non pas que cela prouve quoi que ce soit, car au-delà de la Malaisie les attaquants avaient réussi à masquer leur véritable origine. Mais il a tout de suite compris qu'il avait affaire à une offensive très sérieuse. « C'était vraiment massif », raconte-t-il. Un botnet de quatre-vingt mille ordinateurs, c'est un monstre énorme qui peut paralyser entièrement tout le système d'une société en quelques minutes.

Grâce aux mesures de précaution prises par Priisalu, Hansabank était bien préparée, avec des serveurs puissants, des sites alternatifs qui pouvaient reproduire le contenu (rendant ainsi les attaques DDoS plus difficiles). Cela dit, même si le site de la Hansabank est resté opérationnel, la principale source estonienne de l'ambassade des États-Unis rapportait que cela avait coûté « au moins 10 millions d'euros » à la société.

Prochaines cibles : les médias estoniens, y compris le quotidien dont le site d'information attirait le plus grand nombre de visiteurs. « Essayez d'imaginer l'effet psychologique, raconte un observateur, lorsqu'un Estonien essaie en vain de payer ses factures ou d'avoir accès à des informations en ligne.» Le gouvernement était placé en état d'alerte, profondément inquiet de voir que les attaques de plus en plus virulentes représentaient «une menace alarmante pour les infrastructures économiques et sociétales».

Hillar Aarelaid et son équipe étaient totalement mobilisés. Avec l'aide de ses amis à l'étranger, notamment en Finlande et en Suède, le CERT estonien a réagi en élargissant le pipeline de haut débit qui alimentait le pays. «Nous nous attendions à quelque chose de ce genre et nous étions en état d'alerte, se rappelle Hillar. C'est là que les Russes ont fait une erreur. Si vous voulez réussir avec une attaque comme celle-là, vous devez vraiment bien connaître votre ennemi et être proche de lui», poursuit-il, expliquant que les Russes n'avaient pas anticipé le niveau élevé de préparation de l'Estonie. «S'ils y avaient réfléchi sérieusement, ils auraient su que nos systèmes étaient prêts à cause des dernières élections.»

La coordination entre le gouvernement, la police, les banques et le CERT a permis de limiter l'impact des attaques sur les citoyens ordinaires. Hansabank a gardé son service de banque en ligne opérationnel, mais les deux autres grosses banques n'ont pas réussi. Les Estoniens ont donc tout simplement recommencé à fréquenter leurs agences en dur. Les téléphones portables étaient inutilisables, et une fois que le gouvernement a donné l'ordre de couper les ponts entre l'Estonie et le monde extérieur, la communication avec le pays a été difficile pendant quelques jours. Contrairement à ce que l'on a dit au début, les feux rouges ne sont pas tombés en panne à Tallinn, mais le travail du gouvernement et des médias a été interrompu pendant un temps.

Les attaques se sont poursuivies avec des degrés d'intensité divers pendant deux semaines, jusqu'à l'assaut massif du 9 mai, date de la victoire de l'Armée rouge sur les nazis, qui a constitué le point d'orgue. À ce stade, le gouvernement estonien, épuisé par le flot incessant d'attaques DDoS, a décidé de couper le système internet estonien du reste du monde. Les attaques ont ralenti peu à peu, pour finalement prendre fin le 19 mai.

Ces événements ont eu des implications très graves. En termes politiques, il était parfaitement clair que les attaques venaient de Russie, mais, bien entendu, le gouvernement russe a nié toute responsabilité. Il est d'ailleurs tout à fait possible qu'il n'y ait pas eu d'implication officielle. Personne n'a réussi à en retracer l'origine précise. Néanmoins, à supposer qu'elles venaient bien de Russie, le gouvernement a dû être au courant vu son système de monitoring omniscient, SORM-2. Cela dit, il y avait à l'époque tellement d'activité internet insolite en Russie qu'il se peut que même le légendaire SORM-2 ait eu du mal à suivre tout à la fois. Comment savoir ? Parce qu'il y a en tout cas une chose que l'attaque sur l'Estonie a montrée clairement, c'est que l'on peut deviner qui est derrière ce genre de désagréments, mais on ne peut jamais en être complètement sûr.

Comme ses homologues, le gouvernement russe était en train de mettre au point sa position à l'égard d'internet, de sa fonction et de la relation entre l'État et l'utilisateur final. Dès les années 1990, Moscou avait reconnu qu'internet avait une telle importance en termes politiques et de sécurité que cela méritait l'attention pleine et entière de l'une des institutions les plus durables et les plus efficaces : la police secrète. Pour résumer, le FSB avait développé une capacité à surveiller tous les paquets de données à destination ou en provenance du pays. Ce système porte l'acronyme sinistre (à juste titre) de SORM-2, Система Оперативно-Розыскных Мероприятий — Système d'activités opérationnelles et de recherche.

SORM-2 est vraiment effrayant. Chaque fois que vous faites une demande d'information sur internet depuis votre ordinateur à Vladivostok ou à Krasnodar, lorsqu'elle arrive à votre fournisseur de services internet, un duplicata trotte gentiment jusqu'à la centrale du FSB à Moscou où elle est lue, examinée, moquée et (qui sait ?) utilisée comme preuve contre vous, au bon plaisir du FSB. Au minimum, la demande sera stockée.

Non seulement SORM-2 exige que les fournisseurs de services russes transmettent *toute* l'activité sur internet au siège du FSB mais le comble, c'est qu'il les contraint à acheter l'équipement requis (à un coût supérieur à 10 000 dollars) et à financer le fonctionnement du service. Ces coûts sont bien entendu répercutés sur les consommateurs, qui se retrouvent donc à devoir payer presque directement un instrument d'oppression dont ils sont les principales victimes.

L'État russe a la capacité de savoir qui fait quoi sur internet, quand, avec qui, et probablement pourquoi. Naturellement, un utilisateur russe un peu rusé pourra toujours concocter un plan pour contourner le tout-puissant SORM-2 en cryptant ses données et sa navigation. Mais rappelez-vous : en Russie, le cryptage est illégal ; un seul fichier avec une clé numérique dessus et c'est un aller simple pour la Sibérie.

Ce qui ne veut pas dire pour autant que les régimes de régulation d'internet mis en place par les gouvernements occidentaux soient un modèle de libre expression. Au contraire, au fur et à mesure que notre dépendance vis-à-vis de la toile s'accroît, le désir, la capacité et la volonté qu'ont les gouvernements de la contrôler augmentent. En dépit des protestations de rigueur de la part des fonctionnaires et des politiciens, qui affirment que rien de semblable n'est à l'ordre du jour, la mort lente par torture du respect de la vie privée sur internet dans les pays occidentaux, et particulièrement aux États-Unis, est une réalité attristante — quoique bien visible — et probablement inévitable.

Au nom de la lutte contre le terrorisme, la réponse au

11-Septembre a sérieusement restreint notre droit à nous protéger de l'interférence de l'État sur le web. Aux États-Unis, le programme Total Information Awareness (TIA) en a été le principal outil, mais même l'administration Bush, avec sa sourde oreille congénitale, a fini par se rendre compte que ce nom avait des connotations tellement orwelliennes que le programme a dû être rebaptisé Terrorism Information Awareness.

Le TIA a permis à la DARPA, l'unité de recherche et de détection du Pentagone, d'avoir un accès considérable aux données glanées dans le cadre de communications privées. Même si le programme a finalement été abandonné, le gouvernement a gardé beaucoup des pouvoirs qui lui avaient été conférés à l'occasion et les a redistribués entre différentes agences.

Dans un arrêt qui a fait date, la Cour suprême a également permis au FBI d'installer des chevaux de Troie enregistreurs de frappe sur les ordinateurs de n'importe quel suspect, quoique sous la supervision des tribunaux. Le FBI pourrait ainsi enregistrer tout ce que le suspect fait sur son ordinateur, exactement comme lorsque le cybercriminel infecte l'ordinateur d'une tierce personne avec un enregistreur de frappe. Au tournant du millénaire, le Parlement européen a confirmé l'existence d'Echelon, le programme d'espionnage mondial des États-Unis qui serait capable de capter les communications numériques n'importe où dans le monde.

Aux termes d'une directive adoptée sous la présidence britannique de l'Union européenne, les fournisseurs de services internet opérant en Europe ont été contraints de commencer à stocker tout le trafic informatique (une mesure qui s'applique également aux téléphones portables) pendant six mois à deux ans. Les données sont accessibles à toute une série d'agences gouvernementales dans le cadre de la législation nationale. Si cette tendance à la surveillance numérique se poursuit, les gouvernements occidentaux (la plupart du temps au nom de stratégies de lutte antiterroriste et de maintien de l'ordre) pourront contrôler encore plus facilement les mouvements et les habitudes de leurs concitoyens.

Des chercheurs de la London School of Economics ont décrit on ne peut mieux la voie que nous avons choisie. En juin 2009, ils ont demandé d'imaginer le scénario suivant :

> Le gouvernement aurait un agent de sécurité sourd qui suivrait chaque personne partout où elle va. L'agent ne pourrait pas entendre le contenu des interactions, mais il pourrait observer dans le moindre détail la vie des gens : à quelle heure ils se lèvent, comment ils conduisent pour aller au travail, à qui ils parlent et pendant combien de temps, comment vont leurs affaires ou leur santé, les personnes qu'ils rencontrent dans la rue, leurs activités sociales, leurs affiliations politiques, les journaux et même les articles qu'ils lisent, comment ils y réagissent, ce qu'ils mangent et s'ils s'alimentent correctement, l'état de leur mariage, leurs liaisons extraconjugales, leurs rendez-vous galants et leurs relations intimes. Étant donné que, de nos jours, la plupart de ces interactions passent par le biais de services de télécommunications ou sont facilitées par des appareils mobiles, l'ensemble de ces informations sera désormais stocké chez nos fournisseurs de services internet, à la disposition du gouvernement.

Dans les pays occidentaux, du moins, nous avons de bonnes chances d'arriver à résister à certains des pouvoirs les plus draconiens que diverses branches du gouvernement cherchent à acquérir pour contrôler l'activité des citoyens sur internet.

Étant donné la force des groupes de défense des libertés civiles à l'Ouest et l'étendue de la surveillance du FSB sur internet, on pourrait en déduire que la Russie constituerait un environnement implacablement hostile pour les cybercriminels. Pourtant, la Fédération de Russie est devenue l'un des grands centres de la cybercriminalité mondialisée.

Le taux de succès de la police est ridicule et le nombre de personnes condamnées atteint à peine deux chiffres. La raison est facile à comprendre, même si elle est tacite : les cybercriminels russes ont toute latitude pour cloner autant de cartes bancaires, pirater autant de comptes en banque et distribuer autant de spams qu'ils le souhaitent du moment que les cibles de ces attaques se trouvent en Europe de l'Ouest et aux États-Unis. Un hacker russe qui s'amuserait à déplumer des Russes serait jeté dans une voiture banalisée en moins de temps qu'il n'en faut pour dire KGB.

En échange, bien entendu, si le gouvernement russe requiert les services d'un hacker pour lancer une cyberattaque paralysante sur un ennemi supposé, alors il vaut sans doute mieux que le hacker coopère.

2007 a vu l'apogée du Russian Business Network (le RBN), une organisation libre d'entreprises basée à Saint-Pétersbourg. Cet acronyme mystérieux proposait d'héberger des sites web pour des particuliers ou des entreprises ; il était connu pour être le roi des hébergeurs pare-balles. En gros, les sociétés qui proposent ce service font savoir à leurs clients que le contenu ou la fonction du site web ne les intéressent pas et qu'en échange d'honoraires beaucoup plus élevés, elles résisteront à toute tentative juridique ou numérique de bloquer les sites.

Tous les sites pare-balles n'ont pas forcément pour but de contourner les lois, mais les criminels et les pirates utilisent souvent ce genre de services. Ils sont pratiquement indispensables pour les individus et les groupes impliqués dans la distribution de pornographie enfantine, par exemple, et le RBN était connu pour compter ce type de clients, comme l'ont prouvé plusieurs départements de recherche de sociétés de sécurité.

Ces hébergeurs se sont également révélés un outil précieux pour les distributeurs de spams, car ces opérations requièrent une capacité immense et sécurisée pour pouvoir cracher leurs milliards de publicités et virus douteux. Les arnaques à la nigériane, les médicaments de contrefaçon, les désormais célèbres agrandisseurs de pénis et d'autres produits en tout genre, réels ou imaginaires, déferlent sur le monde depuis ces hébergeurs pare-balles. Beaucoup de ces spams cachent des virus ou des liens vers des sites infectés qui, si on les active, peuvent transformer un ordinateur en fantassin d'une armée de botnets.

En 2006-2007, alors que le Russian Business Network était en plein essor, Spamhaus, l'opération secrète anti-spam basée à Cardiff, a établi que le RBN contrôlait 2048 adresses internet. Spamhaus l'a décrit comme faisant partie des « pires spammers au monde » et hébergeant de vastes « réseaux de pornographie enfantine, de logiciels malveillants, de phishing et de cybercrime ».

La raison d'être du RBN réside avant tout dans le profit généré par ce type d'organisations, qui peuvent facturer jusqu'à 600 dollars par mois, voire plus. Pour des sites légitimes, le coût reviendrait à un dixième de cela.

Mais son rôle secondaire est, à beaucoup d'égards, le plus intéressant. Les attaques sur l'Estonie ont commencé avec des millions de spams qui ont déferlé sur les réseaux informatiques du gouvernement estonien. Par la suite, François Paget, qui travaille pour McAfee, le géant américain de la sécurité informatique, a analysé le contenu des spams et découvert qu'ils étaient identiques aux envois standards du RBN. Andy Auld, le chef du cyber-renseignement à l'Agence britannique pour la lutte contre la grande criminalité organisée, a en outre rapporté qu'au cours de leur brève observation du RBN à Saint-Pétersbourg, la police britannique avait réussi à établir que, si ce dernier pouvait opérer, c'était en partie parce qu'il versait des pots-de-vin à la police et à la justice locales.

Il est possible, bien que peu probable, que ce soit le RBN qui ait fomenté les attaques sur l'Estonie. Il est toutefois plus vraisemblable qu'il ait été payé pour les lancer ou que les autorités aient fait pression sur lui pour qu'il participe à cet acte de patriotisme. Ce lien entre un complexe de fournisseurs de services internet basé à Saint-Pétersbourg et spécialisé dans les activités criminelles et la cyberattaque sur l'Estonie illustre bien l'une des plus grandes énigmes au cœur de la criminalité et de la sécurité informatiques.

Il existe trois « menaces » principales sur internet, qui se manifestent toutes sous des formes différentes. Il y a d'abord le cybercrime. Dans sa version la plus basique, il s'agit du « carding », c'est-à-dire du vol et du clonage de données de cartes bancaires destinés à engranger des gains financiers. Au-delà du carding, il y a toutes sortes d'autres escroqueries. L'une des plus lucratives, le « scareware », a été mise au point par Innovative Marketing, une société basée en Ukraine. IM a employé des dizaines de jeunes gens à Kiev, la capitale ukrainienne, dont la plupart pensaient qu'ils travaillaient pour une start-up qui vendait des produits de sécurité tout ce qu'il y a de plus légitimes. Sauf que ce n'était pas le cas.

La société envoyait par e-mail des logiciels publicitaires voyous qui, une fois installés sur un ordinateur individuel, activaient une fenêtre pop-up sur le navigateur pour avertir l'utilisateur que sa machine avait été infectée par un virus. La publicité expliquait que la seule façon de débarrasser l'ordinateur des petites bêtes électroniques qui s'étaient glissées partout sur le disque dur et la RAM était de cliquer sur un lien et d'acheter « Malware Destroyer 2009 », pour ne citer qu'un de leurs innombrables produits.

Une fois que vous aviez téléchargé Malware Destroyer (pour 40 euros), IM vous donnait instruction de désactiver votre système antivirus existant, Norton ou autre, et d'installer leur produit. Mais une fois installé, celui-ci ne faisait strictement rien : c'était un logiciel vide, et bien entendu vous étiez désormais susceptible d'être infecté par n'importe quel virus et vous aviez même payé pour ce privilège douteux.

Dirk Kolberg, chercheur chez McAfee à Hambourg, a commencé à suivre cette opération. Il a retracé le logiciel jusqu'à sa source en Asie du Sud-Est et découvert que l'administrateur des serveurs d'IM avait laissé quelques ports grands ouverts, ce qui lui a permis de déambuler dans le serveur et de l'étudier à sa guise. Ce qu'il a trouvé l'a proprement stupéfié. Innovative Marketing gagnait tellement d'argent qu'ils avaient ouvert trois centres d'appel — un pour les anglophones, un pour les germanophones et le troisième pour les francophones — afin de venir en aide aux clients désemparés qui tentaient d'installer le produit déficient. En fouillant dans les reçus qu'il a trouvés sur le serveur, Kolberg a établi que l'escroquerie au scareware avait généré des millions de dollars de recettes pour les dirigeants de la société. Il avait affaire à l'un des exemples les plus théâtraux de crime sur internet.

En dehors du scareware, il y a aussi les opérations de gonflage et largage (« pump-and-dump ») : des hackers s'introduisent dans des sites de finance et gonflent le prix des actions avant de revendre leur portefeuille, puis de laisser l'action s'effondrer. On pourrait citer également les arnaques à la fiche de paie, où des criminels piratent l'ordinateur d'une société et ajoutent des employés fantômes dans la base de données du personnel. Les hackers versent à ces employés de vrais salaires, qui sont distribués chaque mois à ce que l'on appelle des « mules ». En échange d'une petite gratification, ces mules sont chargées de déposer l'argent dans une banque, loin de l'endroit où le crime est commis.

De même que le web offre des possibilités infinies à un esprit créatif dans le monde licite, les criminels peuvent eux aussi laisser libre cours à leur imagination sur internet.

Le cyberespionnage industriel constitue l'autre grand secteur de malveillance sur le web. Le rapport annuel sur les menaces publié par Verizon, le géant américain des télécommunications, indique que ce secteur représente environ 34 % de l'activité criminelle sur le web et que c'est certainement le plus lucratif. Grâce aux technologies de la communication, le vol de secrets industriels s'effectue beaucoup plus facilement que par le passé. Avant la généralisation de l'ordinateur, celui qui voulait voler quelque chose devait s'introduire physiquement dans une société ou, s'il s'agissait d'un membre du personnel, trouver le moyen d'extraire les données recherchées et de les distribuer.

Aujourd'hui, rien de plus simple : les voleurs industriels peuvent pirater le système d'une entreprise et aller fouiner pour chercher des projets, des stratégies marketing, des feuilles de paie ou n'importe quoi d'autre, puis les télécharger. Avant que Max Vision ne devienne le célèbre Iceman, il travaillait sur la côte ouest des États-Unis comme testeur de pénétration : les entreprises le payaient pour qu'il tente une effraction numérique. Vêtu de son uniforme orange de prisonnier, Vision me disait : « Pendant toutes ces années, il n'y a qu'une société dans laquelle je n'ai pas réussi à pénétrer, une des grandes sociétés pharmaceutiques américaines. » Ce qui est bien compréhensible : la valeur des sociétés pharmaceutiques réside dans leur recherche-développement et la perte de formules pour de nouveaux traitements peut entraîner la perte de centaines de millions de dollars, sans parler de l'effondrement du prix des actions.

Vision était littéralement livide à l'idée qu'il n'ait pas réussi à forcer ce système-là. « Bien sûr, après ça j'ai lancé sur eux une attaque de phishing et j'étais à l'intérieur en cinq minutes, mais ce n'est pas la même chose. » Ce qu'il voulait dire par là, c'est qu'il avait envoyé des messages électroniques infectés à des adresses mails de la société et qu'en quelques minutes l'un des milliers d'employés était tombé dans le piège. Donc même si vous avez une forteresse numérique imprenable, vous n'avez résolu qu'un des multiples défis en matière de sécurité.

De même, vu la facilité avec laquelle on peut recueillir et stocker des données, il est aujourd'hui beaucoup plus aisé de commettre un vol de l'intérieur d'une société. On sait que Bradley Manning, l'homme accusé d'avoir subtilisé les câbles diplomatiques américains publiés ensuite sur le site de WikiLeaks, a réussi à télécharger l'ensemble des informations sur un CD qui se présentait comme un album de Lady Gaga.

On sait aussi que Stuxnet, à ce jour le virus le plus sophistiqué au monde, a probablement été introduit sur sa cible apparente, à l'intérieur des installations nucléaires iraniennes, par quelqu'un qui a infecté (à dessein ou non) les systèmes informatiques avec une clé USB ou un CD. Les systèmes d'exploitation du nucléaire iranien ne sont pas reliés à internet mais ce sont quand même des réseaux, et le fait qu'ils aient été infectés par Stuxnet prouve qu'ils étaient à la portée d'une agence de renseignement professionnelle.

Avec Stuxnet, on a gravi un échelon de plus dans le domaine de la cyberguerre, la troisième grande menace. Ce logiciel malveillant était tellement complexe que les chercheurs pensent qu'il a dû falloir des ressources considérables pour le mettre au point, ce qui veut dire qu'une équipe de codeurs spécialement dédiée a dû travailler dessus pendant une longue période. Or le crime organisé n'opère pas de cette façon. La seule entité capable de développer Stuxnet, c'est un État-nation qui dispose de ressources suffisantes pour concevoir et produire des cyberarmes défensives et offensives. Cela dit, ceux qui ont développé Stuxnet ont emprunté d'énormes quantités de codes et de techniques informatiques aux dizaines de milliers de hackers en chapeau noir ou gris qui évoluent dans le cyberespace. Les hackers criminels constituent un puissant moteur de créativité dans tous les domaines de la face sombre du web. L'armée, le secteur privé, la police et les agences de renseignement adoptent toujours très vite les outils développés par les crackers et les hackers.

À la suite de l'infiltration réussie de Stuxnet dans le système de contrôle de plusieurs installations nucléaires en Iran, les autorités ont admis qu'il en était résulté une panne majeure dans un site hautement sensible, qui aurait pu provoquer une explosion. L'existence de ce virus prouve que les scénarios apocalyptiques proposés par les « cyberguerriers » n'appartiennent plus seulement au domaine du théoriquement possible. En comparaison avec ce que Stuxnet préfigure, l'attaque sur l'Estonie, malgré sa gravité à l'époque, tenait plutôt d'un petit jogging avant une compétition.

On qualifie également les cyberguerriers de « cybersécurocrates » : ce sont les prophètes qui annoncent que le ciel va nous tomber sur la tête, tel Richard Clarke, le plus éloquent d'entre eux, qui décrit le scénario suivant dans son livre *Cyber War* :

> Lorsque vous arrivez dans la salle de gestion des crises, le directeur de la Defense Information Systems Agency vous attend à l'autre bout de la ligne téléphonique sécurisée.
>
> La FEMA (Federal Emergency Management Agency) a fait état de graves incendies et d'explosions dans des raffineries de Philadelphie et de Houston, ainsi que de nuages de chlore létaux émis par plusieurs usines chimiques dans le New Jersey et le Delaware.
>
> Les systèmes du centre national de contrôle du trafic aérien à Herndon, en Virginie, sont tous tombés en panne…

La plupart des sécurocrates prétendent que la seule façon d'empêcher un Pearl Harbor numérique ou une cyberapocalypse est de mettre de l'argent dans leurs think-tanks et leurs sociétés afin d'encourager la recherche sur ces menaces.

De fait, c'est déjà le cas. Les événements estoniens ont

accéléré le passage à la militarisation du cyberespace. L'Otan a ouvert la voie en 2005 avec la création d'une organisation au titre ronflant, le Cooperative Cyber Defence Centre of Excellence, basé à Tallinn. Bien que les États membres aient accueilli l'idée d'un institut opérationnel sur la cyberguerre avec enthousiasme, ils ont hésité à mettre de l'argent sur la table (à l'exception bien compréhensible de l'Estonie, le pays hôte). Le projet n'a pas été mis en sommeil, mais il a eu du mal à progresser au-delà du stade d'un élégant papier à en-tête.

«Toutefois, note Peeter Lorents, éminent mathématicien estonien et l'un des cofondateurs du Centre, dès que l'attaque s'est produite, l'atmosphère a changé et nous avons commencé à recevoir un soutien réel de Bruxelles et de Washington. De fait, ma première réaction, lorsque j'ai été mis au courant de l'attaque, a été d'appeler la France et de commander deux caisses de champagne Cristal pour les envoyer à M. Poutine. En lançant cette attaque, les Russes avaient assuré l'avenir de notre centre.»

Les sonnettes d'alarme avaient sans aucun doute retenti à Washington. Un certain nombre d'événements ont précédé ou suivi immédiatement l'incident estonien, persuadant en 2009 la nouvelle administration Obama que la cyberdéfense devait être renforcée à tout prix. Quelques mois après l'Estonie, notamment, la National Security Agency (NSA), l'énorme agence de surveillance mondiale américaine, a compris la gravité de la perte d'un avion de reconnaissance EP-3E Aries, capturé par l'armée de l'air chinoise en avril 2001. Même si le pilote avait réussi à détruire le logiciel avant son atterrissage forcé, le disque dur était intact et les Chinois se sont empressés d'étudier la technologie de pointe qui allait désormais leur permettre de surveiller et de décoder des communications cryptées. Peu après l'élection d'Obama à la Maison Blanche, les Chinois ont commencé à tester leur nouveau jouet et la NSA a pu observer leur capacité nouvelle à intercepter les communications. Il semblerait que les Chinois aient voulu indiquer à Washington qu'ils avaient réussi à forcer sa technologie.

Le gouvernement américain ne s'est pas contenté de mettre tout son poids derrière le centre de cyberdéfense de Tallinn qui, depuis 2008, mène des recherches d'envergure, y compris des exercices cybermilitaires complexes. Les réseaux informatiques sont devenus un élément tellement indispensable, à la fois pour les infrastructures du ministère de la Défense et pour la capacité opérationnelle défensive, que l'ancien secrétaire d'État à la Défense, Robert Gates, a pris une décision capitale : créer un nouveau domaine militaire, le cyberespace.

Ce cinquième domaine militaire — à côté de la terre, de la mer, de l'air et de l'espace — représente la première sphère d'opérations militaires jamais créée par l'homme et ses règles de combat sont presque totalement opaques. En même temps que le domaine, le Pentagone a mis sur pied USCYBERCOMMAND pour surveiller toute activité hostile dans le cyberespace et, si nécessaire, prévoir de déployer des armes offensives telles que Stuxnet. Pour l'instant, personne ne conteste aux États-Unis leur supériorité en termes de capacité cyberoffensive.

Lorsque l'on parle de « capacité cyberoffensive », il ne s'agit pas de la faculté de déployer des armes conventionnelles améliorées par des systèmes informatiques. Dans cet arsenal-là, les drones (que les États-Unis utilisent abondamment en Afghanistan et au Pakistan) constituent le meilleur exemple : ils peuvent mener des missions de surveillance et de combat tout en étant pilotés par un opérateur basé au Nevada.

Les cyberarmes sont les outils de piratage qui permettent à un cybersoldat de pénétrer les systèmes informatiques des infrastructures nationales critiques d'un ennemi, tels ses réseaux de distribution d'eau et d'électricité. Selon la doctrine militaire, une fois qu'il a pris le contrôle du système, le cybercommandant peut ordonner leur arrêt (ou, comme on l'a vu avec Stuxnet, déclencher une explosion qui causera beaucoup de dégâts) : en quelques jours, le pays affecté en sera réduit à des technologies dignes de l'âge de pierre.

Du moins c'est l'idée. Pour le moment, les États-Unis sont à la pointe en matière de développement de cyberarmes offensives mais les Chinois, les Français et les Israéliens les talonnent de près, et les Indiens et les Britanniques suivent juste derrière.

La militarisation du cyberespace était prévisible. Mais où tout cela va nous mener, personne n'en a la moindre idée. Seymour Hersh, avec sa sagacité habituelle, analysait dans le *New Yorker* les implications du vol par les Chinois des secrets abrités dans le disque dur de l'avion de reconnaissance :

> La débâcle de l'EP-3E a alimenté un débat ancien parmi les militaires et au sein de l'administration Obama. Beaucoup de chefs militaires voient la pénétration chinoise comme un avertissement quant aux vulnérabilités présentes et à venir, à savoir la possibilité que la Chine ou un autre pays puissent utiliser leurs cybercompétences croissantes pour attaquer les infrastructures civiles et militaires des États-Unis. En face, il y a ceux qui plaident pour une réponse civile à cette menace qui mettrait l'accent sur une utilisation plus large du cryptage. Ils craignent en effet qu'une dépendance excessive par rapport à l'armée n'ait des conséquences néfastes sur le respect de la vie privée et des libertés civiques.

La volonté de l'armée de se poser en arbitre principal de la cybersécurité semble un trait fort répandu. En octobre 2010, le président Obama a chargé la National Security Agency, qui dépend du Pentagone, d'assister le département de la Sécurité intérieure et le secteur privé pour les questions de cybersécurité nationale. En Chine, l'Armée populaire de libération est la principale institution en charge de la cybersécurité extérieure et intérieure, tandis qu'au Moyen-Orient c'est l'armée qui a inspiré les recherches extraordinaires menées dans le domaine de la guerre informatique et qui permettent à Israël de jouer dans la cour des grands.

On pourrait toutefois se demander ce que tout ceci a à voir avec le cybercrime.

Dans le cyberespace, les menaces sont réelles et dangereuses. Idéalement, un État démocratique devrait faire en sorte que cette technologie cruciale bénéficie aux citoyens, au lieu de ruiner leur vie. De même, l'État devrait résister à la tentation d'empiéter sur nos droits et notre vie privée. Permettre aux militaires de jouer un rôle de premier plan dans la défense des réseaux civils est extrêmement imprudent. Pourtant, étant donné que les cyberarmes ont le potentiel de paralyser l'infrastructure nationale critique d'un pays (et de ruiner par la même occasion la vie de ses habitants), il faut prévoir une possibilité pour l'armée d'intervenir dans des situations extrêmes, mais dans des circonstances exceptionnelles et vérifiables.

Des organismes différents devraient être en charge des trois menaces distinctes : le cybercrime, le cyberespionnage industriel et la cyberguerre. Des agences de maintien de l'ordre reconnues comme le FBI ou l'US Secret Service assumeraient la responsabilité du cybercrime. Les grandes entreprises et les sociétés choisiraient soit de développer leur propre système de sécurité pour leurs réseaux, soit de payer une société spécialisée en cybersécurité. Le gouvernement mettrait en place une défense propre pour ses réseaux et l'armée protégerait ses systèmes.

À première vue, cela semble relativement clair. Mais dans le monde réel, les contours sont déjà flous du fait de l'interconnectivité du web. Et puis il y a cette énigme en deux parties jusqu'ici insoluble qui se trouve au cœur de la cybersécurité : à quoi ressemble une cyberattaque ?

Pour répondre à cette question, un cyberdéfenseur a

besoin de deux informations clés: d'où provient cette attaque et quelle est la motivation de l'attaquant. Face à un cyberagresseur patenté, même le meilleur défenseur ne peut répondre à ces questions. Il peut juste faire des supputations et, s'il prend des décisions sur cette base, cela peut entraîner de mauvaises décisions, des malentendus et finalement un conflit.

Supposons que notre force de police, les entreprises et l'armée s'en tiennent strictement à leur tâche consistant à protéger l'État contre un certain nombre de dangers spécifiques. Il reste encore deux acteurs omniprésents sur tout le spectre des menaces: l'espion et le hacker. Le premier cherche à percer l'énigme (même si ce n'est pas nécessairement pour partager les informations qui en découleront); le second a justement formulé l'énigme de façon qu'elle soit insoluble.

L'agence de renseignement rôde autour du web comme un chat noir sur un canapé noir, sans jamais faire le moindre bruit et en ne créant des liens que lorsque son équipe cherche à dissimuler, à recruter ou à semer la confusion. Ce comportement de fantôme est inscrit dans les gènes de l'espion, mais il s'explique aussi par la fascination, voire l'admiration qu'il éprouve pour son principal ennemi dans le cyberespace, à savoir le hacker.

Jusqu'à récemment, les défenseurs des réseaux pouvaient être sûrs que, lorsqu'une attaque survenait, il y avait un hacker derrière. Tout cela a changé les cinq dernières années, avec l'émergence des logiciels malveillants « prêts à l'emploi ». Aujourd'hui, beaucoup de hackers criminels font de l'argent non pas en piratant des cartes bancaires ou des comptes en banque ni avec d'autres arnaques de ce genre, mais tout simplement en vendant les chevaux de Troie, les virus et les vers qu'ils ont développés. Faciles à utiliser, ces programmes ne nécessitent pas de connaissances spécifiques pour les employer. Le plus commun est le botnet: des hackers vont louer pour un jour ou deux, voire une semaine ou un mois, des botnets qu'ils utiliseront pour des attaques en déni de service à des fins d'extorsion ou de vengeance. Bien entendu, les hackers qui vendent un botnet ou un virus ont la capacité technique de contrôler la durée de la location en programmant tout simplement son obsolescence sans que leurs clients (probablement des petits criminels) puissent rien y faire.

Cela dit, l'émergence d'un marché secondaire sur le net pour les logiciels malveillants « prêts à l'emploi » ne changera rien à cette vérité fondamentale : derrière n'importe quelle cyberattaque, qu'il s'agisse d'un acte criminel, d'espionnage industriel ou de guerre, se cache un hacker talentueux. Pour monter des cyberattaques qui ne soient pas simplement gênantes mais qui fassent vraiment des dégâts, il faut des compétences techniques très pointues. Cela signifie que, même si un hacker travaille pour le compte d'un patron, il devra obtenir un maximum d'informations sur la cible visée s'il veut créer un produit efficace. L'équipe de hackers qui a mis au point Stuxnet, par exemple, ne devait pas seulement connaître les installations nucléaires iraniennes, qui constituaient les cibles présumées : elle devait également comprendre le réseau Siemens PLC qui les faisait fonctionner et le compresseur très spécifique produit en Chine et conçu par Vachon, une entreprise finlandaise. Elle devait aussi connaître la société taïwanaise dont elle avait usurpé le certificat numérique RealTek pour tromper le programme antivirus des Iraniens. Mais si quelqu'un est assez intelligent pour travailler sur Stuxnet, il sera assez intelligent pour percer les secrets de celui qui va en être victime.

À cet égard, les hackers constituent l'élément clé de la cybersécurité, car ce sont eux qui détiennent la solution de l'énigme. Trouvez les hackers et vous aurez fait un grand pas vers la vérité.

La plus grande partie des fonds que les gouvernements allouent désormais à la cybersécurité servent à financer des « solutions numériques », ce qui revient à combattre le pouvoir des gadgets par d'autres gadgets. En revanche, les budgets consacrés à la compréhension des hackers, de leur culture, de leur façon de penser, de leurs intentions et de leurs vulnérabilités sont négligeables. Mais comment trouve-t-on un hacker ? Et sur internet, comment faites-vous pour savoir si votre nouvel ami est un hacker, un policier, un agent secret, un enquêteur de l'armée de l'air, un farceur, un terroriste ou un extraterrestre ?

Tout repose en fait sur la confiance. Et instaurer la confiance, cela demande d'être patient et de nourrir ses relations. Or dans le monde de la cybersécurité, le temps est limité. Les difficultés liées à la confiance et au temps ne me sont jamais apparues aussi clairement que lorsque DarkMarket a quitté sa base d'origine en Grande-Bretagne, en Allemagne et aux États-Unis pour rejoindre un pays dont l'importance économique et géostratégique ne cesse de croître : la Turquie.

LIVRE II

Première partie

26

Bilal à Pittsburgh

Pittsburgh, Pennsylvanie, février 2008

Par un matin d'hiver frisquet, l'inspecteur Bilal Şen, de la police turque, regarde par la fenêtre de son bureau le Hot Metal Bridge de Pittsburgh. Le pont, qui enjambe la rivière Monongahela légèrement à l'est de l'endroit où elle rejoint la rivière Allegheny pour former le majestueux fleuve Ohio, servait par le passé au transport du métal fondu depuis les hauts-fourneaux d'Eliza, au nord, jusqu'aux laminoirs plus au sud.

Mais aujourd'hui, l'inspecteur Şen n'a pas vraiment le temps de réfléchir à l'esthétique postindustrielle de Pittsburgh sous la neige. Il vient de lire quelque chose d'assez perturbant sur le forum de DarkMarket. Selon des informations apparemment fiables en provenance d'Istanbul, Cha0, le cybercriminel sur lequel il enquête, serait « un des gros bonnets, riche et puissant ». Pour un Turc, la phrase n'est pas difficile à décoder : la cible a des amis haut placés — le pire cauchemar pour un policier turc.

Cela fait près de trois mois que l'inspecteur travaille à la National Cyber Forensics Training Alliance. Le premier jour, tandis qu'il attendait à la réception d'être accueilli par le directeur de l'organisation, l'agent Keith J. Mularski était passé par hasard, comme toujours vif et charmant. Il s'était présenté et, apprenant que Bilal venait de Turquie, il avait immédiatement commencé à lui raconter tout ce qu'il savait sur Cha0, le célèbre administrateur de DarkMarket et redoutable criminel. Mularski et Şen forment depuis lors un duo idéal.

Lorsqu'il est entré pour la première fois dans les bureaux du quatrième étage du 2000, Technology Drive, le policier turc a été frappé par l'apparence des lieux, qui tenait davantage d'une compagnie d'assurances que de l'environnement hi-tech frénétique qu'il avait pu voir dans des séries télévisées comme *Les Experts: Manhattan*. Une des pièces, un peu à l'écart, était jonchée d'outils d'investigation informatique, ces machines qui percent les secrets les plus intimes de n'importe quel appareil numérique. Cette salle d'examen technologique était quasi invisible et elle était hermétiquement close afin d'empêcher que l'intrusion d'un cheval de Troie ou autre logiciel malveillant ne contamine les objets sous investigation (comme leurs équivalents organiques, les virus informatiques sont parfois transmis par voie aérienne). Hormis cela, les bureaux étaient calmes, bien rangés et tout à fait quelconques.

Ce premier matin, Keith a montré à Bilal le tableau blanc dans son bureau, où le nom de « Cha0 » était inscrit au sommet de la pyramide de criminels liés à DarkMarket. Le policier turc n'a pu réprimer un sentiment de honte. Avec l'aide de leurs collègues britanniques et allemands, les agents du FBI avaient déjà arrêté il y a six mois deux des administrateurs les plus énergiques de DarkMarket, JiLsi et Matrix. Les arrestations s'étaient faites en Grande-Bretagne, en Allemagne, au Canada et en France, et d'autres étaient en préparation aux États-Unis. Pour l'officier d'Ankara, le fait que son compatriote figure désormais parmi les cybercriminels les plus recherchés au monde portait atteinte à son honneur national et à sa réputation personnelle.

La police turque, et en particulier son unité de lutte

contre la criminalité organisée, a fait beaucoup de progrès depuis dix ans, et Bilal compte bien démontrer que, même avec beaucoup moins de ressources que ses homologues en Europe de l'Ouest et en Amérique, la toute jeune unité de lutte contre la cybercriminalité basée à Ankara, la capitale turque, est capable de jouer dans la cour des grands.

Des policiers du monde entier passent par les bureaux du FBI. Ils viennent se former auprès de leurs collègues américains, et aussi tisser des réseaux d'assistance mutuelle. La coopération entre les polices nationales ploie en général sous le poids de procédures bureaucratiques insupportables et une amitié personnelle entre policiers constitue le plus sûr moyen de contourner ces pesanteurs.

Bilal est en détachement pour trois mois. En tant que Turc, c'est un contact nouveau pour le FBI, qui peut se révéler très utile. En 2003, il a été l'un des deux cofondateurs de la toute petite unité de lutte contre la cybercriminalité au sein de la division turque de lutte contre la contrebande et la criminalité organisée. En comparaison avec les criminels, l'inspecteur ne dispose d'aucune ressource.

De son côté, Bilal Şen veut apprendre du FBI. Non pas qu'il soit inexpérimenté : il a rejoint les rangs de la police en 1989, à l'âge de quinze ans, signant pour une épuisante formation d'officier de huit ans — la plus longue au monde. C'est étrange, vu qu'avec sa petite taille et ses manières réfléchies l'inspecteur Şen ressemble davantage à un Hercule Poirot turc qu'à l'image traditionnelle du policier levantin endurci par les bandits de village, les syndicats de la drogue en ville et une justice pénale brutale.

L'école de police lui a imposé un régime éreintant. Le plus pénible n'est pas tant le logement spartiate et les cours de techniques d'assaut impitoyables que l'absence totale d'ordinateurs. Or, depuis sa plus tendre enfance, Bilal n'a jamais manqué une occasion de se faufiler dans la salle de jeux d'Eskişehir, sa ville natale, à mi-chemin entre Istanbul et Ankara, en Anatolie du Nord. Il n'avait que six ans lorsqu'il a découvert River Raid. Il passait tout son temps libre à faire voler un avion de combat au-dessus d'une rivière et à tirer sur des petits hélicoptères, navires, chars et dirigeables tout en essayant de remettre du carburant. Comme beaucoup de proto-hackers au même âge, Bilal était obsédé par les jeux vidéo, fasciné par ce mystérieux mélange de répétition et de récompenses occasionnelles qui rive tant d'enfants, d'adolescents et de jeunes adultes à leur écran d'ordinateur. Et comme eux, il était animé de la même volonté de gagner.

Cette obstination a peut-être aidé la jeune recrue pour son premier emploi dans un poste de police en Anatolie, dans un village au milieu de nulle part. On était déjà au milieu des années 1990, et pourtant il n'avait rien d'autre à sa disposition qu'une vieille machine à écrire. Un officier ne s'abaissait pas à prendre lui-même en note les témoignages, mais Bilal était tellement déterminé à améliorer sa vitesse de frappe qu'il a passé des heures à taper sur ces touches. Le reste du temps, ce remarquable autodidacte apprenait tout seul le mandarin.

Lorsqu'il a décidé de postuler pour l'unité d'élite de lutte contre la criminalité organisée, à Ankara, son chef lui a demandé pourquoi il apprenait le chinois. « Avec la Chine qui est en train de s'ouvrir au monde, on aura bientôt besoin de policiers qui parlent le mandarin dans le département de lutte contre le crime organisé. » Cette réponse a convaincu son interlocuteur et Bilal a décroché le poste.

Une fois installé dans la capitale, le jeune détective s'est inscrit à l'université d'Ankara, là encore de sa propre initiative, et sur son temps libre. Il a choisi un sujet alors inconnu et jamais étudié en Turquie — « Risques et opportunités du e-gouvernement » —, s'intéressant aux relations entre vie privée, droits civiques et cybercrime.

Bilal Şen a commencé à analyser la prolifération de la

criminalité sur internet dans son pays. C'était l'un des rares policiers turcs à pouvoir le faire : parmi les autres organes de l'État, seules les agences de renseignement militaires et civiles avaient déjà conscience de l'importance stratégique de la cybersécurité, mais bien entendu elles restaient discrètes sur leurs capacités et leurs objectifs.

Bilal et l'un de ses collègues se sont assigné la tâche herculéenne de persuader le ministère de l'Intérieur, avec toute sa lourdeur, de réallouer une partie de ses fonds précieux à la création d'une unité de lutte contre la cybercriminalité. Il leur a fallu trois ans de suppliques, de flatteries et de courtisaneries pour y parvenir. Fort heureusement, il avait un collaborateur passé maître dans l'art ottoman d'identifier les bureaucrates à qui s'adresser au ministère de l'Intérieur et de trouver le ton qui convenait.

Comme toutes les unités de lutte contre la cybercriminalité qui ont vu le jour au sein des forces de police partout dans le monde, le nouveau département turc a pu tirer parti du fait qu'au ministère de l'Intérieur, pratiquement personne d'autre ne comprenait quoi que ce fût au côté sombre des ordinateurs. Une fois le feu vert obtenu, les deux hommes ont eu les mains étonnamment libres, car personne n'avait la moindre idée de ce qu'ils faisaient, et de toute façon ils ne grevaient pas vraiment le budget.

Alors que son propre gouvernement n'était que vaguement au courant de son travail, outre-Atlantique les homologues de l'inspecteur ont très vite pris bonne note de ses succès. À l'été 2007, tandis que les polices d'Allemagne et de Grande-Bretagne arrêtaient Matrix001 et JiLsi, les administrateurs de DarkMarket, l'équipe turque de lutte contre la cybercriminalité mettait sous les barreaux Maksik, l'un des cybercriminels les plus notoires. Élément clé de DarkMarket (il avait notamment fourni des *dumps* au hacker de Marseille), Maxime Iastremski, un Ukrainien de Kharkov, pensait qu'il serait à l'abri en Turquie : non seulement on n'avait encore arrêté aucun cybercriminel dans ce pays, mais les relations entre l'Ukraine et la Turquie n'avaient jamais été aussi cordiales, surtout dans le Milieu.

En outre, les Ukrainiens adoraient la côte turque, et les superbes plages d'Antalya étaient devenues une destination de rigueur pour les cyberescrocs des deux pays.

Cela faisait deux ans que l'US Secret Service traquait Maksik. En 2006, ses agents avaient réussi à mettre la main sur les secrets de son ordinateur portable, à la suite de quoi ils avaient organisé des rendez-vous entre lui et un des leurs sous couverture en Thaïlande, à Dubaï et en Turquie. Dans le passé, la coopération avec la police turque s'était révélée difficile, voire impossible. Mais en arrêtant Maksik alors qu'il se prélassait au soleil cuisant d'Antalya, la police turque a envoyé le signal qu'elle était disposée à coopérer en matière de lutte contre la cybercriminalité et qu'elle avait les compétences nécessaires.

Malgré l'absence des JiLsi et Matrix de ce monde sur les forums de DarkMarket, le reste de l'équipe est toujours actif. De fait, on note à nouveau un regain d'activité criminelle sur le site. Comble de l'ironie, c'est l'arrestation d'Iceman, un autre cybercriminel, qui a entraîné ce renouveau.

En septembre 2007, les policiers américains ont finalement mis la main sur Max Vision dans sa planque de San Francisco. La chute d'Iceman a provoqué l'effondrement de CardersMarket et du coup, tandis que mazafaka contrôle la scène du carding russe, DarkMarket est devenu le champion incontesté des cybercriminels anglophones. Directement ou non, le site continue à générer chaque mois des centaines de milliers de livres sterling en profits illégaux et sa popularité n'a pas faibli d'un pouce auprès des carders et des hackers.

Il y a désormais trois acteurs clés sur DarkMarket : Cha0, Master Splyntr et Shtirlitz. Le mystérieux Lord Cyric vient bientôt les rejoindre. La présence de Cyric sur la scène du carding suscite tout autant d'inimitié que d'adoration chez les carders. Ceux qui le détestent pensent que derrière lui se cache Mularski, l'espion du FBI, même si certains soupçonnent également Master Splyntr et Shtirlitz de travailler en réalité pour ou avec les forces de l'ordre américaines. Ce sur quoi tout le monde s'accorde, les policiers comme les hackers, c'est que Cha0 est alors le plus grand criminel encore présent sur le site.

Alors qu'ils ont compilé d'épais dossiers sur ses petits camarades de DarkMarket, Mularski et Şen ne savent que deux choses sur Cha0 lui-même : il habite à Istanbul et il dirige un commerce prospère de ventes de skimmers, l'outil indispensable du fraudeur à l'âge du plastique. En revanche, les détectives ne connaissent ni son vrai nom, ni son adresse postale, ni son adresse IP, ni non plus ses associés. Soit il n'existe pas (ce qui n'est pas impossible), soit il ne commet jamais d'erreurs.

Si c'est le cas, cela voudrait dire que Cha0 a réussi à mettre au point un système pour masquer ses traces numériques afin d'empêcher les détectives d'arriver à lui. Une partie de ce système de camouflage a été fournie par Grendel, qui aide DarkMarket pendant son temps libre (contre rémunération). Belle duplicité, vu que Grendel fournit aussi le système de coquille qui dissimule l'emplacement des serveurs de Mularski. Au départ, Grendel a été invité à fournir ces services à DarkMarket par JiLsi, alors que dans la vie réelle il travaille pour une société de sécurité informatique en Allemagne. C'est ironique, mais finalement typique de DarkMarket : il se retrouve à fournir une sécurité à la fois aux criminels et aux policiers présents sur le site.

Malgré tous ses efforts, Bilal Şen n'a réussi à associer le style de Cha0 (ou MO, comme le décrivait la police) à aucun des criminels connus en Turquie même. Les deux aspects fondamentaux qui caractérisent la face sombre d'internet semblent cohabiter chez lui : c'est un geek doté de compétences hypnotiques, mais aussi un criminel doué qui veille au moindre détail et ne laisse rien au hasard. Ou peut-être que le nom de Cha0 cache un syndicat du crime bien organisé, même si l'analyse linguistique suggère fortement qu'une seule personne écrit ses messages sur internet.

Lorsque Bilal reçoit une information d'Istanbul lui apprenant que Cha0 est « l'un des gros bonnets », il commence à s'inquiéter, mais surtout il sait qu'il devra désormais marcher sur des œufs, même dans un pays qui se modernise aussi rapidement que la Turquie.

Après le passage à l'an 2000, son pays est devenu un lieu de plus en plus attractif pour les hackers, les crackers et les cybercriminels. Vers la fin des années 1990, une grande partie de l'activité cybercriminelle s'est concentrée dans certaines régions des BRIC – selon l'acronyme qu'un économiste de Goldman Sachs a trouvé pour qualifier le Brésil, la Russie, l'Inde et la Chine, ces quatre pays leaders des marchés émergents, le second cercle de pouvoir mondial après le G8 (même si, politiquement, la Russie est à cheval entre les deux).

Les BRIC partagent des caractéristiques socio-économiques importantes. Après plusieurs décennies de stagnation, leurs économies sont alors en train d'évoluer et de s'ouvrir. Grâce aux efforts combinés de leurs populations, nombreuses, ils enregistrent des taux de croissance impressionnants, tandis que la résurgence d'un nationalisme exubérant et parfois agressif accompagne leur transition vers un statut d'acteur dynamique sur la scène internationale. Leurs systèmes éducatifs offrent d'excellentes compétences de base. Sur fond d'inégalités de richesse criantes, ces évolutions ont donné naissance à une nouvelle classe de jeunes gens pauvres et sans emploi, mais ayant intégré les messages consuméristes qui sont intrinsèques à la mondialisation. Contrairement aux générations précédentes, ils ont donc de grandes aspirations matérielles. Pour y répondre, une minorité d'entre eux vont commencer à travailler d'arrache-pied dans des cafés internet, loin de la police ou de qui que ce soit, et ils vont trouver des myriades d'occasions pour s'initier à l'art du hacking.

La Turquie est considérée comme un BRIC à titre honoraire, avec une économie qui, en comparaison avec la Russie, par exemple, semble beaucoup plus dynamique. La population du pays (autour de quatre-vingts millions d'habitants) et son taux de croissance augmentent encore plus rapidement que ceux des BRIC proprement dits. Tout le monde reconnaît en outre l'importance stratégique de ce pays niché entre Méditerranée et mer Noire et partageant ses frontières avec la Bulgarie, la Grèce, l'Iran, l'Irak, la Syrie et l'Arménie, des pays qui ont pratiquement tous été pris dans des bouleversements majeurs ou dans un conflit au cours des deux décennies précédentes. L'imprévisible est une constante de la vie politique turque mais, au tournant du millénaire, la puissance économique et la sophistication nouvelles de la Turquie lui donnent un rôle essentiel dans plusieurs régions vitales en matière géostratégique : au Moyen-Orient, en Asie centrale, autour de la mer Noire et dans les Balkans.

Si le pays a mis du temps à développer son infrastructure internet dans les années 1990, il a récemment commencé à rattraper son retard. Istanbul, le moteur économique de la Turquie, a connu une explosion de start-up dont les succès ont rejailli sur toute une série de sociétés de design, de communication et de services.

Du côté négatif, la taille du pays, le développement des infrastructures et un accès élargi des jeunes de la classe moyenne à l'éducation représentent une occasion en or pour la cybercriminalité. Jusqu'à ce que l'unité de Bilal Şen soit opérationnelle, en 2005, rien ou presque n'empêchait les crackers et les hackers d'opérer sur le web depuis la Turquie sans craindre d'être repéré. L'unité de lutte contre la cybercriminalité commence à faire la différence, mais c'est un combat de longue haleine. Si l'inspecteur Şen parvient à mettre la main sur Cha0, cela représentera un succès important pour l'unité.

À la mi-mars 2008, juste avant de quitter Pittsburgh pour rentrer en Turquie, l'inspecteur reçoit une nouvelle alerte qui va compliquer sérieusement l'enquête sur Cha0. Cette fois, ses contacts à Istanbul lui fournissent moult détails sur une interview déroutante qu'un hacker turc nommé Kier, confessant être recherché par la justice, a donnée à un grand organe de presse, Haber 7.

La réputation de Haber 7 tient en partie au soutien spirituel que le groupe reçoit de la part d'un immense mouvement islamiste national, la communauté Gülen, qui fait la promotion de son leader, Fethullah Gülen, exilé aux États-Unis. L'agence de presse est globalement favorable à l'AKP, le parti au gouvernement, pro-islamique mais démocratique.

Kier, le jeune hacker, a approché l'agence pour déclarer que non seulement il connaît Cha0 mais que, suggère-t-il, la ou les personnes à l'œuvre derrière l'avatar mystérieux le plus illustre de DarkMarket prévoit d'étendre son empire criminel. L'article est accompagné d'une photographie du hacker attablé à un café stambouliote. La photo est prise de dos, mais on peut voir en partie son profil.

Bilal ne sait pas encore que le hacker en question est un jeune homme du nom de Mert Ortaç. Ce personnage étrange est soupçonné d'être le complice de Cryptos, un autre cybercriminel arrêté en janvier 2008 pour avoir piraté l'Akbank, l'une des plus grandes institutions financières turques. À beaucoup d'égards, l'affaire Akbank est beaucoup plus grave que DarkMarket, car l'équipe a en fait réussi à pirater le système central de la banque en exploitant une vulnérabilité dans son système d'exploitation. Or ni la police d'Istanbul ni le département de lutte contre la criminalité organisée n'ont la moindre idée de l'endroit où se cache Ortaç. Et voilà que soudain il apparaît au grand jour et donne une interview à un journaliste !

Malgré la surveillance de la police et d'un détachement d'agents du renseignement, Ortaç a raconté au journal qu'en décembre 2007 il avait réussi à semer tout le monde et à passer dans la clandestinité. Il n'a refait surface qu'une fois, le temps de livrer son histoire étrange et fragmentée au journal.

Les policiers d'Istanbul sont rouges de honte devant cette apparition éclair. Les implications de ce qu'il a raconté, à savoir la facilité avec laquelle il a échappé à la capture, sont troublantes. Pour ajouter aux misères de la police, le hacker les a prévenus que les arrestations dans l'affaire Akbank n'auraient aucun impact sur la sécurité des banques turques parce qu'un criminel encore plus redoutable était en train de leur voler tout l'argent qu'il pouvait, et que ce criminel s'appelait Cha0. (Bilal Şen, lui, a bien sûr entendu parler de Cha0, mais c'est la première fois qu'il est mentionné publiquement, de surcroît par un inconnu.)

Ortaç a sous-entendu que Cha0 bénéficiait de la protection de fonctionnaires. Pour Şen, l'interview confirme au moins que Cha0 existe bel et bien mais, lorsqu'il la lit, l'inspecteur a l'impression de plonger dans un abîme. Qui peut bien protéger Cha0, et pour quelle raison ?

27

Le Sublime Portail

L'inspecteur lève le nez de ses notes et sent que son malaise est en train de laisser place à de la peur. Il apparaît maintenant que Cha0 lui-même a envoyé un message à la chaîne Haber 7 en réponse à l'interview d'Ortaç. C'est une explosion extraordinaire, agrémentée de généreuses pincées de mégalomanie et d'une conviction inébranlable. «Je suis celui qui fait régner l'ordre sur DarkMarket, tonne Cha0. J'empêche les flics et les voleurs de nuire. Je crée les lois, et tout le monde obéira.»

Les contacts de l'inspecteur vont vite confirmer que Cha0 pourrait bel et bien être au-dessus des lois. Şen parle à son vieil ami de la police d'Istanbul. La situation est préoccupante: les deux hommes craignent que Cha0 n'ait une taupe dans la police qui l'informerait de l'avancement de l'enquête. S'ils ne peuvent pas faire confiance à leur équipe ni à leurs remplaçants et, surtout, pas non plus à leurs supérieurs hiérarchiques, comment vont-ils bien pouvoir avancer sur l'affaire ?

Dans la première interview, Mert Ortaç a beaucoup parlé de la police secrète et d'autres forces à l'œuvre dans le dossier DarkMarket. Dans d'autres pays, ça pourrait sentir la paranoïa du complot, mais en Turquie on serait malavisé d'écarter cette éventualité. Mert a sous-entendu que l'opération DarkMarket pourrait toucher des personnalités dans les plus hautes sphères du pouvoir économique, militaire ou politique.

La structure politique compliquée du pays a pris une forme nouvelle depuis la victoire de l'AKP aux élections de 2002. Étant donné que la Turquie compte plus de 90 % de musulmans, le fait qu'un parti ouvertement islamiste ait remporté une victoire écrasante n'est pas surprenant en soi.

L'AKP affirme que ses croyances religieuses sont subordonnées à son attachement à la démocratie, à l'image de ces partis conservateurs modérés en Europe qui se qualifient de *chrétiens*-démocrates.

Mais la Turquie s'enorgueillit d'une autre tradition idéologique extrêmement puissante, le kémalisme, du nom du fondateur de la Turquie moderne, Kemal Atatürk. Celui-ci pose comme principe fondateur la séparation complète de l'Église et de l'État. L'omniprésence de l'image d'Atatürk dans les boutiques, les maisons, les bureaux, les casernes, les hôpitaux et les prisons témoigne de l'attachement profond des Turcs à l'héritage de laïcité qu'il leur a laissé (et aussi de la peur d'être arrêtés s'ils ne respectent pas une dévotion de façade).

Le kémalisme se présente toutefois sous différentes formes. Ses deux soutiens les plus fervents viennent de l'élite de la classe moyenne laïque : les intellectuels, les professionnels et les fonctionnaires d'un côté, et ce que l'on appelle l'« État profond » de l'autre. Les deux groupes se méfient de l'AKP — et l'un de l'autre.

L'État profond est l'appellation, sinistre à juste titre, donnée au complexe militaro-industriel qui s'est posé en arbitre ultime de la politique turque de l'après-guerre. La Turquie, l'un des deux seuls membres de l'Otan (avec la Norvège) à partager une frontière avec l'Union soviétique, a joué un rôle clé pendant la guerre froide. Ses alliés, emmenés par les États-Unis, étaient donc prêts à fermer les yeux sur les abus flagrants infligés par l'armée à sa population.

Au fil de leurs interférences répétées dans la vie politique turque, les forces de sécurité ont mordu à pleines dents dans l'économie du pays, à tel point que l'on avait parfois du mal à faire la différence entre le prédateur et la proie. L'armée a invoqué le kémalisme pour protéger cette implication lucrative dans laquelle elle était enchevêtrée : s'ils considéraient que le fragile ordre démocratique menaçait leurs intérêts, les militaires intervenaient au nom de la protection de l'héritage d'Atatürk. Par tradition, ils ne laissaient rien ni personne se mettre en travers de leur chemin. Pour paraphraser un vieux dicton turc : « Serrez la main à l'État profond et il vous arrachera le bras. »

Depuis une quinzaine d'années, cependant, les gouvernements turcs successifs ont entamé une série de réformes, en partie pour répondre aux critères d'adhésion à l'Union européenne. Même si beaucoup craignent qu'ils ne nourrissent un dessein radical caché, les nouveaux dirigeants de l'AKP ont fait passer certaines des réformes de société les plus libérales, par exemple l'abolition de la peine de mort. Dans une autre tentative de consolidation de la primauté de l'État de droit, l'AKP a détaché les forces de police régulières de l'armée.

Ce processus a entraîné des changements notables et très positifs. Une partie des fonctionnaires ont commencé à comprendre que leur tâche principale n'était pas de s'en mettre plein les poches mais de fournir des services aux gens ordinaires, et qu'un État efficace contribuait à rehausser l'influence et l'image de la Turquie sur la scène internationale.

Cette lente naissance d'une Turquie nouvelle ne s'est pas faite sans douleur et le résultat n'a jamais été prévisible. Le processus s'est accompagné d'un combat politique de titans dans lequel des alliances mouvantes entre des forces opaques peuvent se révéler fatales pour celui qui se retrouve au milieu, volontairement ou non.

C'est en 2007 que le principal théâtre de guerre s'est ouvert officiellement entre ces différentes forces, avec le lancement de l'enquête Ergenekon. Ergenekon, qui fait référence à une très ancienne légende épique turque, est le nom plus récent donné à une conspiration attribuée à l'État profond et qui a vu des militaires, des agents des services secrets et des hommes politiques de premier plan collaborer avec le crime organisé ainsi qu'avec des journalistes, avocats et autres. Ils avaient apparemment pour objectif de restreindre l'influence des gouvernements démocratiquement élus, et en particulier de l'AKP. Mais aux dires des procureurs et des médias pro-gouvernementaux, le complot est allé encore plus loin, puisque les membres de l'Ergenekon avaient prévu d'organiser un coup d'État militaire en 2009 pour reprendre le pouvoir au gouvernement élu et le restituer à l'État profond.

Depuis 2007, la police a procédé à des centaines d'arrestations de militaires et d'agents secrets de haut rang dans ce que l'on a appelé les « vagues » de l'Ergenekon. En parallèle, elle a appréhendé des dizaines de journalistes et d'avocats accusés de travailler avec Ergenekon pour des motifs financiers ou idéologiques. Les intellectuels libéraux, peu nombreux mais qui font entendre leurs idées, ainsi que la classe moyenne, plus importante, ont déclaré que le gouvernement démocratique recourait là à un genre d'intimidation généralement associé à l'État profond. Signe des temps, les actes d'accusation se fondent en grande partie sur des preuves numériques — écoutes de téléphones portables, messageries instantanées, fichiers informatiques, ce qui montre que les services de renseignement nationaux ont grandement amélioré leurs cybercompétences.

Bilal Şen n'a joué aucun rôle dans toute cette affaire, si ce n'est que sa diligence, son engagement et son énergie juvénile semblent l'apparenter davantage à la nouvelle Turquie qu'à celle du passé. Pourtant, comme la plupart de ses compatriotes, il est tout à fait conscient du contexte politique sensible dans lequel lui et les autres travaillent. Ce que n'importe quel policier turc redoute le plus, c'est de servir de pion innocent dans une lutte entre l'État profond et le gouvernement démocratiquement élu. Dans la mesure du possible, presque tous les Turcs évitent de parler d'Ergenekon en public. Mais ils savent tous que l'enquête plane en arrière-plan d'une grande partie des grosses affaires criminelles, qu'il y ait ou non des implications politiques connues.

Bilal devra donc faire attention, mais il n'a pas l'intention d'abandonner sa traque pour autant.

Lors de son séjour à Pittsburgh, il a noué une amitié solide avec Mularski, et l'agent du FBI partage toutes les informations dont il dispose sur Cha0. À eux deux, ils ont commencé à étoffer leur dossier. Mularski, l'un des acteurs clés de DarkMarket, a fait usage de ses riches archives, et Şen, de son côté, a réussi à lire les runes turques. L'inspecteur veut évaluer la personnalité de Cha0 pour voir si elle correspond à l'un des cybercriminels turcs répertoriés. Toute une série de documents a donc été scannée pour faire ensuite l'aller-retour entre Ankara, Istanbul et Pittsburgh.

Comme si tout cela n'était pas assez déroutant, l'affaire va prendre un tour encore plus étrange après le retour de l'inspecteur Şen à Ankara. Une image étrange circule alors sur le web.

Bilal a du mal à réprimer sa colère et sa frustration. L'agent Mularski lui a envoyé une photo apparue sur le site de Haber 7 puis dans le magazine *Wired*, à San Francisco. On y voit Kier, l'homme-mystère, assis sur une chaise en sous-vêtements et que l'on force à tenir un bout de papier sur lequel il est écrit :

1. JE M'APPELLE KIER. MON VRAI NOM EST MERT ORTAÇ
2. JE COLLABORE AVEC MYD
3. JE SUIS UN RAT. JE SUIS UN PORC
4. JE SUIS UN REPORTER
5. JE ME SUIS FAIT BAISER PAR CHA0

La moitié des forces de police d'Istanbul recherchent Kier — ou plutôt Mert Ortaç, pour l'appeler par son véritable nom — et elles ont fait chou blanc. Or Cha0, lui, a réussi non seulement à le retrouver, mais en plus à le kidnapper et à l'humilier. Il se peut très bien que la vie de cet homme soit en danger. Qu'est-il donc en train de se passer ?

Pour Bilal Şen, il va de soi qu'il ne faut pas croire sur parole tout ce qu'on lit sur internet. Il a suffisamment surfé sur les forums criminels et étudié les comportements sur la toile pour savoir que les internautes mentent, trichent, exagèrent, trompent et manigancent constamment. Mais l'affaire DarkMarket en Europe, et surtout en Turquie, va bien au-delà de ce type de dissimulation quotidienne. On est désormais dans une histoire surréelle de magouilles, d'espionnage et de trahison. Et une histoire apparemment sans fin.

Deuxième partie

28

Ciao Cha0 !

Grâce aux recherches qu'il a menées sur DarkMarket avec l'aide de Keith Mularski, l'inspecteur Şen sait que Cha0 gère son propre site web : *CrimeEnforcers.com* (un jeu de mots autour de l'expression « Law Enforcers » – les agents chargés de faire respecter la loi).

Sur la page d'accueil de *CrimeEnforcers*, Cha0 détaille ses objectifs et les services proposés dans un anglais rudimentaire :

> Nous sommes organisation privée pour vos demandes de développement spécifiques. Nous sommes spécialisés dans l'ingénierie électronique et informatique. Si vous avez besoin de hardware spéciaux (en particulier hi-tech) ni de software qui ne peuvent pas être faits ou même discuté dans votre pays pour une raison ou une autre, notamment légale, alors vs êtes exactement à la bonne adresse.
>
> Nous offrons un développement absolument anonyme et offshore pour vos projets. Nous ne cherchons pas à savoir ce que vous voulez faire avec hardwares et softwares que vous nous demandez de fabriquer.
>
> Inutile de dire que la confidentialité est très importante pour nous et nous ne partageons jamais avec personne pour aucune raison. Nous n'avons pas besoin de votre nom, adresse, etc. Juste de votre e-mail. Vous recevrez un certificat et un compte avec une connexion sécurisée à notre forum

> privé pour suivre votre développement, vous pouvez même poser des questions aux ingénieurs qui s'occuper de votre projet.
>
> Si vous arrivez sur ce site web, c'est que vous nous connaissez déjà. Nous ne sommes pas des développeurs à deux sous et nous ne pouvons pas faire de partenariat avec vous. Si vous souhaitez à vos rêves de se réaliser, vous devez avoir assez d'argent pour investir pour vos rêves. Vous devez même payer pour demande de devis de notre part pour votre projet.

Une fois que l'on se fait à son globish légèrement estropié, le business plan de Cha0 devient clair. L'homme offre des services logistiques et du backup à toute personne souhaitant entamer une carrière dans la cybercriminalité. Plutôt que de commettre les crimes lui-même, il facilite la tâche aux utilisateurs d'ordinateurs moins avancés. La criminalité informatique commence à imiter les modèles économiques du monde réel.

Sur d'autres pages de *CrimesEnforcers.com*, on peut passer en revue les marchandises de Cha0. Le skimmer est son produit phare et le service de vente par correspondance va très vite donner lieu à un commerce florissant.

CrimeEnforcers propose aussi des lecteurs de cartes bancaires mobiles, ces petites machines portatives du genre de celles que l'on trouve dans la plupart des restaurants. Au début 2007, des policiers anglais ont découvert dans plusieurs régions du pays un réseau de pompistes qui avaient acheté tout un lot de ces machines. On pense qu'elles provenaient soit de Dron, le DarkMarketaire canadien, soit de l'usine de Cha0. Lorsque le client donnait sa carte bancaire, le pompiste la passait rapidement, sous le comptoir, dans le lecteur illégal pour enregistrer toutes les données, puis à nouveau dans la machine normale.

CrimeEnforcers regorge de tuyaux qui facilitent la vie à ceux qui font leurs premiers pas incertains dans le monde de la cybercriminalité. Pour les débutants, le site poste des vidéos fort utiles où l'on voit un Cha0 animé, doté d'une voix électronique qui trahit néanmoins son intonation et son timbre distinctifs, offrir des conseils et des indications pour choisir les meilleurs distributeurs automatiques lorsque l'on prépare un crime.

Il apprend à son public, par exemple, que c'est une mauvaise idée d'installer des skimmers sur des distributeurs situés dans des quartiers à forte concentration d'immigrants illégaux (pas beaucoup d'activité aux distributeurs, beaucoup de regards indiscrets et trop de concurrence criminelle). Il suggère plutôt de les placer près des boîtes de nuit, là où « les gosses de riches vont souvent utiliser les cartes bancaires de leurs parents ».

Vu que Cha0 est un fournisseur fiable pour les industries criminelles, son nom circule de plus en plus sur internet ; il est donc devenu extrêmement important pour lui de consolider sa réputation et de ne pas être découvert.

L'utilisation généralisée du globish, cet anglais bâtardisé devenu la lingua franca du web, est alors axiomatique. Le globish sert de code aux Brésiliens pour communiquer avec des Coréens ou aux Bulgares avec des Indonésiens. La façon dont il s'orthographie et s'utilise, même chez les anglophones, a rapidement commencé à prendre des directions étranges sur internet. On peut toujours essayer de deviner l'origine de celui qui poste un message, mais il est en général impossible d'identifier sa nationalité avec certitude.

Il n'en est pas du tout de même pour les Russes et les Chinois. Les utilisateurs de sites criminels en langue russe truffent leurs commentaires d'argot local que certains linguistes peuvent réussir à comprendre, mais seuls les plus doués d'entre eux pourraient le reproduire sans que l'on repère que ce n'est pas leur langue maternelle. Sur un forum en anglais, des agents du FBI passeront incognito, mais sur un site russe, ils auront beaucoup de mal à se fondre dans la masse des commentaires. Même si les forces de l'ordre ou les services de renseignement américains ont utilisé à l'occasion des personnes de langue maternelle russe ou chinoise, ils n'ont certainement jamais eu les ressources financières et linguistiques suffisantes pour prendre le contrôle d'un site russe de la même façon qu'ils se sont partiellement approprié DarkMarket.

Sur les sites anglophones, on est beaucoup moins certain de la véritable identité de son interlocuteur. La toile permet en effet de changer de personnalité, voire l'encourage. Ce phénomène n'est en aucun cas limité au monde de la criminalité. Les sites de rencontre abritent déjà certains des mensonges les plus nourris et les plus acharnés de toute l'histoire. Sur les forums de discussion, les gens aiment à se donner de l'importance et à s'attribuer des talents qui correspondent rarement à la réalité nettement plus prosaïque de leur vie de tous les jours. Le web les y encourage, car les internautes n'ont pas la possibilité de vérifier les traits de comportement de leurs partenaires virtuels. Tout le monde est en train de découvrir que, sur la toile, on peut mentir sans craindre d'être démasqué ou critiqué.

Non seulement les criminels sont soumis à la même loi de la duplicité, mais ils sont particulièrement doués pour cela, comme l'a amplement prouvé DarkMarket. Dans ses conversations, le diabolique Devilman, par exemple, affichait l'image d'un homme à femmes encore jeune qui vivait à cent à l'heure (même s'il réservait son affection la plus constante aux *dumps* bon marché). Or lorsque les détectives ont frappé à la porte du 62, Lime Tree Grove, Doncaster, la maison jumelée de trois étages où habitait John McHugh, l'alter ego de Devilman dans la vie réelle, ils ont été accueillis par un homme d'une petite soixantaine d'années. Sa première réponse, quand on l'a informé de son arrestation, a été de demander : « Ça ne vous dérange pas si je vais d'abord mettre mon dentier ? » Au tribunal, au moment du verdict, il a mentionné comme circonstance atténuante le fait qu'on lui avait déjà remplacé une hanche et qu'il attendait la seconde, et qu'il avait donc une mobilité très réduite.

Les cybercriminels sérieux doivent attirer la confiance s'ils veulent faire des affaires : leur réputation est donc cruciale. Sur DarkMarket, vous ne pouviez accéder au titre de Vendeur que si vous parveniez à prouver aux administrateurs et aux acheteurs que vous pouviez mettre sur le marché des cartes bancaires volées qui fonctionnaient réellement. Cinq administrateurs contrôlaient ces transactions, et ils n'étaient plus que trois après l'expulsion de JiLsi et l'arrestation de Matrix : Master Splyntr, Shtirlitz et Cha0 (par la suite, Lord Cyric a joué un rôle lui aussi).

Cha0 n'a rejoint DarkMarket qu'en février 2006, mais ses capacités hors du commun lui ont assuré une ascension rapide dans la hiérarchie. Une fois sa position de prince de DarkMarket consolidée, il a pu se concentrer sur sa stratégie commerciale. Il voulait devenir le premier vendeur de skimmers et de lecteurs illégaux au monde. Il y avait une forte demande pour ces produits et, s'il pouvait créer un monopole, il passerait à la phase suivante de son plan de maximisation des revenus avec un effort minime.

Notre homme d'Istanbul était également en charge du très crucial service de séquestre de DarkMarket, peut-être le poste central de cette opération. Il se comportait en intermédiaire honnête et veillait à ce que ni les acheteurs ni les vendeurs de cartes bancaires ou de données illégales ne puissent s'arnaquer. À cet égard, DarkMarket était une opération mafieuse au sens strict du terme. Le site se comportait en policier ou arbitre d'un marché criminel, de la même façon que les hommes d'honneur avaient commencé en organisant les marchés agricoles siciliens dans la deuxième moitié du XIXe siècle, avant de s'intéresser au commerce d'armes illégales et de permis de construire.

Cha0 a bâti sa réputation d'agent dépositaire scrupuleusement honnête sur sa réussite en tant que grossiste en skimmers. Tout le monde lui faisait confiance. Lui, en revanche, ne faisait confiance à personne. Il ne donnait jamais son adresse IP, n'envoyait jamais un message qui puisse l'impliquer dans des malversations sans le crypter, et personne ne pouvait le localiser numériquement.

Comprenant que Cha0 avait créé un trou noir dans le cyberespace et qu'il était à l'abri et hors de vue des policiers, Bilal Şen a décidé qu'il devrait s'en remettre à des méthodes d'investigation plus traditionnelles pour retrouver la trace de son suspect. De fait, le facteur « acharnement » s'est révélé étonnamment important dans le travail des cyberpoliciers.

29

Tout doucement

Istanbul, Turquie, 2008

Même s'il craignait toujours que Cha0 ne bénéficie d'une protection dans les hautes sphères, Bilal Şen a poursuivi son enquête. Il avait promis à Mularski de rester en contact étroit avec lui une fois rentré à Istanbul. Ils avaient discuté de la possibilité de demander à utiliser le service de séquestre de Cha0 sur DarkMarket pour essayer de le débusquer, mais étaient vite arrivés à la conclusion que c'était trop laborieux et qu'ils ne parviendraient probablement pas à leurs fins.

Ce qu'ils savaient d'autre sur lui, bien entendu, c'est qu'il vendait des skimmers. Il était inatteignable dans le monde numérique, mais Bilal se disait que, dans la commercialisation de ces machines, il devait y avoir deux points faibles : la fabrication et l'expédition.

Le skimming de distributeurs automatiques était en train de devenir un sport si populaire en Turquie que l'on trouvait de plus en plus de policiers capables de repérer les engins une fois qu'ils avaient été mis en place. Beaucoup de ces machines étaient construites de façon sommaire et installées par des amateurs. En feuilletant les rapports d'arrestations et de confiscations, l'inspecteur avait cependant remarqué que, dans certaines régions, non seulement leur design et leur style s'étaient améliorés, mais en plus elles étaient produites en grande quantité. Il devait donc y avoir une usine quelque part. Les services de renseignement ont alerté Şen sur la présence possible d'usines de skimmers en Roumanie et en Bulgarie. Il a donc envoyé une demande d'assistance aux polices de ces deux pays. L'autre possibilité était que l'opération de Cha0 se présente sous la forme d'un commerce licite et qu'il passe commande auprès de fabricants de lecteurs de cartes agréés en Turquie.

Une fois qu'il avait acquis les skimmers, il fallait bien qu'il les distribue. Mularski et Şen avaient des indications qui suggéraient que ses produits étaient expédiés jusqu'aux États-Unis, en Nouvelle-Zélande et en Amérique du Sud, dont une partie en gros. Il était donc peu probable qu'il utilise pour cela des transporteurs personnels. Vu les quantités qu'il commençait à faire transiter, c'était probablement beaucoup trop compliqué. Bilal s'interrogeait sur les raisons de cette hausse de la productivité, sans parvenir à trouver la réponse.

Il ignorait qu'un an plus tôt, vers la fin du printemps 2007, Cha0 s'était brouillé avec Dron, le spécialiste des skimmers canadien que le Secret Service et le détective Spencer Frizzell, de la police de Calgary, se préparaient à arrêter. Cha0 prétendait que Dron avait un « caractère difficile » qui irritait ses clients et qu'il avait entaché la réputation de DarkMarket. Pourtant, les nombreux messages élogieux sur les services offerts par Dron suggéraient que Cha0 avait peut-être des motivations différentes : en tout cas, d'autres carders sur le forum affirmaient que Cha0 s'était attaqué à Dron délibérément, et pour des raisons personnelles.

Environ un mois avant que le jeune expert en skimming et vendeur canadien ne se fasse arrêter par le détective Frizzell, Cha0 a usé de sa position d'administrateur pour annoncer que Dron allait être exclu de DarkMarket et que ce serait définitif. Cha0 pouvait désormais passer à l'action et mettre en œuvre le plan qui devait lui conférer la suprématie sur le marché du skimming.

DarkMarket avait offert à Dron une plate-forme décisive pour ses articles : il avait vendu un grand nombre d'appareils à des carders qui avaient vu ses annonces payantes sur le forum. DarkMarket était aussi le moyen de publicité privilégié de *CrimeEnforcers.com*, le site sur lequel Cha0 vendait ses propres skimmers. Cha0 offrait également des solutions globales aux aspirants cybercriminels, notamment la formation, les manuels et tout l'équipement indispensable pour se lancer.

Une fois Dron éliminé de l'équation, il a modifié son modèle commercial : les parties intéressées n'avaient plus la possibilité d'acheter ses skimmers, elles devaient les louer. Cha0 les envoyait, mais avec une petite astuce.

Après l'expulsion de Dron, rien ne l'empêchait plus de faire flamber le prix unitaire des skimmers : ils coûteraient désormais 7000 dollars à la location, alors qu'ils étaient vendus précédemment à 5000 dollars. En échange, les clients recevaient un clavier PIN avec le skimmer. Ils installaient l'engin sur la bouche du distributeur automatique et plaçaient le clavier PIN au-dessus de l'original. Lorsque les clients de la banque inséraient leur carte et tapaient leur code, le numéro de carte et le code étaient enregistrés sur le faux clavier et sur le skimmer. Le client de Cha0 détachait ensuite les deux appareils frauduleux et téléchargeait l'information sur un ordinateur avec un câble USB.

Avec les skimmers de Dron, il pouvait utiliser ces informations pour obtenir des fonds de façon illégale. Mais avec ceux de Cha0, les données téléchargées sur l'ordinateur étaient cryptées et la seule personne à posséder la clé pour les décrypter était… Cha0. Ce qui veut dire que le jeune criminel qui avait pris tant de peine à installer le skimmer et le clavier PIN sur le distributeur ne pouvait pas simplement aller cloner les cartes bancaires lui-même : il devait envoyer toutes les données à Istanbul. Là, Cha0 organisait le décaissement. Une fois qu'il avait l'argent, il en envoyait une partie au client qui avait fait tout le sale boulot. En fait, il louait ses skimmers, une stratégie bien plus rentable que celle de Dron, qui les vendait carrément.

Il s'agissait d'un modèle commercial osé pour le monde de la cybercriminalité. S'il fonctionnait, Cha0 engrangerait des sommes gigantesques, écrémant un énorme pourcentage de toutes les transactions illégales de skimmers dans le monde. Il lui suffisait juste de continuer à fournir ses appareils et de les expédier sans être détecté. Ce n'était pas sorcier. Évidemment, il y aurait peut-être un jour un concurrent qui chercherait à miner sa stratégie ou tout simplement à revenir à la bonne vieille vente de skimmers. Mais en attendant, Cha0, qui contrôlait le site le plus influent de tout le monde anglophone, pouvait mener grand train. Et il ne s'en privait pas.

En 2008, Istanbul était bien partie pour devenir la ville au taux de croissance le plus élevé au monde. Depuis quinze ans, la population augmentait de façon presque incontrôlée et la mégapole abritait alors près de quinze millions d'habitants, dont probablement deux millions de migrants non déclarés — pas seulement des étrangers, mais des Turcs et des Kurdes d'Anatolie qui affluaient dans la ville qui enjambe le puissant Bosphore, cette grande masse d'eau séparant l'Europe et l'Asie.

Contrairement à beaucoup de villes d'Asie de l'Est, notamment en Chine, la croissance phénoménale et vivifiante d'Istanbul ne s'est pas faite aux dépens de son héritage glorieux. Presque tous les bâtiments y sont chargés d'histoire. Tout rappelle les riches traditions d'une histoire byzantine longue de plus de mille ans et de six cents ans de grandeur ottomane — deux des empires les plus magiques, les plus violents, les plus puissants et les plus impressionnants de tous les temps. Bien loin de l'imaginaire populaire, l'Empire ottoman, pendant la plus grande partie de son existence, était connu pour la tolérance que ses dirigeants affichaient à l'égard des trois « religions du Livre » — les juifs, les chrétiens et les musulmans. Sa réputation de violence est liée aux massacres sanglants de son passé le plus ancien et elle a refait surface au moment de son effondrement progressif, au XIXe et au début du XXe siècle.

Sous la République turque qui a émergé des cendres de l'Empire après la Première Guerre mondiale, Istanbul a connu des jours difficiles : d'abord lorsqu'elle a dû céder son statut de capitale à Ankara, une arriviste anatolienne située au centre du pays ; et plus tard, pendant la guerre froide, lorsque des militaires impitoyables ont cherché à briser l'esprit d'indépendance de la ville. Son infrastructure a commencé à se déliter et ses habitants à la déserter ; la population stagnait autour de deux millions. Mais depuis le début des années 1990, Istanbul a fait des pas de géant, en passe de regagner sa place parmi les villes les plus dynamiques et les plus intrigantes du monde.

Avec ses foules, son vacarme, son exubérance et une activité économique qui fait le lien entre ses parties européenne et asiatique, elle peut être étouffante, lorsque des dizaines de milliers de voitures et de camions brinquebalants empruntent ses deux ponts intercontinentaux. Sur la rive européenne, les voitures se traînent à un rythme d'escargot autour de la place Taksim ou le long de Dolmabahçe, les anciens jardins impériaux qui regardent vers l'Asie. Même lorsqu'il fait frais, la poussière s'infiltre dans la gorge. Mais depuis une dizaine d'années, la ville regorge de propositions artistiques, commerciales et politiques. Il n'y a guère de plaisir plus grand dans la vie que de prendre un ferry sur la rive européenne à la fin d'une longue journée de travail en admirant le Bosphore et d'aller faire un repas succulent à Kadiköy, sur la rive asiatique.

Alors que beaucoup de Turcs craignaient que le parti AKP au pouvoir ne dissimule une cinquième colonne du fondamentalisme islamique, depuis qu'il est arrivé aux affaires, la jeune classe moyenne stambouliote s'est saisie à pleines mains des opportunités économiques et a commencé à monter des entreprises manufacturières ainsi que des sociétés de design, de high-tech et de services qui font concurrence aux meilleures entreprises européennes, américaines et asiatiques.

Bien entendu, le maintien de l'ordre est un véritable cauchemar, d'autant que peu d'habitants font confiance à des policiers considérés pendant plusieurs décennies comme un symbole clé de l'appareil répressif de l'État.

Les nouveaux types de crimes ont engendré une nouvelle espèce de policiers. Bilal n'a aucun lien avec les vieilles traditions de l'État profond et ne s'est jamais mis à dos de personnalités particulièrement puissantes, donc il a été accueilli avec bienveillance lorsqu'il a rejoint Istanbul en provenance d'Ankara, pour essayer de mettre au jour le réseau de distribution sur lequel s'appuyait l'entreprise de skimming de Cha0.

Cela dit, on était à Istanbul : autant dire que ça revenait à chercher une aiguille dans une meule de foin. Depuis des siècles, l'import-export légal, semi-légal et illégal forme la base de l'économie de la ville. De vastes quantités de produits électroménagers arrivent à Istanbul via les Balkans, envoyés d'Allemagne où quelque deux millions de *Gastarbeiter* turcs ont afflué depuis les années 1960. Le volume de ce commerce a atteint des sommets depuis l'effondrement de l'Union soviétique : de nouveaux marchés se sont ouverts en Russie, en Ukraine, dans le Caucase et dans plusieurs républiques d'Asie centrale qui abritent des populations turcophones.

Bilal doit bien commencer quelque part, alors il va choisir les trois plus grandes sociétés de transport de la ville. Lui et ses assistants passent d'abord une demi-journée à former le personnel des sociétés de messagerie à l'art de reconnaître un skimmer. Le plus souvent, ces machines sont déclarées comme pièces détachées automobiles ou machines-outils. On donne des skimmers à manipuler au personnel pour qu'il se familiarise avec leur poids et leur forme.

Les jours passent, improductifs, et l'inspecteur Şen décide qu'il est temps de rentrer à Ankara. Au fil des semaines, il commence à ressentir un découragement familier. Mais juste à ce moment-là, exactement un mois après son retour, il reçoit de bonnes nouvelles d'Istanbul : un homme est entré dans une des sociétés de messagerie avec un paquet à envoyer en Finlande. Il s'est avéré qu'il s'agissait d'un skimmer. Le réceptionniste appelle des bureaux de la société pour signaler que le paquet contient également un clavier PIN.

« Bingo ! » se réjouit Bilal. Il dit au réceptionniste de laisser partir le client, puisqu'ils ont déjà enregistré son visage grâce à une caméra de surveillance. Après de longs mois, l'inspecteur est enfin sur une piste. Sans surprise, l'homme a utilisé une fausse carte d'identité, mais Bilal dispose d'une seconde chance. Le suspect a aussi donné à la société trois numéros de téléphone, dont l'un est le bon. Ils vérifient le nom pour identifier le détenteur légal de la ligne : elle ne semble pas appartenir à un criminel. Mais ils surveilleront le numéro et il se trouve que l'homme au paquet l'utilise bel et bien, le téléphone est actif.

« C'est peut-être ce type qui va nous conduire vers Cha0 », pense Bilal.

Il se trouve toutefois confronté à un dilemme. C'est à peu près à cette époque que Haber 7 publie la photo du hacker humilié, le fameux Mert Ortaç. La pression s'intensifie à la fois sur la police d'Istanbul, chargée de trouver Ortaç, et sur Bilal, qui s'intéresse avant tout à Cha0. Bilal doit accélérer les choses, mais il sait également qu'il ne doit pas laisser son impatience compromettre toute l'opération.

En enlevant Ortaç, Cha0 a pour la première fois trahi son anxiété et sa vulnérabilité. Mais pourquoi les révélations d'Ortaç à Haber 7 l'ont-elles tellement perturbé ?

Cha0 sait qu'Ortaç est turc. Apparemment, il pense aussi que c'est un informateur de la police. De plus, il a réussi à deviner qu'Ortaç était en fuite et qu'il avait peur. Si la police avait mis la main sur lui avant Cha0, il y avait un risque réel qu'il ne se mette à parler.

Qui est donc ce Mert Ortaç et comment a-t-il été impliqué dans cette extraordinaire affaire criminelle ?

Tout a commencé au printemps précédent lorsque, à l'insu d'Ortaç, Matrix et JiLsi sont sur le point de se faire arrêter, événement qui va marquer la fin de la phase I de l'opération DarkMarket et le début de la phase II.

Troisième partie

Orientation

En un an, DarkMarket m'avait emmené bien loin du siège de Google : voilà que je me retrouvais dans un restaurant à Cihangir, le quartier chic situé juste en dessous de la place Taksim, dans la partie européenne d'Istanbul. Le sourire effervescent de Mert Ortaç dansait en face de moi. Après avoir passé plusieurs heures en sa compagnie, j'en ai conclu que l'adjectif « malicieux » n'avait jamais aussi parfaitement convenu à quiconque qu'à Mert.

Un soir, j'étais en train de dîner tranquillement avec mon amie Şebnem à Kadiköy. Nous avions posé nos iPhones sur la table. Tout à coup, deux textos sont arrivés simultanément. Mon message avait été envoyé depuis le téléphone de Şebnem et celui de Şebnem depuis le mien. Sur les deux, il était écrit : « Salutations de Mert ! » Alors que nous étions en train de lire le message, les éclats de rire de Mert ont retenti au-dessus de la table et on l'a entendu nous expliquer qu'il avait réussi à pirater le système de roaming international. Il pouvait ainsi envoyer un message de n'importe quel téléphone dans le monde à n'importe quel autre. Si elles tombaient entre de mauvaises mains (comme celles de Mert), ce genre de compétences pourraient faire de notre vie une interminable série d'intrigues shakespeariennes construites sur des malentendus, aussi bien tragiques que comiques.

J'avais entretenu une correspondance avec Mert lorsqu'il était en prison. Il m'avait alors envoyé des fragments d'une histoire qui surpassait en inventivité toutes les légendes de DarkMarket. Alors que j'avais bien conscience, en parlant à la plupart des autres figures de DarkMarket, qu'ils ne me racontaient pas tout, Mert se répandait en informations, anecdotes et histoires extraordinaires.

Pour les hackers, les cybercriminels et les cyberpoliciers, il est absolument primordial de garder un contrôle total sur leurs vies compartimentées: ils doivent savoir distinguer les frontières entre réel et virtuel et changer de peau lorsqu'ils passent d'une vie à l'autre. Mert, lui, s'était montré totalement incapable d'identifier dans son propre esprit les moments où il disait la vérité et ceux où il mentait.

La vie aurait été incomparablement plus simple si Mert avait été un incorrigible fantaisiste qui racontait juste n'importe quoi. La traque des hackers, des membres et des policiers associés à DarkMarket aura été parmi les expériences les plus épuisantes de toute ma carrière journalistique. Mais il n'y avait rien de plus exaspérant que d'essayer d'établir la véracité du récit de Mert. Enfin, ce n'est pas tout à fait exact: la plus grande partie de son histoire s'est révélée véridique et vérifiable, mais parfois agrémentée de tant de fioritures que cela devenait quelque chose de très différent. Bizarrement, lorsque Mert mentait de manière flagrante, c'était souvent à propos des choses les plus triviales et les plus faciles à vérifier. Il m'a dit effrontément, par exemple, qu'il était né le 10 avril 1982 alors qu'il est né le même jour, mais quatre ans plus tard.

Dans les chapitres qui suivent, je raconte l'histoire de Mert en grande partie telle qu'il me l'a rapportée. Il y a juste deux moments clés où son récit sonne faux et où je ne peux pas confirmer ses déclarations. Dans le premier cas, d'ailleurs, l'un des principaux acteurs concernés réfute purement et simplement la version de Mert. Lorsque nous arriverons à ces moments-là, je préviendrai le lecteur.

Le test de crédibilité ultime pour Mert réside dans la réponse qu'il donne à la question qui a poursuivi plus d'un mordu du cyber-underground depuis les débuts de DarkMarket : qui était Lord Cyric ?

30

Le monde imaginaire de Mert Ortaç

Istanbul, Turquie, mai 2007

Mert Ortaç retient son souffle lorsqu'on le fait passer dans le salon de l'opulente maison d'hôtes. La pièce lui rappelle la suite du sultan du Çirağan Palace, ce chef-d'œuvre de la fin du XIXe construit sur ordre de Sa Majesté impériale le sultan Abdülaziz, et acquise plus récemment par la chaîne d'hôtels Kempiski. Des tourbillons de feuilles d'or ornent les canapés et les chaises tandis que le papier peint, avec ses motifs arabes, brille de tous ses feux sous le soleil.

En fait, le Çirağan Palace n'est qu'à environ sept cents mètres de la maison d'hôtes, elle-même retranchée derrière des murs bien gardés. Des agents surveillent les environs et jettent un regard mauvais à quiconque ose essayer de se garer à cet endroit. Depuis les hauteurs d'une colline européenne, l'hôtel particulier, construit juste à la lisière du quartier Beşiktaş, fixe impérieusement l'Asie à travers le détroit du Bosphore. Étonnamment, le salon où l'on a amené Mert n'affiche aucun portrait de Kemal Atatürk, le fondateur révéré de la Turquie moderne. Les portraits d'Atatürk sont de rigueur dans tout le pays, et pas seulement dans les bureaux privés et publics : on en trouve souvent dans toutes les pièces d'un bâtiment. Pas dans cette pièce, pourtant, bien qu'il s'agisse de la maison d'hôtes du siège stambouliote de la Milli Istihbarat Teşkilati (MIT), l'agence nationale de renseignement turque.

Face à des situations stressantes, Mert réagit en général de deux façons : soit il glousse gentiment derrière son sourire espiègle et contagieux, soit il se défile. Dans ce cas précis, aucune des deux ne serait appropriée. Les garçons élégants qui servent le thé et le café le fascinent. L'image de leurs gants blancs immaculés, tandis qu'ils posent les rafraîchissements sur une table devant lui, va rester gravée dans son esprit. Il se sent envahi par une bouffée surréelle de bien-être et d'excitation contrôlée. Ça ne va pas durer longtemps.

L'homme qui l'accompagne est un collègue de l'Institut des sciences et technologies, mais Mert ne connaît pas les trois autres qui l'ont accueilli. Une fois que les serveurs se sont retirés en silence, les hommes se tournent vers lui. « Nous aimerions vous poser quelques questions », commence l'un d'entre eux. Puis ils placent un enregistreur numérique sur une table devant lui.

Il va bientôt transpirer sous la pression de l'interrogatoire. Mais le pire est encore à venir. Mert devra passer six heures et demie à résoudre toute une série de problèmes mathématiques plus complexes les uns que les autres. Dans des circonstances normales, il n'aurait même pas essayé de trouver la solution sans ordinateur. Ses trois hôtes lui demandent d'utiliser une méthodologie très courante dans le codage et qui consiste à diviser le nombre 52 en chiffres impairs. Ce sont des mathématiques à un niveau très avancé et il n'a rien d'autre qu'un papier et un crayon pour l'aider.

Le jeune programmeur informatique a déjà échoué à l'examen de sélection qui lui aurait permis d'être membre à l'essai de l'agence de renseignement. Il a réussi son test de langue étrangère (l'anglais) et de mathématiques mais raté son examen de turc dans les grandes largeurs. Malgré cela, l'agence est fascinée par ses compétences informatiques. Il a une capacité de programmation tout simplement remarquable et un dossier extraordinaire. Ils décident donc de le recruter comme collaborateur free-lance.

En 2003, Mert a fait l'objet d'une enquête criminelle pour fraude. À l'époque, il avait tout juste dix-sept ans, mais il avait réussi à craquer le code qui cryptait les cartes à puce utilisées par Digiturk, une chaîne de télévision par satellite. Il s'agissait d'une compétence fort lucrative. Digiturk venait d'obtenir les droits de retransmission de la Süper Lig, le très populaire championnat de football professionnel. Pour décrypter la chaîne, les téléspectateurs devaient acheter une carte à puce à Digiturk et la glisser dans le boîtier de réception satellite avant de pouvoir être admis au paradis du foot.

Mert a compris comment craquer ces cartes puis s'est mis à les dupliquer et à les vendre illégalement dans les rues d'Istanbul, empochant beaucoup d'argent au passage. Dès que les lires turques rentraient dans une poche, elles ressortaient de l'autre. Il organisait des fêtes pour des amis qu'il faisait venir d'Ankara, à qui il payait le vol et l'hôtel à Istanbul. Il n'a jamais été capable de contrôler ses dépenses, même plus tard, lorsqu'il gagnait des sommes considérables avec le carding.

Mert accordait une grande importance à ses amis, en partie parce qu'il avait souvent du mal à trouver de l'affection. Consciemment ou non, il utilisait l'argent de Digiturk pour acheter de l'amitié — et Istanbul ne manquait pas de jeunes gens dans la vingtaine qui ne demandaient qu'à devenir copains avec un jeune homme apparemment disposé à flamber de l'argent pour organiser des fêtes. Bien entendu, quand il n'y avait plus d'argent, la plupart d'entre eux disparaissaient.

Il cherchait aussi désespérément à prouver qu'il était spécial (ce qui, vu ses talents en informatique, ne faisait pas de doute). Du coup, il exagérait systématiquement ses prouesses. Alors que cette tendance se confirmait, il a commencé à flotter en permanence entre rêve et réalité. Il semblait perdre la faculté de distinguer entre les deux suffisamment tôt. Cet entrecroisement était si total que si on l'avait soumis au détecteur de mensonges, soit il aurait crevé les plafonds, soit la machine n'aurait pas enregistré la moindre vibration. Évidemment, d'une certaine manière cela voulait dire qu'il s'adaptait facilement à la culture internet, cette vallée de mensonges.

En juin 2006, après avoir occupé plusieurs postes dans les services informatiques de diverses sociétés, Mert s'est fait recruter par la concession locale de Toshiba. Le service du personnel n'avait pas repéré qu'il était sous enquête criminelle pour l'histoire de la fraude Digiturk. Cela dit, les collègues de Mert chez Toshiba n'ont pas mis longtemps à s'interroger sur son comportement. Ils avaient en outre quelques doutes sur l'authenticité du certificat censé prouver qu'il possédait un diplôme en cryptologie de l'université de Cambridge.

Les membres du conseil d'administration, pouvait-on lire sur le certificat, « ont accordé ce diplôme comme preuve donnée dans la ville de Londres dans le Cambridge au vingt-deuxième jour de juin deux mille quatre ».

Peut-être avaient-ils décerné le diplôme au Cambridge Arms, un pub dans la City ? Quel que soit l'endroit où la cérémonie fictive avait eu lieu, le certificat était tellement approximatif qu'il méritait à peine l'épithète de « faux ».

L'un de ses collègues du département informatique de Toshiba a été frappé d'entendre Mert se vanter tellement souvent de ses contacts avec l'agence nationale de renseignement. Lui aussi avait offert à plusieurs occasions son assistance aux services, notamment à la fin des années 1990, avant que l'agence ne mette sur pied un département efficace en charge de la cybercriminalité. Mais en général, on ne se vante pas de ce genre d'histoires. Mert n'arrêtait pas de marmonner des choses sur ses relations étroites avec les services de renseignement, et ça commençait vraiment à agacer.

Toshiba l'a quand même gardé six mois parce que, chaque fois que ses chefs lui demandaient de trouver une solution à un problème, il répondait présent. Ils le trouvaient intelligent, mais quelque chose leur disait de le garder à l'œil.

Un soir, son officier traitant à l'agence de renseignement l'a appelé et lui a demandé de donner une expertise judiciaire de divers disques durs et ordinateurs qu'ils avaient fait surgir apparemment de nulle part. Il était censé vider les fichiers, craquer les mots de passe partout où c'était possible et livrer toutes les informations compromettantes qu'il pourrait trouver. L'agence avait pour responsabilité principale la sécurité intérieure de la Turquie et elle était chargée de surveiller les nombreuses organisations que le gouvernement soupçonnait d'être engagé dans des activités terroristes.

Vers la fin 2006, Toshiba a licencié Mert : il n'avait pas une attitude correcte, il se vantait un peu trop de ses exploits douteux avec les cartes bancaires, tout en demandant constamment à ses collègues des prêts ou des avances.

Mert a prétendu qu'il quittait Toshiba sur les instructions de ses officiers traitants à l'agence. Selon lui, ils étaient en train de lui chercher une autre couverture.

Juste avant de commencer un nouveau travail, son contact lui a apporté un disque dur récupéré dans le cadre d'une enquête hautement sensible. L'agent voulait absolument tout savoir sur chacun des fichiers enregistrés sur le disque, visibles ou cachés, accessibles ou cryptés. Le disque appartenait à un membre important d'une organisation clandestine de gauche connue par son acronyme, le DHKP/C.

Dans les années 1990 et au début des années 2000, le DHKP/C était l'une des organisations de gauche les plus violentes et les plus efficaces engagées dans la lutte armée en Turquie. Le Parti/Front révolutionnaire de libération du peuple (le Parti étant l'aile politique et le Front, en théorie, l'aile militaire) était un groupe dissident de Dev Yol, un mouvement révolutionnaire plus large qui avait subi de plein fouet la répression de la dictature militaire dans les années 1970 et 1980.

Ce groupe était loin d'être une organisation fantoche. Il prenait le terrorisme et la politique très au sérieux et s'attaquait en premier lieu à la collaboration entre l'impérialisme de l'Otan, qu'il dénonçait, et l'establishment militaire turc. Il avait assassiné plusieurs citoyens turcs, américains et britanniques, des hommes d'affaires influents ou des gens liés à l'armée. Contrairement à la plupart des organisations armées gauchistes, le DHKP/C pouvait se targuer d'une capacité de contre-espionnage sophistiquée, et du coup c'était l'une des cibles les plus difficiles à surveiller pour l'agence nationale de renseignement.

Au cours d'un de leurs raids, les agents ont mis la main sur un ordinateur — celui qu'ils ont donné à Mert dans la guesthouse où il a été interviewé la première fois et où il travaillait toujours depuis. Son officier traitant lui a expliqué que l'utilisateur avait eu accès à un site web du nom de DarkMarket. L'officier, un geek lui aussi, a dit à Mert qu'il avait suivi les connexions de DarkMarket jusqu'à un serveur à Singapour, qui ressemblait selon lui à un proxy. Après cela, il avait perdu la trace numérique des responsables du site. Il n'avait aucune idée de qui pouvait bien se cacher derrière DarkMarket, même si tout portait à croire que le DHKP/C utilisait le carding comme moyen de maximiser ses revenus et qu'il s'intéressait peut-être en plus à l'utilisation des botnets, au cas où cela pourrait l'aider à atteindre ses objectifs.

Tout à coup, DarkMarket ne se contentait plus d'être un site criminel : il aidait au financement d'une organisation considérée comme terroriste.

Mert savait-il quoi que ce soit sur ce site ? a demandé l'officier traitant.

Non. Il avait lui aussi remonté la piste du serveur de DarkMarket jusqu'à Singapour, mais malgré tous ses efforts, il n'avait pas réussi à aller plus loin. Tout cela grâce aux efforts considérables de Grendel, d'ailleurs. Il a quand même dit à son agent qu'il connaissait quelqu'un qui en saurait peut-être davantage sur DarkMarket.

Le jeune homme était épuisé. L'agence de renseignement attendait toujours de lui qu'il termine ce qu'on lui demandait dans la nuit. Or il travaillait maintenant pour la concession turque de Fox TV. Fox Turkey n'était pas entièrement la propriété de News International, le groupe de Rupert Murdoch, parce que la loi turque obligeait un citoyen local à contrôler 51 % du capital d'une chaîne de télévision. C'est un ancien diplomate, connu pour ses liens avec la police et les services secrets, qui était l'actionnaire majoritaire. Chez Fox, les collègues de Mert ont remarqué qu'il était souvent sinon constamment distrait. Il avait du mal à terminer des tâches même simples, non pas parce qu'il n'y arrivait pas, mais parce qu'il faisait autre chose en même temps.

L'un des contacts de Mert avait demandé au jeune homme de garder un œil sur un certain Sadun Özkaya, un adolescent de la classe moyenne dont les parents craignaient qu'il ne soit en train de mal tourner. On venait juste de le faire sortir de prison, où il avait été envoyé dans le cadre d'une enquête pour fraude. Le contact avait demandé à Mert de faire en sorte que Sadun reste sur la bonne voie — ce qui revenait à peu près à demander à un loup de prêcher les vertus du végétarisme à un autre loup tandis que les deux compères se lèchent les babines au-dessus des restes d'un jeune agneau savoureux.

Mert s'y connaissait en cryptographie et en programmation, Sadun en cartes bancaires : ils n'ont pas tardé à faire équipe. Au grand étonnement de Mert, Sadun lui a dit qu'il était membre de DarkMarket, un site qu'il visitait sous les pseudos de Cryptos et PilotM. Quelques heures plus tard, Mert Ortaç se connectait avec le second.

Ô merveille ! a-t-il pensé en apercevant les entrailles de DarkMarket pour la première fois.

Combien de charmantes créatures rencontre-t-on ici !
Comme l'humanité est belle ! Ô monde utopique
Où l'on trouve ce genre de personnes !

Mert était fasciné. Il explorait tous les recoins du site, regardait ses forums, apprenait à imiter son argot, puis essayait de découvrir ses secrets par des moyens légèrement plus retors. Jusque-là, ses aspirations criminelles s'étaient concentrées sur le décryptage de cartes à puce et la vente de cartes clonées une fois qu'il avait craqué leur système de codage. Lâché sur DarkMarket, il a vite appris des trucs nouveaux en matière de fraude à la carte bancaire. La combinaison de ces compétences allait les entraîner, lui et Sadun, vers des eaux lucratives mais très troubles.

Avant cela, il a toutefois entrepris de faire la cartographie entière de DarkMarket comme s'il s'agissait d'un labyrinthe souterrain avec des pièges et des trésors cachés. Bien entendu, ses patrons à l'agence de renseignement voulaient découvrir tout ce qui était lié au DHKP/C, l'organisation terroriste sur laquelle ils enquêtaient. Mert, lui, s'intéressait davantage à tout le reste du site.

Il a très vite compris que Cha0, Master Splyntr, Shtirlitz et Lord Cyric étaient des membres clés. Au moment où il a commencé à jouer sur DarkMarket, JiLsi et Matrix001 avaient déjà été éliminés.

Il lui a juste fallu quelques secondes pour deviner que Cha0 était turc, même si c'était tout à fait par hasard et que ça n'avait rien à voir avec ses compétences de hacker. Il était en train de regarder les publicités pour les skimmers de Cha0 lorsqu'il a aperçu en arrière-plan un döner kebab. Sur une autre photo, on voyait un skimmer à vendre à côté d'un baril de lessive turque.

Il a attiré l'attention de son superviseur à l'agence sur l'importance de l'influence turque au sein de DarkMarket, ce qui a renforcé l'intérêt de l'agent : non seulement des terroristes de gauche étaient actifs sur le site, mais il était carrément géré par des Turcs ! Ce pourrait être une grosse affaire, donc il fallait davantage enquêter. Mert a reçu l'autorisation de prendre contact avec Cha0 et avec tout autre Turc qu'il trouverait à traîner sur le forum. Peu de temps après, il a pensé en avoir identifié encore un autre : Lord Cyric.

Il a commencé à fouiller dans les archives du début des années 1990. À l'époque, beaucoup de geeks utilisaient le BBS (Bulletin Board Service), un tremplin entre un système de messagerie électronique et l'internet. Alors qu'il consultait les registres, il est resté bouche bée quand il a vu deux pseudos familiers côte à côte : Cha0 et Lord Cyric ! Il en a déduit qu'apparemment ces deux cerveaux de DarkMarket se connaissaient depuis très longtemps.

31

Un serviteur pour deux maîtres

C'est dans les années 1980 et au début des années 1990 que le personnage de Lord Cyric s'était fait un nom parmi les geeks et les utilisateurs de jeux vidéo. Divinité autoproclamée, il hantait les Royaumes oubliés, un monde imaginaire abandonné dans lequel les guerriers erraient à la recherche de trésors et de secrets obscurs tout en triomphant de créatures aux pouvoirs magiques et aux pulsions destructrices. Les Royaumes oubliés devenaient le terrain d'exploration favori des joueurs qui avaient auparavant endossé un rôle fantastique dans une équipe d'aventuriers de Donjons et Dragons. Par la suite, ces Badlands d'un monde sous-tolkienien sont apparus dans toute une série de jeux vidéo, notamment le très populaire Baldur's Gate.

On les retrouvait aussi dans beaucoup de romans inspirés à la fois de Donjons et Dragons et du *Seigneur des anneaux*. Le personnage de Lord Cyric jouait un rôle clé dans la mythologie des Royaumes oubliés: en plus d'être un dieu, il incarnait le mal personnifié. Détail plus important pour le monde du carding et DarkMarket, Cyric était connu entre autres comme le Prince des mensonges et il maîtrisait, entre autres pouvoirs sataniques, la tromperie et l'illusion, ainsi que la capacité à susciter conflits et intrigues.

Quelle que soit la personne qui se cachait derrière cet

avatar sur CardersMarket, DarkMarket et ailleurs, il ou elle voulait projeter l'idée de ce que les adeptes de Donjons et Dragons appellent le « mal chaotique » : partout où il traîne, le personnage sème de façon arbitraire les graines du chaos et du désespoir. Effectivement, cela correspondait parfaitement au Lord Cyric de DarkMarket, avec son penchant pour la duperie, l'illusion, les conflits et les intrigues. Peu de carders suscitaient autant d'hostilité au sein de la communauté. Il avait notamment pour spécialité de répandre des accusations par le biais de rumeurs et d'insinuations.

Pour des raisons jamais élucidées, Cyric choisissait une cible — par exemple RedBrigade, qui avait exploité Shadowcrew de façon si lucrative depuis New York —, puis s'attachait à détruire sa réputation parmi les carders par une série d'attaques méthodiques. Une petite insinuation par-ci, un petit sous-entendu par-là pour donner à penser que RedBrigade n'était pas ce qu'il prétendait être, ou des allusions codées pour suggérer qu'il travaillait en fait pour la police. Il utilisait un langage sarcastique et puéril mais choisissait soigneusement ses mots pour causer le maximum de tort à sa cible.

Pourtant, Cyric avait également ses thuriféraires, et parmi eux on ne pouvait trouver plus inconditionnel que Cha0. Avec son cerveau surdimensionné et son complexe de supériorité, Cha0 n'a jamais reconnu que deux informaticiens comme ses égaux. Il avait un mépris sans bornes pour les cyberenquêteurs du FBI mais il louait volontiers les compétences de hacker de Max Vision, alias Iceman, même si les deux s'étaient souvent trouvés à couteaux tirés en raison des attaques d'Iceman sur DarkMarket. Quant à Lord Cyric, lorsque Cha0 en parlait, il allait presque jusqu'à reconnaître à son vieil ami une place encore plus élevée que la sienne au panthéon des hackers.

En très peu de temps, Lord Cyric avait réussi à accéder au poste de modérateur clé et d'administrateur sur des sites comme The Grifters, CardersMarket et finalement DarkMarket. Personne ne comprenait son jeu ni ses intentions, même si ceux qu'il visait pensaient immédiatement qu'il travaillait pour la police, soit directement, soit comme informateur.

À Pittsburgh, Keith Mularski, l'agent du FBI, n'avait pas la moindre idée sur la question. Comme beaucoup d'autres, il pensait que la personne qui se cachait derrière Lord Cyric habitait à Montréal, mais ses demandes de renseignements auprès de la police montée canadienne n'avaient rien donné. En fait, les adresses IP de Cyric menaient à Montréal mais parfois aussi à Toronto, et certains détectives pensaient que c'était là qu'il vivait réellement.

Plusieurs carders ont propagé la rumeur selon laquelle derrière Lord Cyric se cacherait en réalité Brian Krebs, un journaliste spécialisé en cybersécurité qui travaillait à l'époque pour le *Washington Post*. Tout cela sans aucune preuve à l'appui : Krebs est un écrivain beaucoup trop sérieux pour risquer de ruiner sa réputation en s'acoquinant avec les gens sur lesquels il enquête. Une série de rumeurs s'est ensuivie, mais personne n'a jamais réussi à savoir qui était vraiment Lord Cyric ni ce qu'il faisait.

Alors qu'il exhortait les autres à se lancer dans toutes sortes d'activités douteuses, lui-même ne s'impliquait jamais dans des transactions criminelles, ce qui accréditait la thèse selon laquelle il travaillerait pour la police ou pour une officine de renseignement.

En revanche, tout le monde s'accordait sur le fait qu'il avait une connaissance encyclopédique de la communauté du carding et de son fonctionnement, ce qui expliquait qu'il fût tellement recherché. Les carders le voulaient pour qu'il les mette en relation avec des confrères dont il pouvait répondre, ou pour savoir quelles informations il détenait sur eux. Et la police aux États-Unis et en Europe de l'Ouest continuait à le traquer dans l'espoir de le recruter pour participer à leur croisade contre la cybercriminalité.

Cyric était la figure par excellence du cyber underground : il surgissait de nulle part ; il affichait une arrogance sans bornes et particulièrement déplaisante ; mais surtout, personne ne comprenait quelle motivation le poussait à passer des heures et des heures à poster des messages, à s'engager dans des débats souvent futiles et à perturber ses camarades.

Jusqu'à ce que Mert Ortaç révèle que deux des intervenants les plus connus du Bulletin Board Service, l'embryon d'internet turc, avaient pour pseudo Cha0 et Lord Cyric, personne n'avait encore jamais songé à faire le lien.

Vers la fin du printemps 2007, usant de ce mélange de charme et de duplicité qui était sa marque de fabrique, Mert a posté un message sous le pseudo de PilotM et s'est présenté à Lord Cyric comme un tiers, une connaissance mutuelle des deux. « Salut, vieux ! a-t-il écrit, qu'est-ce que tu fais sur un forum comme celui-ci ? » Cyric s'est empressé de poser exactement la même question à l'homme qui se présentait comme son vieil ami ! Peu de temps après ils étaient en train de chatter gaiement, notamment sur des questions de cryptage. Mert a remarqué que Lord Cyric était un ingénieur informatique extrêmement doué, ce qui a confirmé ses doutes quant à l'identité réelle du personnage. Après des jours, voire des semaines, passés à échanger des idées et des informations, Cyric a accepté de faciliter une réunion virtuelle entre Cha0 et Mert (qui se faisait toujours passer pour quelqu'un d'autre). Mert a commencé à chatter avec Cha0 (en turc, bien sûr) en utilisant des messages icq cryptés.

« Écoute, a dit Cha0 à Mert, je ne passe pas beaucoup de temps en Turquie. Je préfère rester à l'étranger. » Il a expliqué qu'il n'aimait pas trop ses compatriotes et qu'il évitait autant que possible d'avoir affaire à eux. « Je m'appelle Şahin, a-t-il poursuivi, et je ne parle turc que si je suis vraiment obligé.» Il était prêt à parler turc avec Mert parce qu'ils avaient été présentés par Lord Cyric. «On est de très vieux amis, lui et moi», a-t-il précisé.

En avril 2007, Cha0 avait expulsé Dron de DarkMarket, se privant du même coup de la capacité de Dron à réparer les microprocesseurs sur ses skimmers. Il a demandé à Mert s'il serait capable de le faire et celui-ci a accepté. Il était en train de s'impliquer sérieusement dans les activités criminelles de Cha0, ce qui voulait dire qu'il engrangeait peu à peu l'un des biens les plus précieux: la confiance.

Seul Mert a revendiqué une intimité avec Cha0 et Cyric. Bien entendu, les deux derniers ne pouvaient pas dire avec certitude s'ils avaient échangé ou non des messages avec lui, puisqu'il se présentait comme quelqu'un d'autre. Cha0 a explicitement nié l'avoir rencontré ou avoir communiqué avec lui jusqu'à ce jour funeste où il l'a kidnappé et a posté sa photo sur internet via Haber 7.

Plus important encore: personne d'autre, ni en Turquie ni ailleurs, n'a jamais confirmé l'existence du mystérieux Şahin. Hormis les déclarations de Mert, rien ne prouve que Şahin existe, y compris lorsque les deux ont fini par se rencontrer. En revanche, Mert a dit vrai sur un point important: l'amitié entre Lord Cyric et Cha0 était très ancienne.

Pendant ce temps, bien entendu, Mert travaillait toujours pour l'agence de renseignement turque. Presque tous les soirs, après avoir passé une grande partie de la journée à faire semblant de travailler pour Fox Turquie, à s'amuser sur DarkMarket ou à créer des microprocesseurs pour l'industrie de skimming illégale de Cha0, Mert rapportait à ses agents traitants les résultats du jour. Il leur a notamment parlé d'un spammer polonais du nom de Master Splyntr, de Grendel, le génie de la sécurité, de Lord Cyric et de Cha0, des serveurs de backup que les administrateurs de DarkMarket géraient dans différents pays européens et des activités du DHKP/C.

Que faisait-il d'autre ? Son chef chez Fox Turquie a commencé à se méfier véritablement de lui. Il a remarqué que Mert ne terminait désormais presque jamais les tâches qui lui étaient confiées et trouvait toujours une litanie d'excuses pour expliquer ses absences. Il prétendait avoir de gros problèmes de santé et il a essayé à plusieurs reprises d'emprunter de l'argent à ses collègues. S'il réussissait si bien, se disaient ses chefs, comment se faisait-il qu'il ait toujours des problèmes d'argent ?

Un beau jour, le chef a découvert que Mert avait demandé tous les mots de passe de ses collègues. Il en avait soi-disant besoin pour faire une mise à jour du système. Le patron, qui soupçonnait Mert de vouloir récupérer les mots de passe pour des raisons beaucoup moins louables, a juste eu le temps de bloquer le plan.

Un autre jour, alors qu'il surveillait discrètement Mert, il a remarqué une pile de cartes bancaires sur sa table. Un peu plus tard, il a trouvé deux cartes d'identité avec la photo de l'informaticien, dont aucune ne portait son vrai nom, ni sa date et son lieu de naissance. Il a aussi surpris Mert à surfer sur un site qui donnait des instructions détaillées sur la façon d'ouvrir un distributeur automatique. Plus les jours passaient, plus les besoins financiers de Mert augmentaient — et on parlait de beaucoup d'argent.

Il avait rencontré Sanem, une femme de rêve dont il était fou. Sanem est la seule personne au monde qui pourrait dire si oui ou non l'histoire extraordinaire de Mert est véridique. Mais Sanem ne parle pas.

32

Délice turc

En ce dimanche ensoleillé de la fin mai, le stade Sükrü Saracoğlu, dans le quartier animé de Kadiköy sur la rive asiatique, est plein à craquer pour le dernier match à domicile de la saison du Fenerbahçe. Le club a déjà remporté la Süper Lig et le match se veut une célébration bruyante pour ses supporters, parmi les plus fanatiques au monde.

Mert Ortaç s'est joint à eux. Peut-être réellement, peut-être juste dans son imagination.

Dans les loges, l'atmosphère est conviviale et chargée d'excitation. Şahin et son fidèle lieutenant Çağatay Evyapan attendent le coup d'envoi, prévu pour 17 heures. Les amateurs de foot d'Istanbul se divisent en trois camps : deux dans la partie européenne de la ville, Galatasaray et Beşiktaş, et les maillots jaune et bleu marine du Fenerbahçe de l'autre côté du Bosphore, sur la rive asiatique. Şahin et Çağatay sont tous les deux des supporters du Fenerbahçe, et Çağatay s'arrange en général pour faire coïncider ses visites à Istanbul, sa ville natale, avec un match. Il a d'ailleurs une loge au stade.

Parmi ses amis invités au match se trouve Mert, que Şahin a présenté à Çağatay comme l'un des nouveaux petits jeunes qui travaillent avec lui sur son commerce de skimmers. Mert a présenté à son tour sa nouvelle petite amie, Sanem. Elle le fascine, et la richesse ostentatoire des amis de Mert éblouit tout autant la jeune femme.

Sanem a déjà entendu parler de certains des invités présents dans la loge. Ce n'est pas difficile d'extorquer des secrets à Mert. Non seulement il est naturellement bavard, mais il veut à tout prix impressionner sa compagne, qui lui semble beaucoup trop bien pour lui. En voyant des hommes puissants comme Şahin et Çağatay, son acolyte bien bâti, se pavaner dans la loge, Sanem aura probablement pensé que le petit Mert avait en effet des contacts impressionnants. Enfin, si toutefois le match du Fenerbahçe n'est pas une vue de l'esprit de Mert.

Le jeune homme a la belle vie. Lui et Sadun commencent à faire pas mal d'argent avec l'escroquerie de l'Akbank. Son statut d'informateur actif auprès de l'agence nationale de renseignement lui assure une protection très large et il jouit de la considération de Cha0, l'acteur clé de DarkMarket. Surtout, il passe ses jours et ses nuits avec une jeune femme fabuleusement belle qui paraît tout aussi éprise que lui.

Puisque c'est l'été, il décide de tirer parti de sa chance et de prendre des vacances à Antalya. Tous deux descendent au très recherché Adam & Eve, un hôtel dont les architectes ont réussi à combiner un budget élevé avec un mauvais goût étonnant. D'immenses piscines à débordement viennent clapoter contre un atrium éclairé par des jeux de lumière qui changent continuellement et les chambres sont réputées pour leurs innombrables miroirs propices à des mises en scène sexuelles débridées. Évidemment, tout cela n'est pas donné. Il faut débourser la modique somme de 400 dollars pour la chambre la moins chère et, comme le constatent les clients, avec les extras la facture peut très vite monter très haut. Mais pour les Turcs jeunes, beaux ou riches, c'est la destination de vacances de la saison.

Dès leur arrivée, Mert et Sanem tombent sur Çağatay, lui aussi venu dans le Sud pour l'été. Çağatay explique au monsieur à lunettes rondelet qui l'accompagne que Mert aide l'équipe de Cha0 pour les « questions administratives ». Le monsieur rondelet regarde Mert du coin de l'œil avant de s'exclamer : « Attendez ! Je connais ce type depuis qu'il est gosse ! Qu'est-ce que tu fais dans ce business ? » Mert répond comme à son habitude, avec un ricanement et un sourire malicieux.

Alors qu'ils se dirigent vers leur chambre, Mert se penche vers Sanem et lui glisse à l'oreille : « Le deuxième type, c'était Lord Cyric. » Sanem veut savoir si Cyric est plus puissant que Cha0. Son ami lui assure que non, mais il se souvient que ce qui l'intéresse avant tout, c'est le pouvoir, et que l'argent ne vient qu'en deuxième position.

Mert est au paradis et il est amoureux. Il a de l'argent, jouit du respect des criminels comme des services de renseignement et, aux yeux du monde extérieur, il occupe un poste prestigieux à la tête du département informatique de Fox Turquie. Cerise sur le gâteau, il passe son été à paresser dans l'hôtel Adam & Eve avec sa nouvelle petite amie tellement sexy. On ne peut pas demander mieux.

De fait. Rétrospectivement, août 2007 restera comme le bref âge d'or du monde imaginaire de Mert Ortaç, lorsque les projections de son imagination ont coïncidé pour une fois avec la réalité. Pratiquement dès son retour à Istanbul, les choses vont se mettre à échapper à son contrôle, et à l'automne, le ciel commencera à s'assombrir. Sanem et Mert ont l'habitude de faire des virées shopping onéreuses à divers endroits, notamment à Mykonos, en Grèce. Le couple dilapide des milliers d'euros en une journée, ce qui finit par peser même sur le matelas bien garni de Mert. Il en veut à Sanem parce qu'il trouve qu'elle jette l'argent par les fenêtres et elle, de son côté, supporte de moins en moins les secrets et les mensonges de son ami.

Au cours d'un épisode tortueux, comme il se doit, Mert est arrêté, accusé d'avoir volé 5000 euros à un ami du frère de Sanem. Sa détention est la goutte d'eau qui fait déborder le vase pour Fox Turquie, qui le licencie. Plus inquiétant: l'agence de renseignement finit par décider qu'il est devenu encombrant et que cela ne vaut plus la peine de le protéger. Mert se sent soudain très exposé, tout en se voyant privé de deux sources de revenus importantes.

Libéré sous caution, il développe ses activités de carding, profitant de la vulnérabilité des systèmes de l'Akbank, qui n'ont toujours pas été revus. Le désespoir laisse place à une nervosité qui s'exacerbe lorsqu'il découvre que Sanem le trompe. Il s'ensuit une dispute mémorable et les accusations acerbes fusent de part et d'autre. Mert est persuadé qu'elle lui a volé de grosses sommes d'argent. Elle pense probablement qu'il est tout simplement fou.

Tandis que son monde s'écroule tout à coup, Mert décide de se rendre dans le sud du pays pour le Nouvel An, histoire de réfléchir à l'étape suivante. En chemin, il reçoit d'autres mauvaises nouvelles: on a arrêté Sadun et la police a déjà fait une descente dans son appartement avec un mandat d'arrêt. S'il était resté à Istanbul, il serait sous les verrous. Comme souvent face à une situation difficile, il décide de continuer à creuser jusqu'à ce qu'il soit vraiment enterré.

Une fois rentré à Istanbul sous un nom d'emprunt, il commence à préparer une stratégie de fuite et utilise l'une de ses nombreuses fausses cartes d'identité pour demander et obtenir un nouveau passeport. Il s'embarque alors dans un voyage tortueux, passant par la Martinique et Paris pour rejoindre Alès dans le Gard.

Mert se retrouve seul. Il a des fonds limités, ne parle pas un mot de français et, encore plus déstabilisant, il n'a pas accès à internet. Il peut au moins se consoler en se disant qu'il est à l'abri. Du coup, vu qu'il n'a rien d'autre à faire, il en profite pour s'accorder une période prolongée de repos et de détente.

Après sa vie écervelée de fugitif en Turquie et les

querelles avec son ex-petite amie, Alès lui semble vite un refuge bienvenu. Pour la première fois depuis des mois, voire des années, il va pouvoir se passer des demi-vérités, des duperies, des vols et des faux-fuyants. Il peut abandonner le cloisonnement extrême que ses multiples personnalités online et offline exigeaient et partir à la recherche de sa véritable essence — si tant est qu'il possède encore une essence reconnaissable. Il est peut-être temps d'arrêter avec toute cette folie, de s'acheter une conduite, de trouver un emploi convenable et de s'installer avec une femme respectable. S'il sait tirer son épingle du jeu, tout cela est à sa portée.

Et puis un matin, vers huit heures, on frappe à sa porte.

Mert sirote son café dans son lit. Il n'a jamais reçu de visiteurs à Alès, et n'attend personne. Il enfile un peignoir et se traîne jusqu'à la porte. Il ouvre à deux hommes qui portent chacun un sac à dos. « Bonjour Mert ! Comment ça va ? » dit le premier en turc. Mert bredouille faiblement : « Je ne comprends pas... — Allez, Mert, ajoute le second en anglais, on sait qui tu es. Tu aurais tout intérêt à nous laisser entrer. »

Alors qu'ils sont assis devant une tasse de café à la table de la cuisine, l'un des hommes sort un dossier et le pose sur la table. Mert a identifié le premier comme étant un Américain d'origine turque car il parle un turc familier, mais avec un accent, et fait quelques erreurs de syntaxe. C'est surtout le deuxième Américain qui parle.

Ils donnent le choix à Mert : « Soit tu nous apportes ton aide sans condition, soit on donne ce dossier à la police française. »

Mert feuillette les pages des cartes bancaires françaises que lui et Sadun ont « skimmées » après s'être frayé un chemin dans les entrailles du système informatique de l'Akbank. Les deux hommes se font un plaisir de lui rappeler qu'en France il risque jusqu'à huit ans de prison pour une seule fraude à la carte bancaire.

Un choix qui n'en est pas un, donc. Avant d'accepter, Mert demande tout de même pour qui ils travaillent. La police américaine, lui répond-on. « Et qu'est-ce que vous voulez de moi ? continue Mert.

— Allez, Mert, essaie un peu de deviner ! »

Mert, irrité et effrayé, secoue la tête.

« On veut que tu nous livres Cha0. »

33

Retour vers Hadès

Alors que les trois hommes parlent de Cha0 et de l'endroit où il pourrait bien se trouver, Mert devine, à en juger par leurs questions et leurs commentaires, qu'ils ne connaissent ni l'identité de Cha0 ni celle de Lord Cyric. Les deux agents lui ont annoncé qu'il allait devoir rentrer en Turquie et retourner sur DarkMarket pour débusquer Cha0 et ses collègues. Ils l'ont encore plus surpris en lui apprenant que c'est l'un des leurs qui contrôle le serveur de DarkMarket. Ils peuvent donc l'aider à revenir facilement sur les forums.

Pour autant qu'il puisse en juger, le FBI veut désormais s'attaquer à tous les autres acteurs clés de DarkMarket : Cha0, Lord Cyric, Master Splyntr, Shtirlitz et Grendel. Ils ne lui ont pas dit exactement comment, mais à l'évidence il est censé participer à l'opération.

On ne peut pas dire qu'il se réjouisse de cette perspective, mais il ne rêve pas vraiment non plus d'un séjour dans une des prisons françaises, qui passent pour être parmi les plus impitoyables en Europe de l'Ouest.

Les agents américains lui font quelques vagues promesses, l'équipent d'un téléphone portable et lui donnent l'adresse mail de Lucy Hoover, l'attachée juridique adjointe au consulat américain d'Istanbul. On lui ouvre aussi un compte mail, *sadinsider@gmail.com* (c'est Mert qui a choisi le nom, qui signifie quelque chose comme vil infiltré), qu'il peut utiliser pour correspondre avec elle.

Le séjour de Mert dans le Languedoc constitue le second épisode de son monde imaginaire qu'il est impossible de vérifier. En revanche, il a bel et bien établi un contact avec Lucy Hoover, l'agente du FBI, qui se trouvait en Turquie à l'époque.

Mert rentre chez lui le 2 mars 2008, après deux mois d'absence. Il doit avant tout établir un plan d'action. Il décide d'approcher le groupe de presse Haber 7 et leur propose de donner une interview dans laquelle il promet de révéler les secrets du monde du carding et de DarkMarket. Il veut, peut-être imprudemment, effrayer Cha0, lui faire savoir qu'il y a des fuites sur son opération et qu'il se peut que la police soit en train d'enquêter sur lui.

Dans son innocence — qui, malgré tout, fait toujours partie intégrante de son caractère —, il pense que Cha0 n'arrivera pas à savoir qui est ce mystérieux hacker qui donne des interviews à la presse. Mais il n'a pas compté avec le fait que Haber 7 prendrait une photo de lui en cachette au McDonald de Kadiköy, où il a donné rendez-vous à leur journaliste. Dès que l'article est publié, Cha0 sait qui a parlé. Mert se retrouve dans le collimateur du grand homme.

Avec un mandat d'arrêt sur le dos et Sadun sous les verrous, Cha0, Lord Cyric et les autres savent forcément que Mert est vulnérable à des pressions de la police. L'interview ne fera que confirmer leurs soupçons. Au lieu de retourner directement sur le forum de DarkMarket, Mert prend donc contact avec un certain Mustafa, un de ses jeunes amis hackers que Cha0 connaît aussi. De toute évidence, Mustafa ne demande pas mieux que de développer ses compétences dans cette culture de l'argent facile que sont le carding et le cybercrime.

La famille du jeune homme est originaire d'Antalya, ce qui donne en outre une excuse à Mert pour quitter

Istanbul, où il ne se sent pas en sécurité. Il reste plus d'un mois dans le Sud, sa région préférée.

Sur DarkMarket, Mustafa travaille sous le pseudo de MYD et il a développé de bonnes relations de travail avec Cha0. Mais ce que Mert ne sait pas, c'est que Mustafa a prévenu Cha0 que Mert semble le traquer.

Mustafa donne rendez-vous à Cha0 à Istanbul. Mert et lui repartent ainsi vers le nord. Mert a informé Lucy Hoover de ses mouvements et lui a dit qu'il se préparait à rencontrer Cha0. Les Américains ont besoin d'avoir un signalement de ce dernier et d'établir ses coordonnées et son infrastructure de communications. Pour une fois, Mert tient parole : il conduit les Américains vers leur proie. Cha0 a donné l'instruction à Mustafa de rencontrer ses hommes sur la rive asiatique d'Istanbul devant un Burger King, pas loin de la station Göztepe, à quelques kilomètres du stade Fenerbahçe.

Lorsqu'ils arrivent à Göztepe, ils trouvent Hakan Öztan, une armoire à glace qui a servi de garde du corps à Çağatay quand ils étaient en prison ensemble, et qui offre maintenant les mêmes services à Şahin. Le garde du corps les emmène dans les Appartements Sözdener, une résidence située dans le quartier bourgeois de Suadiye, à trois kilomètres de là. Les pièces sont meublées de façon spartiate et pas spécialement accueillante. Hakan dit aux deux hommes de ne pas bouger ; quelqu'un viendra s'occuper d'eux.

Maintenant qu'il se retrouve entre quatre murs et sans la moindre protection de l'agence de renseignement, Mert commence à craindre que Çağatay ne vienne lui régler son compte. Sur les instructions de Cha0, Mustafa a placé à l'insu de Mert un cheval de Troie sur son portable et le virus est en train de révéler à Cha0 tous les secrets du jeune homme, une jungle touffue de duplicité. Or Cha0 n'est pas seulement un maître criminel : il est aussi impitoyable. Il détient désormais des preuves irréfutables que

Mert travaille pour la police. Ce dernier suppose (et espère sans aucun doute) que Lucy Hoover a trouvé les moyens d'organiser une surveillance de l'appartement, mais rien ne le laisse paraître. De sorte que si Çağatay, Şahin, Haktan ou une combinaison des trois débarque, il sera dans un sérieux pétrin.

Dimanche 18 mai 2008 à 10 heures du matin, Mert est seul lorsque l'on sonne à la porte des Appartements Sözdener. Il ouvre et se retrouve nez à nez avec Haktan. Son visiteur passe sans parler et avec brusquerie à côté de lui avant de refermer la porte. Sur un ton enjoué, Mert lui dit qu'il l'attendait. L'autre lui lance un regard noir. « Un instant », répond-il. Puis il ouvre la porte et Çağatay fait son apparition. Mert se décompose.

Çağatay pousse Mert sur une chaise et commence à faire les cent pas devant lui en répétant comme un mantra : « Mert… Namert… Mert… Namert » — un jeu de mots en turc avec les antonymes *mert* (courageux) et *namert* (lâche).

Quelques minutes plus tard, Mert se retrouve à terre, roué de coups dans l'estomac, la poitrine et les jambes. Deux autres molosses arrivent, lui mettent une couverture sur la tête pour qu'il ne puisse pas les identifier et participent à la bastonnade. De temps en temps, il aperçoit le canon d'un pistolet pointé sur lui.

Il s'évanouit. Lorsqu'il reprend connaissance, il est toujours étendu par terre, mais il remarque une caméra vidéo qui filme tout ce qui se passe. Grâce au cheval de Troie qu'il a placé sur le portable de Mert, non seulement Cha0 a pu avoir accès à toutes les informations concernant les liens de ce dernier avec Lucy Hoover, mais il a en plus découvert que l'agence nationale de renseignement contrôle le hacker (avec un succès mitigé, cela dit).

« Bon, déclare Çağatay, le maître de cérémonie, en mettant en marche la caméra. Maintenant tu vas nous raconter toute l'histoire du début à la fin. » C'est ainsi que

Mert va passer de l'autre côté du miroir et livrer tout son récit. Il termine vers trois heures du matin. Ils ont voulu tout savoir : les espions, le carding avec Sadun, l'exploration de DarkMarket, la petite amie ; il n'a pas omis le moindre détail.

Les voyous vont finalement se coucher, sauf un qui reste toujours éveillé pour s'assurer que, dès que Mert pique du nez, ils le réveillent avec une pluie de coups de poing et de coups de pied.

Le lundi suivant, à midi, Şahin appelle et Çağatay le met sur haut-parleur. À ce stade, la volonté de Mert a été brisée. Il pense qu'on va le tuer. Il n'est pas autrement surpris lorsque Şahin lui demande de répéter tout ce qu'il a déjà dit. Tout est filmé. À la fin, Şahin parle. « OK, l'heure de ta punition est venue, annonce-t-il sans ironie. Je veux que tu fasses tout ce que Çağatay te dira de faire et je jugerai du résultat. »

Çağatay ordonne à Mert de se lever et de se déshabiller. Craignant d'être violé, Mert finit par craquer. « Pitié, je préfère que vous me mettiez une balle dans la tête, supplie-t-il. Qu'est-ce que vous pensez que vous êtes en train de faire avec moi ?

— Ferme-la, rétorque Çağatay. T'as pas à t'inquiéter, on n'est pas une bande de pédés. Garde ton caleçon et accepte ta punition ! » Toujours au téléphone avec Şahin, il gribouille le fameux bout de papier qui traite Kier/Mert Ortaç de traître et de balance. C'est ainsi que le mythe de Kier sera établi. Le journaliste de Haber 7 a trouvé le nom de Mert sur un site web à côté du pseudo « Kier ». En fait, Mert n'a jamais utilisé ce nom de sa vie, et ne va jamais l'utiliser : SlayraCkEr est son véritable pseudo. Mais à partir du moment où Çağatay a pris la photo, les journalistes, la police et les carders du monde entier parleront de Kier pour désigner Mert Ortaç, même si ce dernier ne s'est jamais appelé ainsi.

Après la séance photo, Mert est de nouveau flanqué

à terre et on jette une couverture sur lui. « Reste ici une demi-heure, ensuite tu pourras t'en aller, lui dit Çağatay. On te laisse tes habits et on touche pas à ton argent. Tu peux aussi avoir une carte d'identité. À partir de maintenant et pour le restant de ta vie, tu peux oublier l'idée d'écrire le nom de Cha0 parce que, si tu le fais, je t'étranglerai avant même que tu puisses reprendre ta respiration. » Pour finir, Çağatay ne peut s'empêcher de rajouter une note personnelle : « Si ça n'avait tenu qu'à moi, je t'aurais tué ici et maintenant. Mais le type t'aime bien. Sois reconnaissant et boucle-la. » (Çağatay lui-même trouve risible l'idée qu'il puisse vouloir tuer quelqu'un comme Mert, une petite merde à ses yeux.)

Une demi-heure plus tard, Mert Ortaç sort tout cabossé de l'appartement avec tout juste 50 dollars en poche et se dirige vers la gare routière, d'où il part vers Izmir. Là-bas, il pansera ses plaies et réfléchira à ce qu'il pourra bien faire. C'est évident : il va passer dans la clandestinité. Il disparaît pour la dernière fois avant d'être arrêté quelques mois plus tard, en novembre 2008, alors qu'il est en train de faire une demande de passeport sous un autre nom.

D'autres récits étranges peuplent le monde imaginaire de Mert, ni réalité ni fiction, mais en ce qui nous concerne, c'est ici que son histoire se termine.

34

Partie de chasse turque

Jusqu'à ce que Mert soit finalement arrêté, l'inspecteur Bilal Şen ne sait pas si le hacker est en fuite, toujours prisonnier ou tout simplement mort. Ce qu'il sait, en revanche, c'est que le temps joue contre lui. L'officier n'a pas d'autre choix que de continuer à traquer Cha0 aussi efficacement et patiemment que possible. Au moins, il a désormais une photo et un numéro de téléphone de l'homme qui envoie les skimmers et il est convaincu que cela finira par le mener vers Cha0. Vu que le sbire qui a livré le skimmer utilise l'un des numéros de portable qu'il a inscrits auprès de la société de messagerie, la police a pu « trianguler » le suspect — en d'autres termes, ils ont pu savoir à quels relais de téléphonie mobile l'appareil se connectait. Ils ont ainsi eu très rapidement une idée précise de l'endroit où il se trouvait et de l'ensemble de ses mouvements.

Quelque temps plus tard, ils reçoivent un nouveau signalement qui leur permet de mettre en place une filature. En quelques jours, l'homme les conduit à une villa à Tuzla, un quartier éloigné d'Istanbul situé à une vingtaine de kilomètres au sud du centre-ville, sur la rive asiatique. Cette zone, jadis réputée pour la pêche et qui abrite aujourd'hui l'une des plus grandes bases navales de la Turquie, est alors l'un des rares quartiers de la ville à ne pas avoir été complètement envahi par les nouvelles constructions. Avec ses maisons spacieuses aux façades colorées, c'est un endroit très prisé, habité en grande partie par des familles riches.

Le suspect les mène à une villa de luxe équipée d'une piscine en plein air. Après plusieurs jours d'observation, l'équipe de surveillance établit que plusieurs hommes y habitent. Bilal ne met pas longtemps à deviner qui donne les ordres à l'équipe. En consultant des dossiers criminels, il en déduit qu'il s'agit d'un certain Çağatay Evyapan.

Çağatay, ancien étudiant doué en génie électrique, prend enfin forme. Il a été arrêté pour la première fois en 1998 et accusé de fraude. Deux ans plus tard, il a fait son plus mauvais calcul lorsque ses acolytes et lui ont été pris la main dans le sac à cloner des cartes bancaires pour retirer de l'argent aux distributeurs dans le port d'Izmir. Après avoir purgé cinq ans sur les vingt-sept prévus par sa peine, il ne pouvait pas supporter l'idée de rester incarcéré plus longtemps. C'est ainsi qu'un beau jour de mai 2005, il a fait le mur et a disparu des écrans radars. C'est moins un fugitif qu'un fantôme.

Il a rendu ses comparses responsables de son arrestation, en 2000, et il est bien décidé à ce que cela ne se reproduise plus. Si tu veux que les choses soient bien faites, fais-les toi-même : telle est sa philosophie.

Bien entendu, il a compris que pendant ses cinq années d'emprisonnement le cyberespace avait profondément changé. Il sait tout sur la loi de Moore, qui veut que le nombre de transistors qui peuvent être placés à faible coût sur un circuit intégré continuera à doubler tous les deux ans jusque vers 2015. Transposée dans la vie réelle, cette loi signifie que chaque année les gadgets sont plus stylés, les programmes informatiques plus complexes, les outils de piratage plus retors et, en conséquence, les récompenses plus juteuses. Il décide donc de s'adapter au nouveau contexte.

Avant tout, il a besoin d'une nouvelle identité. Çağatay va disparaître pendant près de quatre ans : sur son passeport, son nom est remplacé par l'un de ses subordonnés, son garde du corps Hakan Öztan, et sur internet par Cha0 (prononcé comme en italien). Il utilise la première syllabe de son nom et le chiffre 0 depuis sa première apparition sur les forums du BBS, le système de bulletins électroniques, au début des années 1990. À l'époque, le système de sécurité exceptionnel de Cha0 garantissait que personne ne pourrait l'identifier. Sur les forums publics comme CrimeEnforcers et DarkMarket, Cha0 vend des skimmers. Dans le privé, il vend des systèmes de sécurité impénétrables pour les utilisateurs d'ordinateurs qui ne veulent vraiment pas voir leur identité révélée.

Maintenant, Bilal vient de tomber sur lui. Cela dit, une chose est de repérer où il se trouve, une autre de réunir les preuves nécessaires pour monter un dossier contre lui. Les juges et les procureurs turcs sont encore moins familiarisés avec internet que leurs homologues d'Europe de l'Ouest ou des États-Unis, et plusieurs avocats bien en vue et hors de prix ont vite appris à exploiter cette ignorance au bénéfice de leurs clients et de leurs propres comptes en banque.

Çağatay profite de l'été. C'est un type chaleureux, qui aime sortir avec ses amis. On le voit souvent au bras de belles femmes et notamment, dit-on, d'une princesse saoudienne. Il aime les boissons chères, la cuisine raffinée et les fêtes sur des yachts. Au fil des ans, il a pris du poids. L'argent ne semble pas entrer en ligne de compte dans la recherche de ce mode de vie luxueux.

Bilal met en place une filature sur divers collaborateurs de Çağatay : il apparaît de plus en plus clairement que derrière Cha0 il n'y a pas seulement Çağatay Evyapan, mais un syndicat du crime bien huilé. Il s'agit de crime organisé : on ne parle pas d'adolescents piratant des serveurs pour la première fois. Cela vient d'ailleurs confirmer une tendance croissante à l'œuvre un peu partout dans le monde.

Pendant longtemps, les syndicats du crime organisé traditionnel ont considéré la fraude sur internet comme un délit mineur pas vraiment digne de leur attention. Or les choses commencent à changer. La cybercriminalité est en train de devenir plus systématique, plus efficace et plus soucieuse de sécurité en même temps qu'elle s'éloigne de son incubateur d'origine, où des geeks malicieux rigolent et s'amusent, pour pénétrer dans le royaume des véritables structures mafieuses, davantage un monde d'adultes. En toute logique, la proie de Bilal disposera de ressources plus importantes, et monter un dossier demandera donc plus de soin et d'attention si l'inspecteur veut éviter de se faire coincer au tribunal.

Les policiers vont méthodiquement réunir les preuves. Bien entendu, Keith Mularski et Cha0 sont toujours administrateurs sur DarkMarket. L'opération durera cinq mois entiers, le temps que Bilal accumule des petits bouts de preuve jour après jour. Il réussit ainsi à établir que le groupe d'intimes de Çağatay est relativement restreint et que sa sécurité est d'une précision militaire. Mais à côté de ces bouts de preuve, qui peuvent connecter Çağatay à n'importe quel crime, Bilal poursuit un deuxième objectif : il essaie toujours de savoir si ce dernier a quelqu'un à l'intérieur — tout en priant pour que ce ne soit pas le cas.

Vers la fin du mois d'août, Çağatay disparaît. L'équipe qui le filait est prise de panique. Pourtant, le journaliste de Haber 7 continue à recevoir des messages, non pas de Cha0 mais d'un certain Yarris, qui semble très au fait des activités de Cha0. Fort heureusement pour Bilal, Cha0 va réapparaître à Istanbul de façon aussi inattendue qu'il avait disparu. Cela dit, c'est tout de même un avertissement : la situation est des plus précaires, et Bilal décide de passer à l'attaque début septembre.

À Tuzla, la surveillance a fini par établir que l'un des résidents va tous les quelques jours faire des provisions. Le 8 septembre, il sort. Bilal Şen est de retour à Ankara et se ronge les ongles tandis que l'équipe d'intervention spéciale qui entoure l'immeuble lui rapporte tout ce qui se passe minute après minute au téléphone. Au moment où le suspect revient de ses courses, ils fondent sur lui, s'introduisent dans la villa et clouent quatre autres hommes au sol. Ils sont entourés d'innombrables ordinateurs et de dizaines de skimmers, de moules, de claviers PIN, de terminaux de point de vente (POS) et de tonnes de cash. Le raid est un véritable triomphe : personne n'est blessé et tous les suspects sont arrêtés.

Bizarrement, l'arrestation de Cha0 a été anticipée quelques jours plus tôt sur les forums du magazine *Wired* à la suite d'une histoire concernant DarkMarket postée par un rédacteur du journal. L'un des commentaires, tout en bas, vient de quelqu'un qui se présente comme Lord Cyric, l'administrateur de DarkMarket. Il prétend être en lien direct avec Cha0. Et il ajoute, de façon énigmatique, que certains des subordonnés de ce dernier pourraient bientôt connaître la prison, mais que ça n'arrivera jamais à Cha0.

Adieu, Cha0 ?

35

La mort de DarkMarket

On ne sait toujours pas qui était réellement Cha0 mais une chose est sûre : l'arrestation inattendue de Çağatay Evyapan a de toute évidence semé la panique parmi les administrateurs de DarkMarket. Le 16 septembre 2008, moins d'une semaine après la descente des hommes de Bilal à Istanbul, Master Splyntr déclare sur le site DM qu'avec les succès de la police, lui et ses collègues administrateurs ont les nerfs à vif. C'est une charge qu'ils ne se sentent plus à même d'assumer.

> Il devient évident que ce forum (…) attire beaucoup trop l'attention de nombreux services dans le monde (agents du FBI, du Secret Service et d'Interpol). J'imagine qu'il fallait bien que ça arrive un jour. Il est très regrettable que nous en soyons arrivés à cette situation, car (…) nous avons fait de DM le premier forum en anglais pour nos affaires. C'est la vie. Quand vous êtes au top, on essaie de vous faire chuter.

En une semaine, le premier site criminel du monde anglophone est mort. Ses adeptes sont désemparés. « DarkMarket nous servait de tremplin pour nos activités et si ce tremplin s'effondre… », déplore un certain Iceburg dans un message posté sur le site du magazine *Wired*. « Vive l'encaissement et le carding. À bas tous les RATS et le FBI et toutes ces agences secrètes stupides qui non seulement ruinent nos vies et nos familles, mais qui détruisent aussi tout ce que nous avons laissé derrière nous.»

Apparemment, les cyberpoliciers ont gagné. Mais comme il s'agit de DarkMarket, l'histoire ne peut pas être aussi simple que cela.

Quatrième partie

36

Double danger

Stuttgart, septembre 2007

L'agent Dietmar Lingel est satisfait de son travail. Une semaine plus tôt, son chef lui a remis les registres de hushmail, le fournisseur de courrier électronique canadien. Ce système de messagerie est *a priori* complètement étanche : personne ne peut lire votre correspondance si vous utilisez hushmail. C'est très largement vrai, sauf qu'en 2007 la société a fini par céder aux pressions de la police canadienne et laissé les policiers accéder aux registres. Un enquêteur peut donc savoir quelle adresse IP s'est connectée à un compte particulier. Et la police canadienne a transmis à l'agent Mularski, du FBI, les registres de deux comptes : *auto432221@hushmail.com* et *auto496064@hushmail.com*.

En mai 2007, Matrix001 a fait suivre à Keith Mularski une version corrigée du mail anonyme qu'on lui a envoyé pour l'avertir qu'il est surveillé par la police allemande. La première réaction de Mularski a été d'attribuer la fuite à ses collègues de l'US Secret Service. À l'époque, le FBI et le Secret Service menaient des opérations concurrentes sur DarkMarket, ce qui multipliait les possibilités de faille en matière de sécurité, par incompétence ou à dessein. Au moins trois polices étrangères connaissaient l'existence de Matrix : les Britanniques, les Français et, bien sûr, les Allemands.

Chez les policiers, personne ne sous-estime l'importance des mails. Outre l'existence possible d'une taupe, il y a l'idée tout aussi inquiétante que quelqu'un a pu pirater les ordinateurs de l'une des équipes d'enquête. L'opération DarkMarket a réellement démarré, mais il est prévu qu'elle dure plusieurs années : les arrestations de Matrix001 et de JiLsi ne sont qu'un début. Les e-mails mettent en péril toute la stratégie bâtie sur deux ans de travail acharné. Il faut colmater la fuite. La priorité absolue, pour l'enquête internationale, est désormais de trouver la source.

Maintenant que les registres de hushmail ont atterri sur le bureau de Lingel, l'examen détaillé des indices va pouvoir commencer. Lingel est le spécialiste technique dans l'équipe qui travaille sur Matrix001 ; c'est donc à lui que revient la tâche d'établir qui a essayé d'accéder à ces comptes à l'époque où Matrix les a reçus.

Lingel identifie que l'une des adresses IP ayant essayé d'accéder aux comptes hushmail anonymes est enregistrée dans la région de Stuttgart. Il l'élimine immédiatement : c'est la sienne. Après que Mularski a alerté pour la première fois Stuttgart sur l'existence de ces e-mails, Lingel a essayé de se connecter au compte hushmail en utilisant des mots de passe standard (comme *admin* ou *password*) ou d'autres appartenant à des DarkMarketaires en vue déjà connus de la police. Les autres tentatives de connexion renvoient à des adresses IP à Berlin et autre part en Allemagne. Dans la matinée du 12 septembre, Lingel explique à Gert Wolf, son chef de département, qu'ils n'ont pas encore de suspect mais qu'ils ont réussi à réduire l'éventail des possibilités.

Après le déjeuner, Wolf passe la tête par la porte du bureau de Lingel et lui dit qu'ils doivent aller voir leur chef de division. Lorsqu'il entre dans la pièce, Lingel se retrouve face à un panel de gradés qui l'attendent, notamment un officier du sinistrement nommé Dezernat 3.5, le département des enquêtes de police internes de Stuttgart. Lingel est déconcerté et plutôt nerveux. Tout à coup, l'officier déclare: «Monsieur Lingel, nous vous plaçons sous enquête: vous êtes soupçonné d'avoir prévenu un suspect qu'il était sous surveillance.»

Lingel reste sans voix. Progressivement, le choc laisse place à de la colère. «Quand je pense que j'ai travaillé toute la semaine avec mon chef pour démêler ce bazar, se dit-il, et voilà qu'un jour il passe la tête dans mon bureau après le déjeuner et me poignarde dans le dos.

– Écoutez, monsieur Lingel, poursuit l'officier. Vous avez deux possibilités: soit vous coopérez avec nous dans cette enquête, soit on vous place tout de suite en garde à vue.»

Lingel accepte de coopérer. Son chef lui explique qu'il doit prendre tous les congés qui lui restent et qu'il sera ensuite suspendu jusqu'à nouvel ordre.

À quarante ans passés, Lingel a une histoire peu conventionnelle. Il est né à Windhoek, la capitale de la Namibie – l'ancien «Sud-Ouest africain allemand», l'un des quelques postes avancés de l'Allemagne impériale à l'époque coloniale. À cinq ans, il est parti avec sa famille pour Le Cap, de sorte qu'il a été élevé dans deux langues: l'anglais et l'allemand. Il est retourné dans la patrie de ses parents pour faire ses études et, une fois son diplôme en poche, il a rejoint la police. Là, il a fait son chemin dans les rangs de la police des autoroutes, sans jamais trouver le travail particulièrement exaltant.

En 2001, un poste s'est libéré à la police du Bade-Wurtemberg et, vu qu'il était un geek amateur, il a sauté sur l'occasion et postulé. Le siège de Stuttgart avait besoin de quelqu'un qui connaisse Linux, le système d'exploitation libre, pour assurer la sécurité du réseau. Cinq ans plus tard, on l'a autorisé à migrer avec ses compétences informatiques vers le département d'enquêtes criminelles, où on l'a assigné à un poste sous la direction de Franck Eissmann.

Matrix001 n'est pas le seul Allemand à avoir été identifié par Keith Mularski comme membre actif de Dark-Market. Il y en a deux autres : Soulfly, de son vrai nom Michael Artamonov, et Fake, autrement dit Bilge Ülusoy. Au départ, le procureur a voulu inculper Matrix001 pour constitution d'une association de malfaiteurs, mais encore lui fallait-il la preuve qu'il était de mèche avec les deux autres.

Pourtant, pour une raison mystérieuse, aucune enquête ne sera jamais entamée contre Fake et Soulfly. En partie parce qu'en octobre 2007 un juge va forcer le procureur à troquer l'accusation d'association de malfaiteurs contre celle, moins grave, de fraude à la carte bancaire. Pourquoi a-t-on abandonné l'enquête sur les deux comalfaiteurs présumés ? C'est l'une des nombreuses questions qui restent à ce jour sans réponse et qui ont fait douter de la capacité de la police provinciale et fédérale allemande à enquêter sur cette affaire.

Pour la police du Bade-Wurtemberg, il y a beaucoup de choses en jeu dans l'enquête sur Matrix001. En général, pour des dossiers internationaux de ce genre, toutes les communications passent par Wiesbaden mais Franck Eissmann, l'enquêteur en chef, a réussi à convaincre ses supérieurs que l'on devait l'autoriser à parler directement à Mularski, l'homme clé du FBI.

Tout le monde s'est donc montré très nerveux lorsque Mularski a appris de la bouche de Matrix001 que le pirate allemand avait reçu un message envoyé à partir d'un compte hushmail anonyme le prévenant qu'il allait être arrêté. Les policiers de Londres, de Pittsburgh et de Stuttgart priaient tous pour que la source de la fuite ne soit pas trop proche de chez eux.

L'arrestation de Lingel va soulager les enquêteurs : ils

tiennent leur homme, semble-t-il. Mais en décembre 2007, le Dezernat 3.5 envoie une lettre à Lingel pour l'informer qu'il n'y a aucune preuve le liant à la fuite et qu'il pourra rentrer travailler le mois suivant, début 2008. Il ne retournera pas au département IV, chargé de l'enquête Matrix001 : il en veut beaucoup à son supérieur immédiat, Franck Eissmann, qui est apparemment en partie responsable des accusations à l'encontre de son subordonné.

Vers la fin du printemps, alors que le procès de Matrix approche, il y a une atmosphère délétère au siège de la police à Stuttgart ; ça sent la discorde. Le parquet, qui n'a pas les moyens d'accuser Matrix d'association de malfaiteurs, sait qu'il a peu de chances d'obtenir une peine de prison ferme. De plus, ils sont revenus à la case départ et continuent à essayer de déterminer l'origine de la fuite.

Même si Lingel a du mal à digérer ce qui lui est arrivé, sa réaffectation au département I s'avère tout à fait acceptable et ses collègues font preuve d'un comportement exemplaire à son égard. C'est un véritable soulagement et un changement bienvenu après ces mois où il a fait l'objet de tous les soupçons.

Sauf qu'en mai 2008 il est à nouveau placé en état d'arrestation. Cette fois, on ne l'accuse pas d'avoir envoyé les e-mails à Matrix, mais d'avoir compromis l'identité sous couverture de Keith J. Mularski, l'agent du FBI.

37

Zorro démasqué

En juin 2008, tandis que se déroule le procès de Matrix, Kai Laufen, un reporter de la radio, feuillette un exemplaire de la revue de technologie du MIT[1] lorsqu'il tombe sur un article sur le cybercrime. Le journaliste d'investigation de Karlsruhe, dans le sud-ouest de l'Allemagne, ne sait pas que c'est en train de devenir un tel problème. Intrigué, il décide d'enquêter sur l'étendue du phénomène en Allemagne.

Prudent mais rigoureux, Laufen commence par étudier les clauses du Code pénal relatives au crime informatique. Il envoie ensuite des mails à une cinquantaine de tribunaux locaux en leur demandant s'ils ont déjà eu affaire à des dossiers de ce genre.

Il ne recevra pas beaucoup de réponses, mais par chance l'une d'entre elles mentionne un cas de fraude à la carte bancaire passé devant le tribunal de Göppingen, un petit village du Bade-Wurtemberg peu éloigné de là où il habite. Un jeune homme du nom de Detlef Hartmann, sur lequel pèsent treize chefs d'accusation pour utilisation de cartes bancaires clonées, attend d'être fixé sur sa peine.

L'histoire n'a pas l'air particulièrement passionnante,

1. Massachusetts Institute of Technology, à ne pas confondre avec l'acronyme de l'agence nationale de renseignement turque.

mais Laufen décide tout de même de contacter la police provinciale à Stuttgart et, peu de temps après, l'inspecteur Franck Eissmann lui explique les bases de la cybercriminalité. Au passage, il mentionne que le FBI a aidé le département IV dans l'enquête sur Detlef Hartmann.

Le 2 juillet, au lendemain de la condamnation de Detlef Hartmann à une peine de dix-neuf mois de prison avec sursis, Kai écrit au jeune homme pour lui demander une interview, curieusement par courrier traditionnel plutôt que par mail. Au début, Detlef et ses parents résistent aux sollicitations du journaliste, mais au bout de trois mois ils finissent par céder. Au début du mois d'octobre, Kai se retrouve donc à prendre un café avec lui.

Kai Laufen n'est pas un débutant. Né dans le nord de l'Allemagne, il a grandi en partie au Brésil et parle couramment portugais, espagnol et anglais. Il a travaillé dans toute l'Amérique du Sud et en connaît un rayon sur le crime organisé et les gangsters. Pourtant, il n'en croit pas ses oreilles : Detlef le régale de l'histoire de Matrix001 et de ses aventures dans un monde virtuel où tout le monde est affublé de noms bizarres et communique dans un anglais hybride — où se mélangent l'argot des gangsters, des expressions anarchistes et des inventions dignes de Tolkien — tout en achetant et en revendant des informations financières volées.

Kai mesure vite les implications de ce nouveau type de malversations. Grâce à internet, les coupables peuvent commettre des crimes à des milliers de kilomètres du lieu où ils se trouvent, en faisant une multitude de victimes inconnues qui découvriront ou non que leur vie privée a été violée et leur argent, voire leur identité, dérobé.

Pourtant, si la méthode est tellement infaillible, comment Detlef a-t-il réussi à se faire arrêter ? se demande Kai. « C'est simple, répond le jeune homme. L'un de mes collègues administrateurs, avec lequel je travaillais depuis des mois, était un agent du FBI. Il était sur mes traces et il a alerté la police allemande.» Le journaliste se dit que Detlef exagère peut-être sa propre importance et il lui demande s'il a des preuves à l'appui de ce qu'il affirme. «Absolument, répond Detlef, je vous les ferai parvenir.»

Quelques jours plus tard, Detlef envoie à Laufen les réquisitions du procureur détaillant les accusations de l'État contre le jeune homme, rédigées dans un sabir juridique:

> Comme en atteste le dossier d'enquête, cet administrateur qui, au bout du compte, avait un contrôle total sur tous les arrangements depuis juin 2006 tout au moins, n'était autre que Keith Mularski, l'agent du FBI, qui avait proposé d'héberger le serveur afin de réunir des informations plus précises sur les acheteurs et les vendeurs. Je me réfère ici au Document 148, Dossier I, dans lequel M. Keith Mularski informe l'enquêteur de la police régionale, Franck Eismann (*sic*), du point suivant: *Master Splynter (*sic*), c'est moi.* Le fait que l'utilisateur Master Splynter (*sic*) gérait le serveur est prouvé par le Document 190, e-mail de Keith Mularski en date du 09.03.2007: *Il m'a payé pour le serveur.*

Kai est sidéré. Il relit la phrase clé: *Master Splynter, c'est moi.* Non seulement Detlef Hartmann avait raison quand il disait que le FBI était à ses cybertrousses, mais le bureau du procureur donne le nom de l'agent *et* de son alias. La partie est finie et lui, Kai Laufen, a découvert la vérité sur l'un des cyberpoliciers les plus éminents. Trois mois plus tôt, c'est tout juste s'il avait entendu parler de cybercriminalité.

Lorsqu'il appelle la National Cyber Forensics Training Alliance à Pittsburgh, on lui passe tout de suite Keith Mularski, qui se montre des plus accommodants, comme à son habitude. Mais au moment où le journaliste lui lit la phrase du mail — *Master Splynter, c'est moi* — il y a un blanc de l'autre côté de la ligne. Keith comprend qu'il a été démasqué. Le point positif, c'est qu'il a été confondu par un journaliste radio du sud-ouest de l'Allemagne et qu'il est toujours possible, même à l'âge de l'internet, que la nouvelle ne sorte pas des frontières du Bade-Wurtemberg. Au fond de lui, cela dit, il sait qu'il y a vraiment peu de risques que cela se produise.

Est-ce qu'il s'agit encore de cette fameuse fuite ?

Kai Laufen ignore que le commissaire de la police de Stuttgart a suspendu Dietmar Lingel pour la seconde fois. Cette fois-ci, on soupçonne l'officier d'avoir intentionnellement fourni le nom et le pseudo de Mularski au procureur pour que ce dernier rédige ses réquisitions. Lingel a révélé l'identité de Mularski afin de discréditer le FBI, suppose-t-on. Selon le commissaire, il a fait cela pour marquer son désaccord avec certaines des méthodes policières employées dans l'enquête Hartmann.

Les allégations à l'encontre de Lingel illustrent bien les différences fondamentales qui opposent l'Europe et les États-Unis en matière de maintien de l'ordre. Alors que les Européens ont tendance à éviter les opérations d'infiltration, qu'ils jugent trop risquées et discutables d'un point de vue moral et juridique, les Américains, eux, y ont largement recours. Il y a des débats animés aux États-Unis sur la question de savoir où se termine l'infiltration et où commence l'incitation au délit. En Europe, certains policiers sont d'avis que l'opération DarkMarket a frisé la provocation, d'autant que le Secret Service, en particulier, semblait encourager ses membres à s'adonner à une activité criminelle (dans le cas de Dron) au cours de leurs enquêtes.

Le FBI et Keith Mularski défendront plus tard leurs actions avec véhémence, faisant valoir que la présence des agents sur DarkMarket a permis de collecter des informations — notamment sur le projet d'expansion des opérations de Cha0 aux États-Unis — et évité ainsi 70 millions de dollars de pertes potentielles, au dire de Mularski.

Tandis qu'il met la dernière touche à son reportage

radio sur cette histoire étrange mais importante, Laufen se fait une hernie discale. Presque incapable de bouger, le journaliste est contraint de broyer du noir au lit pendant deux semaines. Il en arrive à la conclusion que personne, en Allemagne, ne s'intéressera au fait que le FBI a arrêté un carder allemand et que c'est lui, Kai, qui a découvert l'identité de l'agent. En revanche, la saga DarkMarket a fait la une des médias technologiques aux États-Unis. Sous l'impulsion du magazine *Wired*, basé à San Francisco, beaucoup d'articles ont déjà été publiés sur le sujet, notamment à la suite de l'enlèvement spectaculaire de Mert Ortaç en avril de la même année, puis de l'arrestation de Cha0 en septembre.

Kai est persuadé qu'il doit diffuser les preuves montrant que DarkMarket est en partie une opération d'infiltration du FBI. Mais l'Atlantique ne marque pas seulement une frontière en matière de cultures policières : il en est de même pour ce qui concerne les normes en vigueur chez les journalistes allemands et leurs homologues anglo-saxons en matière d'éthique. (Les policiers britanniques sont plus européens qu'américains, mais leurs journalistes ont encore moins de scrupules que les Américains.)

En Allemagne, il est considéré comme malvenu de publier les noms des criminels présumés lorsque le procès est en cours, et très souvent les médias allemands évitent de le faire même si les accusés sont par la suite condamnés. La même règle vaut pour les agents de police sous couverture. Pour ceux qui connaissent un peu les médias anglo-saxons, cette discrétion leur est totalement étrangère.

Au début octobre 2008, Kai Laufen décroche son téléphone pour appeler Kevin Poulsen, le rédacteur de *Wired* spécialisé dans les questions de sécurité. Il lui explique qu'il va lui fournir des documents prouvant que la police a infiltré DarkMarket. Il y inclura le mail de Keith Mularski dans lequel ce dernier admet son rôle en tant que Master Splyntr, mais à la stricte condition que Poulsen ne publie pas le nom de Mularski. Après avoir insisté sur ce point, Laufen termine son e-mail et attache un scan des documents, avec l'exhortation suivante: «À brûler après lecture!»

Poulsen ne se rappelle pas les choses de la même façon: selon lui, il a juste accepté de ne pas publier le nom de Matrix. Au fil des ans, lui et son équipe ont fait un travail impressionnant et suivi la plupart des histoires de cybercriminalité, y compris celle de DarkMarket. Il y a d'ailleurs mis le même zèle infatigable que celui dont il avait fait preuve dans sa vie précédente, lorsqu'il était hacker — une carrière qui s'était terminée par une condamnation. Et donc Poulsen ne va pas brûler les documents après les avoir lus. Bien au contraire: le lundi 13 octobre, il les publie. Master Splyntr est mort.

De son côté, Mularski est furieux de voir son nom publié dans *Wired* — il vient de perdre en un instant la confiance que tant de carders lui avaient accordée. Quelques semaines auparavant, il a fermé le forum de DarkMarket car l'enregistrement du nom de domaine par JiLsi arrivait à expiration. Si Master Splyntr avait essayé de le réenregistrer, un hacker curieux aurait pu profiter de l'occasion pour découvrir sa véritable identité.

Pour la police, l'opération DarkMarket constitue la phase d'ouverture d'un plan à plus long terme visant à infiltrer le monde de la cybercriminalité. En quinze mois, jusqu'à la publication du nom de Mularski dans le magazine *Wired*, le FBI, la SOCA et les autres polices concernées ont pris soin d'éliminer quelques individus ici et là. Ils ont choisi délibérément de ne pas se lancer dans une vague d'arrestations de membres de DarkMarket, contrairement à la tactique utilisée en 2004 par le Secret Service avec Shadowcrew. Master Splyntr avait bien l'intention de revenir avec une réputation rehaussée, armé de sa base de données étendue de carders et de leurs activités. Et maintenant, voilà que tout son plan tombe à l'eau.

Non pas que les efforts de Mularski aient été vains : dans un remarquable exemple de coopération transfrontalière entre des forces de police hétérogènes, ils ont réussi à attraper Cha0, l'un des plus gros poissons dans le monde du carding, et ils en ont arrêté des dizaines d'autres ; certains ont déjà été condamnés, la plupart attendent leur procès.

Ni l'agent Mularski ni personne d'autre ne peut accuser Dietmar Lingel. Ce n'est pas lui qui a laissé la véritable identité de Master Splyntr se glisser dans les documents du tribunal pour le procès de Matrix, contrairement à ce que l'officier du Dezernat 3.5 a prétendu.

Le mérite en revient au détective Franck Eissmann, le chef de Lingel, qui confessera plus tard qu'il a fait une « grave erreur » en soumettant le document au procureur au nombre des preuves que détenait la police à l'encontre de Matrix. C'est l'erreur d'Eissmann qui a conduit Kai Laufen à identifier Mularski, ce qui a déclenché à son tour l'effondrement de l'opération de longue haleine contre les carders.

Pourtant, Dietmar Lingel restera suspendu et ses employeurs ne feront pas le moindre geste jusqu'à ce jour de septembre 2010 où le Dezernat 3.5 l'informe qu'il va passer en jugement. Le procureur a abandonné l'affirmation, dénuée de tout fondement, selon laquelle Lingel a laissé fuiter intentionnellement le nom de Mularski. En revanche, le chef d'accusation initial a été ressuscité : avoir informé un suspect qu'il était sous surveillance.

Lingel choisit de contester les accusations quand, quelques semaines plus tard, s'ouvre à Stuttgart le procès le plus long de toute la saga DarkMarket. L'ironie de l'histoire, c'est qu'aucun cybercriminel n'y participe (si ce n'est que Matrix001 et Fake déposent en tant que témoins) : le procès oppose la police du Bade-Wurtemberg à l'un de ses membres. C'est un événement fascinant joué face à un petit groupe de personnes dans le tribunal propre et anonyme de Bad Cannstatt, le quartier des thermes de Stuttgart. Le témoignage de près d'une douzaine d'acteurs de ce drame est sidérant, révélant toute une série d'erreurs et de coups de malchance dont l'opération de police a souffert aussi bien en Europe qu'aux États-Unis.

38

Qui ?

Istanbul, octobre 2008

Çağatay Evyapan paraît détendu dans sa cellule. De temps à autre, un agent de la police d'Istanbul lui chuchote quelque chose à propos d'un superpolicier d'Ankara en route pour son interrogatoire. En Turquie, on ne peut pas retenir plus de quatre jours une personne soupçonnée d'être impliquée dans une activité relevant de la criminalité organisée. Le prisonnier est curieux de voir si cette huile de la capitale va débarquer.

Finalement, l'inspecteur Şen arrive. Il ne veut savoir qu'une chose.

« Qui est le petit oiseau ? À qui tu parles à l'intérieur ? C'est tout ce que je veux savoir de toi. »

Le prisonnier hésite, puis se décompose.

« Il n'y a personne. »

39

Sur la route de nulle part

L'inspecteur Şen a bouclé son travail. Après l'arrestation, le dossier a été transmis au service du procureur, comme l'exige la loi turque. Mais si Çağatay Evyapan était Cha0, qui était donc ce fameux Şahin, dont Mert Ortaç maintenait qu'il était le véritable Cha0 ? Était-ce un produit de l'imagination de Mert ? Après tout, Mert avait l'habitude d'inventer des fables et d'enjoliver la réalité.

Cela dit, il avait beau aimer se lancer dans des histoires invraisemblables, les éléments centraux de son récit se sont révélés véridiques. Il a bel et bien travaillé pour diverses organisations officielles, dont l'agence de renseignement ; c'était un programmeur très doué, en particulier pour décrypter les cartes mères ; il a en effet gagné des sommes énormes en vendant des fausses cartes Digiturk, ce qui lui a valu par la suite de faire l'objet d'une enquête ; il aimait dépenser de l'argent et organiser des fêtes pour ceux qu'il voulait impressionner ; il s'est promené sur les forums de DarkMarket en utilisant les pseudos de Sadun, Cryptos et PilotM ; il a bien passé des vacances avec sa petite amie à l'hôtel Adam & Eve, à Antalya ; et il ne fait aucun doute qu'il a été kidnappé et humilié par Çağatay Evyapan.

En revanche, il s'est montré incapable de fournir des preuves à l'appui de son affirmation clé, à savoir que derrière Cha0 se cachait le mystérieux Şahin. Mert avait une connaissance si détaillée du fonctionnement interne de DarkMarket que, s'il mentait, quelqu'un ou une organisation quelconque devait lui avoir fourni une partie de ces détails, sinon tous. Toute la question — à ce jour sans réponse — est de savoir pourquoi. Et qui essayait-on de faire tomber ou de discréditer en jetant l'extraordinaire Mert Ortaç au beau milieu de tout cela ? Certainement pas Çağatay Evyapan, qui ressort de l'histoire de Mert comme un criminel mineur. La police ? Ou peut-être l'homme dont Mert affirme qu'il était Lord Cyric, un membre éminent de la scène internet turque et mondiale ?

Même dans ce cas, la vérité de Mert n'en demeure pas moins plausible que celle de l'inspecteur Şen. Ce n'est pas dans l'identité de Şahin ou de Çağatay qu'il faut chercher la clé, mais dans le personnage de Cha0. Il est évident que l'homme qui a monté l'usine de skimmers et officié comme administrateur sur DarkMarket était Çağatay Evyapan. Ce qu'il faudrait savoir, c'est si Evyapan contrôlait toute l'opération ou s'il travaillait pour le compte d'un syndicat du crime plus important.

En tout, la police turque a arrêté plus de vingt personnes dont tout porte à croire qu'elles étaient mêlées aux affaires de Cha0, soit comme membres du noyau central, soit avec un rôle périphérique. C'était tout simplement cela, le criminel virtuel : non pas un personnage réel, mais un amalgame d'individus aux compétences diverses qui travaillaient comme une seule et même personne. De la même façon, le fondateur ukrainien de CarderPlanet, Script, avait reconnu que le terme générique de « carder » cachait en fait une multitude de talents : certains étaient de véritables hackers, d'autres des graphistes, d'autres encore des ingénieurs électroniques qui construisaient des skimmers ; il y avait ceux qui « skimmaient » des distributeurs automatiques, ceux qui encaissaient l'argent, ceux qui se chargeaient de la sécurité, ceux qui récoltaient de l'information, parfois pour le compte des criminels, d'autres fois pour celui de la police.

Les deux hommes, Cha0 et Script, ont ainsi anticipé le monde de la cybercriminalité post-DarkMarket, à savoir le passage d'une communauté assez souple d'individus engagés dans des activités criminelles opportunistes à une organisation criminelle beaucoup plus systématique dont les membres s'acquittent de tâches bien spécifiques: spamming, écriture de virus, blanchiment d'argent, création de réseaux de zombies et autres activités.

Peut-être que Cha0 abritait une opération de ce genre: tout le saint-frusquin regroupé en un seul réseau. Cha0 aurait été un nom collectif qui cherchait avant tout à acquérir un monopole au moins partiel dans la nouvelle industrie de la fraude à la carte bancaire par le biais du skimming. Il s'agissait d'un plan audacieux qui a été à deux doigts de réussir, n'étaient les efforts combinés de Keith Mularski et de Bilal Şen ainsi que le soutien fourni par d'autres agences de police et par quelques individus.

Le degré d'organisation de Cha0, cette entité, suggère fortement un autre élément. Jusqu'à récemment, les associations criminelles traditionnelles « ont eu tendance à considérer les cybercriminels comme des citoyens de seconde zone », comme l'expliquait l'un des cyberpoliciers les plus importants de la SOCA. Mais au cours de l'existence de DarkMarket, les forces de police du monde entier ont commencé à observer les apparitions inattendues de la criminalité traditionnelle dans le cadre de leurs enquêtes sur le cybercrime.

Le projet DarkMarket était lui-même organisé en trois cercles bien définis. Le premier regroupait les administrateurs, les modérateurs et les membres qui occupaient des fonctions administratives de direction sur le site: généralement des experts en hacking et assurément des informaticiens chevronnés. En outre, à l'exception de Cha0, soit ils ne gagnaient pas énormément d'argent, soit ils travaillaient directement pour la police ou comme informateurs confidentiels.

Dans le second cercle, on trouvait essentiellement des criminels expérimentés et habiles qui travaillaient en général pour leur propre compte, comme Freddybb et RedBrigade. Ils étaient plus ou moins doués en informatique et, s'ils n'étaient pas capables de résoudre un problème technique par eux-mêmes, ils savaient toujours à qui s'adresser. On les voyait moins sur les forums du genre DarkMarket que les administrateurs et leur équipe. Leur objectif: faire autant d'argent que possible sans attirer l'attention, même si eux aussi se laissaient aller de temps à autre à des plaisanteries et des chats à propos de la communauté du carding.

Le troisième cercle abritait des criminels extrêmement professionnels qui restaient quasi invisibles, inconnus de la police et des autres carders, si ce n'est de réputation. Des individus qui sont même au-delà des principaux grossistes en cartes bancaires et logiciels malveillants – comme l'Ukrainien Maksik, arrêté en 2007 à Antalya par l'équipe turque de lutte contre la cybercriminalité. Le plus célèbre (qui, pense-t-on, a fourni à Maksik une grande partie de sa marchandise) est un Russe connu sous le nom de Sim et qui, d'après la police, abrite en réalité un autre syndicat d'une redoutable efficacité. Ce sont des gens qui ne sortent jamais de l'ombre.

Si Cha0 était fascinant et important, c'était parce que pour la première fois quelque chose ayant l'apparence du crime organisé traditionnel s'engageait dans de la cybercriminalité à grande échelle et cherchait à influencer le fonctionnement d'un site comme DarkMarket. Il s'agissait de la première preuve réelle de ce que la cybercriminalité n'était plus seulement le domaine de citoyens de seconde zone: elle commençait à attirer des grosses pointures.

Le crime organisé a toujours joué un rôle majeur en Turquie. Pour ne donner qu'un exemple, les gangs turcs, associés pour l'occasion à des Kurdes et à d'autres groupes des Balkans, dominent le commerce de gros de l'héroïne dans toute l'Europe de l'Ouest.

Fin 1996, une Mercedes blindée a été impliquée dans un accident de la route spectaculaire dans la petite ville de Susurluk. Parmi les morts, on a retrouvé le chef de l'académie de police ainsi que le dirigeant des Loups gris, un groupe terroriste d'extrême droite, qui se trouvait également sur la liste des personnes les plus recherchées par Interpol, accusé d'être l'un des plus grands trafiquants d'héroïne de toute l'Europe et assassin reconnu. La seule personne à avoir survécu à l'accident était un député du parti au pouvoir à l'époque.

Cet événement a permis à des journalistes et à des politiciens de l'opposition de commencer à démêler l'écheveau de duplicité violente qui a lié l'État profond turc aux membres les plus influents du monde de la criminalité organisée. Cela faisait des années qu'ils échangeaient amitié, hospitalité et protection. Non seulement ces histoires ont choqué les Turcs ordinaires, mais elles ont donné un gros coup de fouet à des forces nouvelles dans la politique turque – notamment à l'organisation qui allait devenir l'AKP et qui a fait de la lutte contre la criminalité et la corruption un élément central de son programme politique.

La Turquie a quelque peu évolué depuis lors. Mais lorsque les racines de la corruption et du crime organisé sont aussi ramifiées qu'elles l'étaient dans la Turquie des années 1980 et 1990, il faut plusieurs décennies avant de pouvoir les éradiquer du corps politique. C'est ce qui explique les craintes de Bilal Şen lorsqu'on lui a dit que Cha0 jouissait peut-être de la protection de personnalités haut placées et puissantes. Il est également tout à fait crédible, comme le pensent certains des collègues policiers de Bilal à l'étranger, que le Cha0 qui habitait DarkMarket ait fait partie d'une organisation beaucoup plus large. En Turquie, le crime organisé est à cheval sur plusieurs secteurs : en plus du trafic d'héroïne, le pays sert de plaque tournante au trafic d'êtres humains (là encore du fait de sa proximité avec l'Union européenne). En outre, un énorme réseau de blanchiment d'argent s'est développé là-bas ces vingt dernières années.

Selon leur théorie, Çağatay Evyapan n'aurait donc été qu'un lieutenant du véritable PDG de la société « Cha0 Participations Criminelles », le vice-président de la division cybercrime, et il aurait été content de retourner en prison parce que son travail consistait à « prendre une balle à la place du patron », pour parler de façon métaphorique. Peut-être que Şahin est le PDG de toute la société. Dans ce cas, le Şahin de Mert pourrait bel et bien exister, mais l'inspecteur Şen aurait tout de même arrêté la bonne personne.

DarkMarket a été fermé en octobre 2008 mais personne, ni au sein de la police ni parmi les criminels eux-mêmes, n'a réussi à saisir ce qu'étaient sa véritable histoire et sa vraie signification. Trois ans plus tard, seule une minuscule proportion de la quasi-centaine de personnes arrêtées dans le monde est passée en jugement.

Les systèmes juridiques ont beaucoup de difficultés avec la nature très technique des preuves dans les affaires de cybercriminalité, mais le fait que la plupart des crimes soient commis à l'étranger crée également d'énormes obstacles à la détection des crimes et aux poursuites judiciaires. L'ambiguïté, le doute, l'illusion et la dissemblance ont toujours joué un rôle important dans la criminalité organisée, et internet ne fait qu'amplifier leur pouvoir.

40

Midday express

Prison de Tekirdağ, ouest de la Turquie, mars 2011

Le détenu, qui pourrait être bel homme, portant un élégant costume noir et une cravate assortie, m'examine sous toutes les coutures en entrant dans la petite salle rectangulaire. Ses yeux noirs, sous un front qui se dégarnit légèrement, accentuent son regard hypnotique, et sur le moment je reste interdit. J'ai devant moi l'homme sur lequel j'ai lu tant de choses, dont j'ai parlé et auquel j'ai pensé pendant près de deux ans et, maintenant que je le rencontre enfin, je me retrouve soudain incapable de dire quoi que ce soit.

Il a beau croupir en prison depuis deux ans et demi, il n'a rien perdu de son assurance ni de sa maîtrise de soi. Tout au long de nos trois heures de discussion, je suis parfaitement conscient qu'il est en train de m'interviewer tout autant que je l'interviewe.

La première fois que j'ai brièvement rendu visite à Tekirdağ, c'était en 1976, juste avant la publication du livre *Midnight Express*, qu'Alan Parker a par la suite porté avec le succès que l'on sait à l'écran. Le film racontait l'histoire de Billy Hayes, un jeune Américain pris sur le fait en train de faire sortir de la drogue de Turquie en contrebande. Le calvaire qu'il a subi aux mains d'un gardien de prison sadique a choqué les spectateurs européens et américains. À l'époque, la Turquie avait la réputation d'être un pays brutal et impitoyable; de fait, pendant mon séjour, j'avais moi-même été attaqué sous la tente où je dormais par un groupe de voyous, aux cris de: «Étrangers, dehors!»

Trente-cinq ans plus tard, j'approche à nouveau de la prison de Tekirdağ. Comme pour celle où Hayes avait été détenu, il s'agit d'un bâtiment de haute sécurité. Il s'étend sur plus d'un kilomètre le long d'une côte en pente douce, entouré de champs nus à perte de vue. Derrière un rideau de neige épais, j'aperçois les hauts murs crème délavés et les miradors tenus par des mitrailleurs dont je peux distinguer la silhouette. À première vue, rien n'a changé depuis le film d'Alan Parker.

Une fois à l'intérieur, je suis toutefois soulagé d'apprendre que, dans cette partie du pays tout au moins, les conditions pénitentiaires se sont améliorées de façon radicale. Tous les détenus ont une télévision, une douche et des toilettes dans leur cellule. Les repas sont un peu spartiates, mais incontestablement nourrissants et finalement assez bons. Les gardes se montrent courtois, pas seulement envers moi, mais avec les détenus également. À plusieurs égards, les conditions sont préférables à celles de beaucoup de prisons britanniques.

Il y a des prisonniers célèbres à Tekirdağ, notamment l'instigateur du meurtre de Hrank Dink, l'écrivain turc d'origine arménienne assassiné par des extrémistes… en raison de ses origines. Sans surprise, l'établissement accueille également quelques-uns des barons de la drogue les plus célèbres.

Et parmi les terroristes et les parrains de la mafia, il y a un représentant du type de délits le plus moderne: le cybercrime. J'ai mis plus d'un an à obtenir une audience avec Çağatay Evyapan. Il a fallu convaincre à la fois les autorités turques et Evyapan lui-même. Pendant des mois, cette visite m'avait paru totalement impossible. Ma surprise a donc été sans bornes lorsque, un lundi du début mars 2011, j'ai reçu un message de la direction des prisons à Ankara m'informant que, si Çağatay donnait son accord, j'aurais la permission de le voir le mercredi qui suivait. Après cela, m'a-t-on dit, il serait transféré ailleurs et je perdrais toute possibilité de le rencontrer.

Ce que les autorités turques ignoraient — non pas que cela les eût intéressées —, c'est que mon passeport était bloqué dans les entrailles de la section consulaire de l'ambassade de Chine à Londres, en attente d'un visa. Mes tentatives pour extraire le passeport et prendre un vol pour Istanbul le mardi ont été rejetées de façon robotique par les fonctionnaires chinois. J'ai donc contacté directement les responsables de la prison de Tekirdağ et les ai suppliés de m'autoriser à repousser d'un jour l'interview. Ils m'ont répondu que s'ils recevaient l'ordre de transférer Cha0 avant jeudi, même si je me rendais sur place, je n'aurais pas la permission de le voir. La chasse serait terminée.

J'étais donc extrêmement agité lorsque j'ai fait la route d'Istanbul à Tekirdağ sous une tempête de neige ce jeudi matin, avec un jour de retard. Il était tout à fait possible que j'arrive uniquement pour m'entendre dire que j'avais raté l'occasion de rencontrer Cha0 en personne. Au bout d'une longue attente, on m'a fait passer par trois épaisses portes coulissantes en acier dont le mécanisme d'ouverture requérait une identification des empreintes digitales, et j'ai été présenté au directeur de la prison. Bien loin de l'ogre auquel on aurait pu s'attendre, l'homme était charmant et affable. Il m'a dit qu'ils n'avaient encore reçu aucune instruction d'Ankara et qu'après le déjeuner à la cantine je pourrais m'entretenir avec M. Evyapan. Finalement, on m'a conduit à la petite salle rectangulaire.

Çağatay Evyapan est prudent, mais il a confiance en lui. Bilal Şen m'avait prévenu, son instinct détecterait immédiatement si j'étais en train d'essayer de lui soutirer des informations par des moyens détournés. Il me rappelle

Julian Assange, le cerveau de WikiLeaks: extrêmement intelligent, mais tellement convaincu de sa propre supériorité intellectuelle que l'on pourrait parfois prendre cela pour une forme extrême de narcissisme.

Lorsque je lui suggère que Lord Cyric serait en fait Tony, l'homme d'affaires rondouillard à lunettes mentionné par Mert Ortaç, il émet un grognement de profond mépris. «Vous avez parlé avec les renseignements turcs, j'imagine?» me demande-t-il sèchement. En un sens, Cha0 a raison: si Mert a menti (ce qui est tout à fait possible, il faut bien le reconnaître), alors l'homme à lunettes a probablement été planté dans son histoire par les services turcs.

Au cours de notre conversation, Çağatay confirmera néanmoins quelques éléments très importants de l'histoire de Mert, notamment l'adresse de l'appartement où il a été kidnappé et l'existence d'échanges entre Mert et Lucy Hoover, l'employée de l'ambassade américaine. Il admet également qu'une fois de plus, sa propre arrestation est due à une erreur dans le monde réel.

Malgré toute son intelligence et son sang-froid, Cha0 avoue avoir une grande crainte — ironiquement, c'est la même inquiétude muette que celle qui poursuit son ennemi juré de la police turque. Il prétend que, au cours de son interrogatoire, l'un des agents lui a proposé de bénéficier du programme de protection des témoins. En échange, on lui demanderait de témoigner au procès Ergenekon. Ils ont exigé de lui qu'il reconnaisse avoir établi un cyberréseau secret entre l'armée, les services de renseignement et les médias dans le cadre d'une conspiration dirigée par l'État profond. De son côté, la police nie avoir jamais fait une telle offre.

Cha0 a refusé: la dernière chose qu'il souhaite, comme l'inspecteur Şen, est de se retrouver mêlé à la lutte qui oppose l'État profond et le gouvernement. Dans le cyberespace, on fait les choses autrement.

Çağatay me suggère à plusieurs reprises que lui-même et un petit cénacle de hackers sont beaucoup plus au fait de ce qui se trame du côté obscur de la toile que n'importe qui parmi les autorités. Son but, laisse-t-il entendre, est simplement de démontrer que les tentatives des forces de l'ordre de surveiller internet sont vouées à l'échec, puisqu'il y aura toujours des gens comme lui avec une longueur d'avance.

Étonnamment, il ne semble pas perturbé par son incarcération ni par le fait qu'il va peut-être devoir purger le restant de sa peine précédente, celle prononcée en 2000, soit vingt-deux ans, sans parler des charges qui pourraient être retenues contre lui du fait de son activité sur DarkMarket.

Lorsque l'on aborde le sujet du FBI et de Keith Mularski, il prend un regard méprisant. « Le FBI n'a rien sur moi. Sinon, pourquoi Master Splyntr n'a-t-il pas transmis des éléments que la police turque aurait pu utiliser pour m'inculper ? demande-t-il. Au lieu de quoi, tout ce qu'ils savent faire, c'est se servir d'Ortaç, ce minable, pour essayer de me coincer. » Çağatay affirme aussi qu'il a réussi à pirater la base de données de Mularski et qu'il en a extrait les informations recueillies par le FBI sur tous les membres de DarkMarket, y compris sur lui-même.

Bien entendu, vu qu'il est en prison, il ne peut pas produire de preuves à l'appui de ce qu'il avance. Il prétend aussi savoir depuis le début que Splyntr travaillait pour le FBI (même si Çağatay a rejoint DarkMarket à l'invitation de JiLsi en février 2006 et qu'à cette date Master Splyntr était bien établi sur le forum) et qu'il avait pour stratégie de « garder [s]es amis près de [lui], et [s]es ennemis encore plus près » — d'où sa volonté de travailler avec Splyntr comme administrateur.

Parfait sujet pour terminer l'entretien. Finalement, au cœur de l'histoire de DarkMarket, il y avait deux hommes : Çağatay Evyapan et Keith Mularski, tous deux soutenus par des équipes et des contacts impressionnants. Cha0 n'était pas un criminel ordinaire. Même si l'argent était l'objectif premier de son entreprise, Çağatay semblait accorder une signification plus profonde à la lutte qui l'opposait à la police, presque comme s'il cherchait à démontrer ses capacités supérieures et, partant, la futilité des efforts déployés par les forces de l'ordre pour surveiller le cyberespace. On retrouvait là un élément fort de l'anarchisme originel de la culture geek : les comportements et les codes moraux évoluent lorsque l'on passe du réel au virtuel. Il y a des règles du jeu différentes.

L'agent du FBI était sorti gagnant, mais de justesse, et la victoire n'était pas complète. Trois ans après la fermeture de DarkMarket, les échos de cette entreprise criminelle extraordinaire résonnent encore dans les prisons et les tribunaux aux quatre coins du monde. Et bien sûr, beaucoup de DarkMarketaires continuent à hanter le cyberespace.

Internet est une invention phénoménale qui s'est infiltrée dans tous les recoins de notre vie et dans toutes les pièces de nos maisons. Mais prenez garde : il se peut que Lord Cyric se cache quelque part dans un tiroir virtuel.

ÉPILOGUE

On pourrait croire que la disparition de DarkMarket a porté un coup sévère à la criminalité sur internet, or il n'en est rien. En revanche, elle a mis temporairement des bâtons dans les roues de plusieurs grands réseaux de carding, notamment les opérations de Cha0 en Turquie, de Maksik en Ukraine et de Freddybb en Angleterre. Mais le message principal que d'autres cybercriminels sérieux ont retenu de toute cette affaire est simple : être présents sur des forums de carding comme Shadowcrew et DarkMarket, et surtout sur ces sites anglophones qui comptent beaucoup de membres, comporte désormais un niveau de risque inacceptable.

Certaines indications montraient déjà que les membres qui avaient pour objectif principal de faire de l'argent, et non de rehausser leur réputation, étaient beaucoup moins présents sur DarkMarket qu'ils ne l'avaient été sur Shadowcrew. Le nombre de messages postés par des individus comme Freddybb avait considérablement baissé d'un site à l'autre. Sur Shadowcrew, il postait cinquante messages publics et deux cents privés ; sur DarkMarket, quinze et douze respectivement. La fermeture de Shadowcrew par l'US Secret Service avait clairement démontré la vulnérabilité de ces sites et Freddybb avait compris la leçon : il fallait réduire sa visibilité.

Outre les risques d'arrestation, les forums de carding avaient de toute façon fait leur temps. C'est grâce à ces sites que pendant plus d'une décennie les criminels avaient établi des réseaux mondialisés auxquels ils pouvaient faire confiance. Que ce soit comme vendeurs ou comme acheteurs de données et de documents acquis illégalement, ils avaient trouvé leurs marchés.

Malgré cela, le fait que Keith Mularski, alias Master Splyntr, ait été démasqué, ainsi que les révélations montrant que DarkMarket était en partie une opération d'infiltration de la police, ont sans aucun doute précipité la chute des forums de carding. L'affaire a fait échouer la stratégie de long terme du FBI et de ses partenaires en Europe de l'Ouest. Master Splyntr avait prévu de réémerger comme le carder honnête qui avait échappé aux tentatives d'arrestation du FBI et qui méritait donc une confiance encore plus grande au sein de la confrérie du carding.

Au lieu de quoi, depuis l'affaire DarkMarket, les hackers, crackers et autres cybercriminels s'enterrent de plus en plus profondément dans la clandestinité numérique. On assiste également à une spécialisation accrue dans le domaine. Les hackers et ceux qui codent les logiciels malveillants développent désormais des programmes qui visent des systèmes spécifiques ou recherchent des informations bien précises. Ils les vendent ensuite à un groupe qui supervise en fait la pénétration d'une institution financière ou de ses clients. Une fois qu'ils ont accès à l'argent, ils contactent un « muletier », à savoir une personne ou un groupe qui emploie des « mules à fric » dans le monde entier. Sur internet, on trouve d'innombrables publicités proposant de travailler avec son propre ordinateur depuis chez soi. Une partie de ces messages sont placés par des muletiers. Ces derniers proposent aux mules potentielles de mettre leur compte en banque à leur disposition, en échange de quoi elles recevront un pourcentage du montant qui y transite.

Du fait que l'activité criminelle se divise en plusieurs entités distinctes, la police a plus de mal à savoir ce qui se passe réellement et qui coopère avec qui. La prolifération des appareils mobiles et des applications offre elle aussi des opportunités immenses aux cybercriminels.

L'augmentation très rapide du nombre d'utilisateurs d'internet pose un problème supplémentaire, et il est de taille. Les polices d'Europe de l'Ouest ont remarqué que la communauté des hackers criminels chinois se développait à toute vitesse. Jusqu'à récemment encore, la fraude 419, ou arnaque à la nigériane, demeurait l'apanage de groupes criminels ouest-africains. Les expéditeurs de ces e-mails bizarres imploraient le destinataire de les aider de toute urgence à encaisser les millions de dollars d'un dictateur défunt.

Le 419 — nommé ainsi en référence à l'article du code pénal nigérian qui punit ce type de délit — est une escroquerie très ancienne. Elle est déjà au cœur de l'intrigue de *L'Alchimiste*, une comédie écrite par Ben Jonson, auteur de théâtre élisabéthain. Le principe est le suivant : le fraudeur persuade sa victime d'avancer une petite somme d'argent en lui promettant qu'elle recevra en retour une somme beaucoup plus importante un peu plus tard. Soit il continue à saigner sa victime, soit il disparaît avec la première tranche. À l'époque élisabéthaine, c'était possible, mais laborieux. Internet a rendu cela extrêmement lucratif puisqu'en envoyant des spams, le criminel peut atteindre des dizaines de millions de personnes, donc il a beaucoup plus de chances de trouver un pigeon.

La fraude 419 se présente de différentes façons. Elle arrive parfois sous forme d'un appel envoyé à de riches Occidentaux pour venir en aide à un pauvre enfant africain. Les lettres, fax et mails adressés en particulier à des Américains et sollicitant des fonds pour construire une nouvelle église ou soutenir une congrégation sont légion :

dans ce cas, la motivation de la victime est bien intentionnée et charitable.

Parmi les autres proies lucratives de ces arnaqueurs, il y a les femmes en mal d'amour, notamment les veuves ou les femmes divorcées d'âge moyen qui nouent des relations virtuelles avec des jeunes gens d'Afrique de l'Ouest et se font dépouiller petit à petit de leurs économies en contrepartie d'un flirt qui ne se concrétisera jamais.

Aujourd'hui, les 419 partent de Chine, rédigés en chinois et en anglais. Ils viennent compléter une autre spécialité des hackers chinois, à savoir le vol sur les MMORPG — acronyme étrange qui désigne les jeux de rôle en ligne massivement multijoueurs, comme World of Warcraft ou des jeux de simulation comme Second Life ou Habbo Hotel. Ces jeux fonctionnent tous avec une monnaie numérique que l'on acquiert avec de l'argent réel. Le système confère ainsi une valeur aux biens et services virtuels que les joueurs achètent pour ajouter au plaisir du jeu. Les hackers chinois — mais ce ne sont pas les seuls — ont appris à « voler » ces jetons ou monnaies numériques qu'ils peuvent convertir en espèces sonnantes et trébuchantes. Le potentiel informatique monumental de la Chine reste très largement inexploité à ce jour, mais dans la plupart des secteurs liés à la sécurité informatique, dans la vie civile comme militaire, il est considéré comme second sur l'échelle hiérarchique mondiale, juste derrière les États-Unis. Au fur et à mesure que la Chine commencera à réaliser ce potentiel, la nature d'internet changera.

Face à ces menaces grandissantes, les gouvernements et les industriels dépensent des centaines de milliards de dollars dans la cybersécurité, que ce soit pour le maintien de l'ordre, la protection de la propriété intellectuelle ou dans le domaine militaire. Presque tous ces fonds sont investis dans la technologie, avec l'idée que ce sera suffisant pour protéger internet contre les codes incorrects, logiciels malveillants et virus qui rôdent dans le cyberespace à la recherche de réseaux informatiques non protégés à attaquer.

À l'inverse, il n'y a pratiquement pas d'argent investi pour essayer de savoir qui pirate et pourquoi. Personne n'est capable de faire la différence parmi les hackers entre WikiLeaks, l'armée américaine ou l'armée populaire de libération, les syndicats du crime ou les simples curieux.

Mais les hackers sont une engeance à part, très particulière. Ils ont en général un profil psychologique et social différent de celui des criminels traditionnels, surtout les geeks, ceux qui jouent un rôle clé dans le déblocage d'opportunités commerciales sur la toile tout en n'étant pas vraiment intéressés par l'argent. L'industrie de la sécurité, qui dépend beaucoup trop de solutions techniques, gagnerait énormément à comprendre leurs capacités et les motivations qui les poussent à s'engager dans un certain type d'activités, criminelles ou autres. Les rares fois où la police ou le secteur privé poursuivent des hackers et les traînent devant la justice, presque rien n'est fait pour entrer en discussions avec les malfaiteurs. Au lieu de quoi, les systèmes de justice pénale en Europe comme aux États-Unis cherchent à leur infliger des peines de prison lourdes, puis restreignent leur accès aux ordinateurs.

Étant donné leur profil psychosociologique bien spécifique, il s'agit d'une grave erreur. D'abord, on devrait prendre en compte leur âge : la plupart des hackers se lancent très jeunes dans une occupation que l'on pourrait qualifier pour le moins, pour être juste, d'ambiguë d'un point de vue juridique. Comme Detlef Hartmann, ils peuvent être tentés de s'adonner à des activités illégales sur le Web avant que leur boussole morale ne soit proprement orientée et qu'ils ne saisissent pleinement les implications de ce qu'ils font.

Dans la vie réelle, ils se montrent souvent psychologiquement vulnérables. C'est pourquoi il peut être tout à fait contre-productif de les enfermer avec de véritables criminels, comme ce fut le cas pour Max Vision. Même s'il a un ego imprévisible, tout le monde s'accorde pour reconnaître que Vision possède un cerveau surdimensionné et une compréhension de la sécurité informatique unique en son genre. Dans un monde qui manque cruellement de spécialistes dans ce domaine tandis que les menaces se multiplient, il ne semble pas très judicieux d'incarcérer un atout aussi phénoménal. Je ne veux pas dire pour autant que les hackers qui se sont adonnés à des activités criminelles devraient échapper à toute sanction, mais que la nécessité d'une réhabilitation ne constitue pas seulement un impératif moral pour l'État : elle peut avoir un intérêt pratique considérable.

Raoul Chiesa, ex-hacker, gère aujourd'hui le Hacker Profiling Unit, un petit centre universitaire basé à Turin et financé par les Nations unies. Ses recherches s'appuient sur sa connaissance intime de la communauté du hacking et sur les réponses des hackers aux questionnaires très détaillés qu'il leur envoie. Les premiers résultats de son travail donnent des indices importants sur le caractère des hackers.

Le plus frappant est le déséquilibre hommes/femmes que l'on retrouve non seulement dans les domaines illicites du cyberespace, mais aussi dans l'organisation et le fonctionnement d'internet en général. C'est un sujet qui n'est abordé qu'en passant dans ce livre, mais qui mériterait une étude détaillée. Partout dans le monde, les hommes continuent à dominer la sphère politique et économique mais, dans le cas des nouvelles technologies, cette domination est extrême. Bien entendu, il y a beaucoup de femmes très dynamiques dans les nouvelles technologies et les nouveaux médias, mais elles représentent finalement un tout petit pourcentage : à peine 5 %, selon Chiesa. Les hackers sont presque toujours des hommes.

Deuxième enseignement de l'étude de Chiesa : le hacker moyen est intelligent, voire très intelligent. Le chercheur a également noté une incidence très élevée (proche de 100 %) d'aptitudes avancées dans les matières scientifiques — physique, mathématiques et chimie — combinées à des dispositions relativement faibles pour les sciences humaines.

Enfin, il y a la question importante des relations sociales. La plupart des hackers, sinon tous, ont beaucoup plus de facilité à nouer des relations dans l'environnement impersonnel d'internet que dans la vie réelle. Il serait intéressant d'essayer de savoir pourquoi.

En général, les hackers entrent dans l'arène au cours de leur adolescence, soit juste au moment où une grande partie d'entre eux a du mal à établir des relations, en particulier avec le sexe opposé. Donc, en partie du moins, leurs difficultés dans ce domaine sont entièrement normales. Mais Chiesa a remarqué qu'un nombre anormalement élevé de hackers font état de problèmes de communication avec leur famille, et surtout avec leurs parents.

La lecture de l'étude de Chiesa et les heures passées à interviewer différents types de hackers m'ont rappelé les recherches de Simon Baron-Cohen, un professeur de psychopathologie du développement à Cambridge. Son travail précurseur sur l'autisme a permis une meilleure compréhension du spectre des comportements masculins et féminins. Pour résumer, l'homme type démontre une plus grande aptitude à « systématiser » le monde extérieur, tandis que la femme type possède une capacité plus développée à l'« empathie ». Ce qui ne veut pas dire que toutes les femmes ont du mal à lire une carte et que tous les hommes sont incapables d'écouter, mais que chacun des sexes montre une tendance prononcée — à la « systématisation » pour les hommes et à l'« empathie » pour les femmes.

Par la suite, Baron-Cohen a découvert un lien entre l'esprit masculin extrême, que l'on pourrait décrire comme « autiste » dans certaines circonstances, et les hauts niveaux de testostérone auxquels un fœtus peut être exposé dans l'utérus. Sa thèse est controversée mais convaincante à beaucoup d'égards, et sans aucun doute lorsque l'on étudie les hackers et leurs types de comportement. Bien évidemment, les hackers ne sont pas tous autistes ; en fait, il y en a même très peu parmi eux (même si certains hackers célèbres comme Gary McKinnon, recherché aux États-Unis pour avoir piraté les serveurs du Pentagone, souffrent du syndrome d'Asperger). En revanche, il semble que l'on retrouve chez eux une grande partie des observations cliniques enregistrées par le professeur Baron-Cohen chez des personnalités qui se situent très loin du côté masculin du spectre.

En poussant les recherches, cela pourrait signifier qu'il sera possible d'identifier des types de personnalité correspondant au hacker chez des enfants qui sont encore à l'école. Leurs pairs et leurs mentors pourront ainsi encourager leurs aptitudes tout en leur offrant des repères moraux pour que ces capacités puissent être canalisées dans un sens positif. Le mot « hacker » a souvent une connotation péjorative, or la capacité à pirater est en réalité un atout personnel et sociétal. Les ordinateurs et les réseaux ne seront jamais en sécurité s'ils ne sont pas protégés par les meilleurs hackers. Certains de ces individus travaillent d'ores et déjà dans cette direction. D'après mon expérience, 90 % des hackers impliqués dans des activités criminelles ont exprimé un désir pressant de travailler pour l'industrie de la sécurité licite — et même s'ils ont fait l'objet d'une condamnation pénale, je suis convaincu que l'on devrait leur donner cette possibilité.

Adewale Taiwo, alias Freddybb

Le 1er janvier 2009, Adewale Taiwo a été condamné à quatre ans d'emprisonnement par le tribunal de Hull Crown pour escroquerie en bande organisée entre juin 2004 et février 2008. En novembre 2008, il avait plaidé coupable d'un chef d'accusation, reconnaissant avoir escroqué des comptes en banque du monde entier pour une somme avoisinant les 600000 livres sterling (750000 euros). Le juge a recommandé qu'il soit renvoyé au Nigeria après avoir purgé sa peine.

Ayant bénéficié d'une remise de peine pour bonne conduite, Taiwo devait être libéré le 29 août 2010. Deux semaines plus tôt, il avait comparu devant le tribunal de Grimsby, une petite ville qui fait face à Hull, de l'autre côté du Humber. Il s'agissait d'une audience prévue par la loi britannique sur le produit du crime, l'un des rares amendements intelligents apportés par Tony Blair au système de justice pénale et qui permet à l'État de recouvrer des biens auprès des criminels. On a alors assisté à un dénouement ridicule pour une affaire pourtant grave. Le procureur avait égaré un dossier clé, ce qui a entraîné une réaction inattendue du juge Graham Robinson, dont la bonne humeur initiale a vite tourné court. Il a annoncé qu'il n'était pas prêt à reporter l'audience et qu'il fallait que les deux parties trouvent un accord plus ou moins immédiatement. Cette décision a mis Adewale en position de force. Le juge a finalement accepté un chiffre tout juste supérieur à 53000 livres, donc une réduction importante par rapport à l'évaluation initiale de 353067 livres. Taiwo a prévenu qu'il ne paierait pas, ce qui voulait dire qu'il allait devoir faire une année de prison supplémentaire. Le 7 avril 2011, il a été renvoyé au Nigeria. L'un des personnages les plus intelligents à avoir fréquenté les forums, Taiwo avait presque réussi à mener une double vie d'ingénieur chimiste doué et de cybercriminel.

Sergent-détective Chris Dawson

Le sergent-détective Dawson a travaillé avec une diligence exceptionnelle sur l'affaire Freddybb et consacré beaucoup de son temps libre à faire en sorte que tout ce fatras de chiffres, de dates et de détails technologiques soit compréhensible pour un novice lorsqu'il arriverait sur le bureau du juge. À l'occasion d'une suspension pendant l'audience de Taiwo sur le produit du crime, il lui a semblé entendre le jeune Nigérian déclarer : « Allez vous faire voir, je ne paierai pas. » Lorsque le juge a quitté la salle, le détective a laissé exploser sa colère devant l'inefficacité du système judiciaire anglais.

Il continue à travailler comme officier principal en charge des homicides à Hull.

Dimitri Golubov

Suite à son arrestation à Odessa, le hacker Dimitri Golubov a passé cinq mois et demi en prison. Pendant son incarcération, il a été interrogé par des responsables des forces de l'ordre américaines, notamment Greg Crabb, des Services de l'inspection postale des États-Unis. Il a toutefois été relâché sur l'intervention de deux députés ukrainiens et finalement totalement blanchi en 2009 par un tribunal de Kiev.

Golubov, 1,90 mètre et un regard bleu charismatique, nie tout lien avec Script, même si sa version des événements comporte des incohérences et que les preuves numériques dont dispose la police américaine racontent une tout autre histoire (notamment les données récupérées sur l'ordinateur de Roman Vega, qui montrent que Script était bien Golubov).

Après sa libération, Script a disparu, mais Golubov a fait son retour et montré une nouvelle fois son attachement au changement social et à l'entreprise en formant le Parti internet d'Ukraine. Toujours basé à Odessa, Golubov a développé un programme politique qui a pour objectif de lutter contre la corruption, la pornographie et le trafic de drogue sur internet. Il est persuadé que d'ici dix ans il sera élu Premier ministre ou président de l'Ukraine, et même si pour l'instant cela semble peu probable, il faut prendre au sérieux sa détermination et son ambition. Le Parti internet a présenté des dizaines de candidats aux élections locales à Odessa et, bien qu'il n'ait pour l'instant remporté qu'un siège, il ne fait aucun doute que le mouvement prend de l'ampleur dans le pays.

Bizarrement, malgré les positions morales très strictes de son organisation sur certaines questions liées à la criminalité, comme la pornographie enfantine, Golubov a lancé une campagne pour obtenir la libération de Maksik, le célèbre carder condamné à trente ans de prison en Turquie.

Roman Vega

Roman Vega est incarcéré depuis son arrestation à Nicosie, en février 2003. Transféré en Californie en juin 2004 à la demande des États-Unis, il est en prison depuis lors, sans jamais avoir été jugé. À l'heure actuelle, il est emprisonné au Metropolitan Detention Center de Brooklyn, un établissement austère situé près de Gowanus Bay. Pendant toute cette période, Vega n'a reçu aucune visite, si ce n'est celles de ses avocats.

En août 2007, une audience a été fixée devant le juge Charles R. Breyer, dans le district nord de Californie. L'accusation et la défense étaient prêtes à signer un arrangement qui aurait permis de relâcher Vega, puisqu'il avait déjà purgé les quarante-six mois de peine que les avocats avaient acceptés. L'après-midi juste avant sa libération, un procureur du district est de New York a déposé toute une série de nouvelles plaintes et demandé le transfert de Vega à Brooklyn. Les accusations étaient identiques en substance à celles retenues en Californie, mais le procureur de New York a choisi une procédure différente pour éviter une décision de double peine.

Le procès-verbal de l'audience montre clairement que le juge Breyer, un des frères de Stephen Breyer, juge à la Cour suprême, s'est senti gêné et irrité par la tactique utilisée par le procureur. La nouvelle inculpation était fondée sur des informations fournies par des agents de l'US Secret Service.

Lorsque Vega est arrivé à Brooklyn, le Secret Service lui a proposé un marché : s'il acceptait de témoigner contre Dimitri Golubov et d'autres membres de l'establishment ukrainien (des hommes politiques, pas des hackers), ils abandonneraient leurs accusations contre lui. S'il refusait, ils multiplieraient les chefs d'accusation, dans différents États. Ils continueraient jusqu'à ce qu'il accepte de coopérer.

Quoi qu'ait fait ou non Vega, il a déjà passé trois fois plus de temps en prison que les accusés condamnés pour leur participation à l'opération Shadowcrew, et deux affaires non résolues planent encore sur lui, plus la menace de nouvelles accusations en coulisses. Vega a de graves problèmes de dents depuis des années et il souffre constamment, au point de ne pas pouvoir manger normalement. Le Bureau des prisons et l'US Marshall Service lui ont refusé toute assistance médicale.

À l'heure actuelle, il n'y a aucune probabilité que Vega soit relâché dans un avenir proche.

Maxime Kovaltchouk, alias Blade

Kovaltchouk a été arrêté en mai 2003 en Thaïlande et extradé aux États-Unis, où il a passé quatre ans en prison. Le FBI a consenti à un arrangement et il a été relâché à la fin 2007. Depuis lors, il est rentré dans l'anonymat en Ukraine. La décision du FBI de le relâcher contraste fortement avec la tactique utilisée par le Secret Service contre Roman Vega.

Renukanth Subramaniam, alias JiLsi

Le 26 février 2010, Subramaniam a plaidé coupable de cinq chefs d'accusation, un pour fraude à la carte bancaire et quatre pour fraude au crédit hypothécaire. Les juges de Blackfriars Crown Court l'ont condamné à quatre ans de prison. Au moment où j'écris ces lignes, il est détenu dans l'ouest de Londres à la prison de Wormwood Scrubs, qui, avant lui, a vu passer le compositeur Michael Tippett et Keith Richards, le guitariste des Rolling Stones.

Avec une remise de peine pour bonne conduite, Subramaniam devrait être relâché à la fin juillet 2012. La plupart des accusations qui pèsent contre lui ont trait à de la fraude au crédit hypothécaire et non à DarkMarket. L'accusation a retenu cinq cas de ce type (même si trois des demandes avaient été rejetées par les institutions financières). Bien que la fraude au crédit constitue un crime en soi, l'accusation a suggéré qu'il existait un lien entre les revenus que Subramaniam tirait de DarkMarket et sa capacité à rembourser les prêts. En réalité, Subramaniam affirme qu'il n'était pas responsable du remboursement des prêts car il les avait contractés pour le compte d'amis qui ne remplissaient pas les critères pour le faire eux-mêmes. Outre cela, Subramaniam attend le résultat de l'audience sur le produit du crime pour savoir s'il fera l'objet d'une confiscation de fonds. Aux termes de son ordonnance de prévention du crime, il n'aura pas accès à un ordinateur sans supervision pendant les cinq années qui suivront sa sortie de prison.

Detlef Hartmann, alias Matrix001

Le 9 octobre 2007, le tribunal régional de Stuttgart a statué que Hartmann devrait être jugé pour treize chefs d'accusation de fraude à la carte bancaire, tout en annonçant que la réquisition visant à le poursuivre pour association de malfaiteurs était rejetée. L'accusation la plus grave ayant été abandonnée, Hartmann a été libéré de la prison de Stammheim, où il venait de passer quatre mois. La décision cruciale prise par le tribunal d'empêcher les poursuites pour association de malfaiteurs se fonde sur son interprétation de la Loi fondamentale, la Constitution de l'Allemagne, qui déclare que celui qui fait partie d'une association de malfaiteurs doit se sentir membre d'un « groupe unifié » dans lequel on suppose qu'il existe une « subordination de l'individu à la volonté du collectif ». Or, selon le juge, la nature fluide d'internet et des structures de DarkMarket ne correspondait pas à ces critères. Évidemment, ce jugement a des implications importantes pour le développement de lois liées à la criminalité sur internet en Allemagne.

En juillet 2008, Hartmann a écopé d'une condamnation avec sursis de vingt et un mois de prison pour escroquerie. Depuis, il a repris ses études de graphisme et rompu totalement tout lien avec la clandestinité.

RedBrigade

Il s'est largement racheté une conduite et vit actuellement en Europe.

Max Vision, alias Max Butler, alias Iceman

Le 12 février 2010, Max Vision a été condamné par un tribunal de Pittsburgh à passer treize ans derrière les barreaux, la plus longue peine de prison jamais infligée par un tribunal américain à un hacker. L'accusation a calculé que ses activités de piratage avaient entraîné des pertes de plus de 85 millions de dollars pour les détenteurs de cartes bancaires. Il est actuellement détenu à la Federal Correctional Institution de Lompoc, une prison de faible sécurité dans le sud de la Californie, et on lui refuse l'accès à tout type d'ordinateur.

Vision a des capacités de piratage inégalées : c'est sans nul doute l'un des hommes les plus intelligents à être emprisonnés aux États-Unis. À l'automne 2010, lors d'une conférence à huis clos, j'ai discuté de son cas avec l'un des plus hauts responsables de la lutte contre les cybermenaces au département pour la Sécurité intérieure. Comme moi, il pensait que c'était probablement mal utiliser les atouts humains américains que de laisser croupir en prison un informaticien aussi doué que Vision, mais il a rappelé que l'ego de Vision — presque aussi démesuré que son intellect — avait aussi joué un rôle déterminant dans cette affaire.

Nicholas Joehle, alias Dron

Joehle est sorti de prison après avoir purgé sa peine pour fraude à la carte bancaire et fabrication illégale de skimmers.

Cha0

À l'heure actuelle, soit Cha0 se trouve quelque part en Slovénie, occupé à gérer ses affaires, soit il croupit en prison : tout dépend de savoir si le véritable Cha0 est Şahin ou Çağatay Evyapan. Ce dernier se trouve en détention provisoire à Tekirdağ, l'une des prisons turques de plus haute sécurité, et son procès était censé commencer en 2011, mais le procureur a abandonné les accusations les plus graves en lien avec le crime organisé.

Mert Ortaç, alias SLayraCkEr

En mars 2010, Mert était en détention provisoire dans une prison stambouliote dans le cadre de l'affaire Akbank lorsqu'il a été relâché pour vice de forme. Il a été arrêté à nouveau en novembre de la même année et, à l'heure où j'écris ces lignes, il est toujours en détention. De tous les personnages impliqués dans DarkMarket, Mert était sans doute l'un des plus doués, malgré son caractère incontrôlable et imprévisible.

Keith Mularski et Bilal Şen

Ils sont tous les deux de retour et patrouillent les rues mal fréquentées du cyberespace.

Lord Cyric

Qui est-il ? La chasse à l'homme continue…

NOTE SUR LES SOURCES UTILISÉES

L'essentiel des informations divulguées dans cet ouvrage est extrait des quelque 200 heures d'interviews que j'ai réalisées entre 2009 et 2011. Leonida Krushelniki a également mené plusieurs heures d'entretiens.

À côté de cela, je me suis appuyé sur deux sources principales : les dossiers judiciaires relatifs à plusieurs procès liés à CarderPlanet, Shadowcrew et DarkMarket ; et les archives de ces sites, notamment des deux derniers, qui sont disponibles sur internet. Malheureusement, l'archive de DarkMarket est moins accessible. J'ai connaissance de l'existence d'une seule archive et elle se trouve entre les mains du FBI qui, pour des raisons opérationnelles, ne peut pas la partager.

Il existe une littérature très abondante sur les questions de cybercrime, de cyberespionnage industriel et de cyberguerre, dont une grande partie sur internet. Pour sa rigueur, je voudrais mentionner notamment le travail de Kevin Poulsen et de son équipe, dont le blog, *Threat Level*, est à la fois bien écrit et bien documenté. Je recommanderais également deux ouvrages qui traitent spécifiquement du cybercrime : *Kingpin*, de Kevin Poulsen, et *Fatal System Error*, de Joseph Menn. Pour une introduction plus large à quelques-uns des défis nés de la technologie internet, *The Future of the Internet : And How to Stop It*, de Jonathan Zittrain, devrait être le premier ouvrage à consulter.

Parmi les autres blogs de qualité, je citerais *Krebsonsecurity*, de Brian Krebs ; *Crypto-gram*, la lettre d'informations de Bruce Schneier ; le blog de F-Secure, la société de sécurité informatique finlandaise ; et pour finir *Zero Day*, le blog de Dancho Danchev et Ryan Naraine sur Znet.

REMERCIEMENTS

Je n'aurais jamais pu relever tous les défis posés par ce livre sans l'aide généreuse que j'ai reçue de plusieurs amis et collègues dans le monde entier.

En Grande-Bretagne, deux personnes ont joué un rôle clé. Leonida Krushelniki s'est révélée une chercheuse infatigable, découvrant souvent des éléments cruciaux bien après que j'avais abandonné tout espoir de tomber dessus. Sans ses efforts, ce livre aurait été beaucoup moins riche. Vesna Vucenovic a fait en sorte que la gestion de ce projet soit aussi indolore qu'il est permis d'espérer.

Au cours de mes voyages, j'ai eu la chance de rencontrer deux journalistes dont la patience et la bonne humeur n'avaient d'égal que leur professionnalisme et leur talent. Kai Laufen m'a aidé à comprendre la complexité de la justice allemande, mais sa contribution est allée bien au-delà, puisqu'il m'a aidé à nouer des contacts et m'a offert l'hospitalité. De la même façon, j'aurais été complètement perdu à Istanbul et en Turquie sans l'aide de Şebnem Arsu, cette femme tenace, toujours polie et capable de trouver une solution quand tout semble perdu. J'ai une dette considérable envers elle.

Parmi les différents policiers du monde entier qui ont accepté de discuter de DarkMarket avec moi, je dois citer Keith J. Mularski, l'agent du FBI, l'inspecteur Bilal Şen, du département de Lutte contre la contrebande et la criminalité organisée de la police turque, et le sergent-détective Chris Dawson, de la police de Humberside. Ils ont tous les trois passé beaucoup de leur temps précieux à me parler et à m'éclairer, toujours prêts à clarifier les points que je n'avais pas totalement saisis. Je voudrais aussi remercier les agents de la SOCA à Londres, ainsi que Christian Aghroum, qui travaillait alors à l'OCLC-TIC à Paris.

Sous un angle plutôt différent, RioRita, en Ukraine, a été une véritable mine d'informations sur CarderPlanet et autres — qu'il en soit tout particulièrement remercié. J'en ai appris tout autant sur les rouages du cybercrime auprès de RedBrigade, à qui je suis très reconnaissant pour sa gentillesse et ses réponses accommodantes à mes innombrables demandes d'information et d'analyse.

Matrix001 et JiLsi se sont toujours montrés prêts à partager ce qu'ils savaient sur les détails de DarkMarket et leur analyse d'événements spécifiques. À Pittsburgh, j'ai trouvé en Max Vision un interlocuteur brillant, qui m'a beaucoup aidé. Je les remercie sincèrement tous les trois.

Çağatay Evyapan et Mert Ortaç sont deux des personnalités les plus intéressantes qu'il m'ait été donné de rencontrer ces trois dernières années et, même s'ils ne peuvent pas se voir, je voudrais leur dire ma gratitude malgré la difficulté dans laquelle ils se trouvent à l'heure actuelle.

En Estonie, Madis Tüür m'a guidé de façon exemplaire dans la politique et l'histoire de son pays, outre le fait que c'était un hôte des plus agréables.

Merci également à Brooks Decillia de CBC, à Calgary, pour ses recherches et son dévouement. De même, Daniel Goldberg et Linus Larsson sont venus à mon secours à Stockholm.

Deux personnes m'ont aidé en coulisses pour les questions techniques. Mikko Hyppönen, le responsable en chef de la recherche chez F-Secure à Helsinki, et Vicente Diaz de Kaspersky Labs, à Barcelone, étaient toujours disponibles pour m'aider à m'y retrouver avec des points que je n'arrivais tout simplement pas à comprendre. J'ai également reçu nombre de conseils avisés sur des questions de cybersécurité plus générales de la part de Rex Hughes, du Wolfson College à Cambridge.

Je souhaite aussi remercier les personnes suivantes, qui m'ont aidé de diverses façons : Allison Culliford, Luke Dembosky, Sophie Devonshire, Joris Evers, le détective Spencer Frizzell, Tamara Glenny, Camino Kavanagh, Suat Kiniklioğlu, Dirk Kolberg, Darryl Leaning, Melissa Llewelyn-Davies, Jane McClellan Q.C., Mark Medish, Steve Milner, Jaan Prisaalu, Colin Robinson, Anya Stiglitz et Eneken Tikk.

Mes agents et éditeurs m'ont accordé un soutien sans faille. Clare Conville, à Londres, est la meilleure agente qui soit et elle travaille avec une équipe extraordinaire. À New York, Michael Carlisle offre un service tout aussi dynamique. J'ai la chance d'avoir un trio d'éditeurs, Will Sulkin chez The Bodley Head, Dan Frank chez Knopf et Sarah MacLachlan chez Anansi Press, qui ont réussi à me faciliter le travail d'écriture tout en améliorant grandement le produit final. Si des erreurs se sont glissées, j'en porte bien entendu l'entière responsabilité. Je voudrais également remercier deux autres personnes qui ont eu un impact significatif sur ce livre : Kay Peddle, chez The Bodley Head, et Janie Yoon, chez Anansi.

Mes trois enfants, à qui cet ouvrage est dédié, n'ont cessé de montrer leur intérêt pour ce travail malgré le fait que j'aie souvent été absent, géographiquement ou mentalement, lorsque j'écrivais. Ils ont manifesté un enthousiasme et un soutien sans faille.

Et enfin, tous mes remerciements et mon amour à Kirsty Lang, mon épouse, qui a commenté, critiqué, m'a encouragé et m'a aidé à garder la tête hors de l'eau tout du long. Ce n'est pas la première fois que je n'y serais pas arrivé sans elle.

Juin 2011

Table

Composition Ütibi
Achevé d'imprimer
par CPI Firmin Didot,
à Mesnil-sur-l'Estrée, en décembre 2012.
Dépôt légal : décembre 2012.
Numéro d'imprimeur : 115713.

ISBN 978-2-207-11301-1/Imprimé en France.

241657